Lettre
aux grandes personnes
sur les enfants d'aujourd'hui

À vous

ISBN : 978-2-35504-078-8
Maquette : Sébastien Mengin – edilibre.net
Direction éditoriale : Alain Serres et Marie-Laure Phélippeau

Philippe Meirieu

Lettre aux grandes personnes sur les enfants d'aujourd'hui

RUE DU MONDE

Introduction

Quel monde allons-nous laisser à nos enfants ?

Quels enfants allons-nous laisser au monde ?[1]

Chère Madame,
Cher Monsieur,

Il faut une bonne dose d'inconscience pour écrire aujourd'hui sur l'enfance et l'éducation. C'est que chacun y va de son couplet et que la France compte – c'est bien connu – plus de quarante millions de ministres de l'Éducation nationale. Autant que de parents et d'enseignants réunis ! Rien de plus normal : nos enfants sont notre bien le plus précieux. Nous avons à cœur de leur assurer le meilleur avenir possible. Et c'est notre indifférence qui serait préoccupante !

Tous ministres de l'Éducation nationale !

Moi-même, j'ai passé quarante années de ma vie à bourlinguer dans le système éducatif et à étudier de près les problèmes scolaires comme les questions pédagogiques. J'ai commis des rapports, des

[1] J'emprunte ces expressions à Jaime Semprun : « Quand le citoyen-écologiste prétend poser la question la plus dérangeante en demandant : Quel monde allons-nous laisser à nos enfants ?, il évite de poser cette autre question, réellement inquiétante : À quels enfants allons-nous laisser le monde ? », *L'abîme se repeuple*, Éditions Encyclopédie des nuisances, 1997.

livres, des films et des articles. Je ne suis pas certain, pour autant, d'avoir toujours agi au mieux avec mes enfants, mes élèves et mes étudiants. Sans doute n'ai-je pas été pire qu'un autre. Mais à aucun moment il ne me viendrait à l'idée que je puisse constituer un modèle ni avoir « la » solution à tous nos problèmes !

Être un expert invite à la modestie : on touche de près la complexité des choses et on mesure tous les jours le gouffre qui sépare la générosité de nos intentions de la médiocrité de nos pratiques. Nul mieux que le chercheur ne connaît l'abîme entre le dire et le faire. Nul ne sait plus que lui l'infinie prétention des esprits forts qui croient qu'il suffit de savoir ce qu'il faut faire pour le faire et de le tenter pour le réussir…

Je vous écris pour partager mes agacements et mes colères

Voilà pourtant que je reprends la plume. Pour vous écrire, chère Madame, cher Monsieur, mais surtout pour nous écrire, « mon semblable, mon frère ». Je nous écris parce que j'ai besoin de partager mes agacements et mes colères. Agacements contre les « y a qu'à » qui pleuvent sur nous aujourd'hui : y a qu'à restaurer l'autorité, leur faire faire des exercices, couper l'ordinateur, les obliger à lire Alphonse Daudet… Toutes préconisations qui supposent le problème résolu : vous en connaissez, vous, des parents qui ne demandent pas à avoir de l'autorité ? Colères contre tout ce qui abîme les petits d'hommes en faisant d'eux des consommateurs compulsifs aux mains de la toute-puissante publicité, sous l'emprise hypnotique de la télé-réalité : qui résisterait à un tel rouleau compresseur ?

J'ai besoin de comprendre ce qui nous arrive. De confronter mes analyses, de partager mes inquiétudes, de mettre à l'épreuve mes propositions.

Certes, j'ai la chance, régulièrement, de pouvoir le faire avec des parents, des éducateurs, des enseignants, des étudiants ou des élèves. Ces rencontres, ces conférences, ces cours sont infiniment précieux, mais l'écriture représente pour moi une exigence particulière.

Je vous écris pour comprendre

Écrire, c'est s'exposer, prendre le risque de laisser une trace qui survit à l'énonciation, un signe qu'on ne peut modifier ensuite en fonction des réactions du destinataire. Écrire impose d'être au plus près du plus juste. Écrire, ce n'est pas seulement exposer une pensée, c'est se mettre en jeu et inviter l'autre à partager sa démarche. C'est proposer au lecteur, « mon semblable, mon frère », de défricher le chemin ensemble...

Or, voilà bien des années maintenant qu'une question me taraude : « Quel monde allons-nous laisser à nos enfants ? »

J'ai bien conscience, pourtant, des progrès que nous avons accomplis depuis le XIXe siècle. Je sais que nous avons gagné bien des combats contre la misère, la maladie et l'injustice. Je mesure l'importance de nos acquis en matière de communication, de conditions de vie et de travail. Je suis conscient du caractère décisif, quoique encore inachevé, de l'émancipation des femmes. Bien rares sont les Occidentaux qui accepteraient, sur tout cela, de revenir en arrière.

Nous avons pillé le monde

Mais nous avons fait payer à la planète nos progrès au prix fort. Nous l'avons en effet tellement malmenée qu'elle en est devenue exsangue. Nous pensions le monde infini comme nous nous croyions éternels. Nous l'avons pillé pour satisfaire nos caprices. Nous avons compromis notre avenir en dilapidant le présent. Notre génération, installée dans la croissance aveugle et la toute-puissance technologique, n'a prêté qu'une oreille distraite aux empêcheurs de consommer en rond. Nous n'avons consenti à trier nos déchets que pour pouvoir continuer à vaquer à nos occupations quotidiennes et poursuivre tranquillement le pillage de la planète. « Toujours en avance sur nos excréments », comme disait René Char, nous ne léguons plus désormais à l'humanité future que nos poubelles.

Dans le même temps, nous nous sommes installés dans l'impunité... Qui, d'ailleurs, pourrait nous demander des comptes ? Les peuples d'Afrique, rongés par la corruption et auxquels nous opposons la figure héroïque du « civilisateur » ? Les nations de l'Orient, prises d'une frénésie industrielle et que nous regardons avec l'œil vaguement complaisant et terriblement accusateur de ceux qui en sont déjà revenus ? Les pays musulmans, dont nous avons abandonné les vrais démocrates en rase campagne et que nous avons précipités dans les bras de l'intégrisme, seul rempart aujourd'hui contre l'hégémonie du Coca-Cola et du Dow Jones ?

Nous nous endormons dans notre activisme

Dormons tranquilles ! Il n'y aura pas de procès parce que nous récusons tous les juges. Et que, face à nos bouffées de culpabilité, nous croyons que nos propres larmes, même vite essuyées, suffisent à nous faire pardonner... Il n'y aura qu'une parodie de jugement parce que nous exigeons de rédiger nous-mêmes nos propres réquisitoires. Et que, pour afficher notre supériorité intellectuelle, nous multiplions les débats de nos intellectuels et les discours de nos politiques sur les plateaux télévisés. Pour satisfaire notre goût du spectacle et de la contrition à paillettes, nous explorons en public jusqu'au moindre recoin de notre mauvaise conscience.

Ainsi, vous comme moi, Madame, Monsieur, nous sommes des Occidentaux privilégiés. Bien sûr, notre vie n'est pas toujours facile et nous ne pouvons plus espérer, ni vous ni moi, rester définitivement à l'abri de soubresauts existentiels et matériels douloureux. Mais, au regard du reste du monde et dans l'enclave prospère que nous occupons sur la planète, malgré toutes les crises présentes et à venir, nous restons des nantis. Cela devrait nous inciter à la modestie ou, au moins, à une certaine réserve. Mais non ! Nous adorons légiférer sur la terre entière. Réfugiés dans la certitude d'être la « conscience du monde », comme jadis Descartes dans son poêle de faïence [1], nous pensons. Sur tout et à tout. Forcément.

Nos enfants devraient nous réveiller

Bien sûr, nous subissons parfois quelques déstabilisations. Déchaînements naturels et explosions sociales nous font ouvrir l'œil et même, de temps en temps, le porte-monnaie humanitaire. Fugacement, il faut bien l'avouer. Nous avons tant de choses à faire ! Pourtant, nous avons, tout près de nous, de quoi nous aider à sortir durablement de notre activisme satisfait : nos enfants et petits-enfants. Ils incarnent l'avenir et devraient nous réveiller !

Mais trop souvent, et avec les meilleures intentions, nous les invitons plutôt à nous rejoindre dans

[1] Descartes (1596-1650), le célèbre philosophe français, auteur du *Discours de la méthode* et des *Méditations métaphysiques*, avait l'habitude de méditer installé sur des coussins au sein d'un grand poêle constitué d'un fourneau et d'un lit accolé recouvert de carreaux en faïence.

notre frénésie consommatrice. Leur arrivée a été un immense bonheur et nous avons à cœur de leur rendre la joie qu'ils nous ont procurée. Alors, parce que nous les avons accueillis comme des cadeaux, nous les couvrons de présents. Pour leur adoucir le monde, nous les confinons douillettement dans un univers de satisfactions réciproques : « Tu me combles... Je te comble... Qu'est-ce que nous sommes bien ensemble ! » Nous nous enfermons avec eux dans le présent. Jusqu'à en oublier qu'ils vivront plus longtemps que nous et que leur existence même doit nous rappeler ce que le philosophe Hans Jonas [1] nommait « notre impérieuse responsabilité à l'égard du futur ».

Nous confinons nos enfants dans le présent

Bien sûr, personne ne voudrait revenir au temps où les enfants n'étaient que des chaînons anonymes dans des familles soumises au joug des plus anciens. Comment regretter l'époque – qui n'était bénie que pour quelques privilégiés – où la société affectait mécaniquement des places aux nouveaux venus et enjoignait aux parents de procéder au formatage nécessaire ? La modernité, en faisant de nos enfants non plus une matière à forger, mais une graine dont nous devons accompagner la croissance et admirer l'épanouissement, nous a libérés de nos tentations démiurgiques : celui qui vient au monde n'est plus contraint à rester éternellement « le fils ou la fille de... », assigné à prendre une place imposée dans une lignée, condamné à la reproduction mimétique.

[1] 1903-1993. Hans Jonas est l'auteur d'un livre célèbre, *Le principe responsabilité* (1979, Champs-Flammarion, 2008), où il affirme : « Agis de façon que les effets de ton action soient compatibles avec la permanence d'une vie authentiquement humaine sur terre. »

Il est heureusement fini le temps où la filiation était assujettie à la reproduction sociale. Où les enfants devenaient notaire comme leur père, ingénieur parce que leur père aurait voulu l'être, ou agriculteur car leur père ne leur laissait pas d'autre choix.

Même si les fatalités sociales sont loin d'être démantelées, même si les aspirations des enfants des milieux populaires se heurtent souvent à de graves obstacles matériels et culturels, même si les élèves les plus modestes – et les filles en particulier – en rabattent encore spontanément sur leurs propres ambitions, la nature même de la filiation a changé. On ne fait plus les enfants pour la société, on les fait pour nous. Mais il nous reste encore une étape à franchir : les faire pour eux-mêmes et, surtout, pour qu'ils assument la continuité et le renouvellement du monde.

Rien n'est plus difficile, je le concède bien volontiers. C'est si bon d'avoir des enfants et de faire leur bonheur ! Si facile de confondre leur bonheur avec leur satisfaction immédiate ! Si commode d'obtenir la paix en cédant sur tout au moindre moment de fatigue ! Seuls quelques inconscients, aveuglés par leurs préjugés, peuvent imaginer que nous sommes spontanément capables de résister à ces tentations, de penser à l'avenir, de voir dans ces bouts de chou ou dans ces grands adolescents dégingandés, agaçants mais profondément touchants, des êtres en devenir. Des êtres qui nous appellent à penser et à agir autrement. Pas pour aujourd'hui. Mais pour demain.

La venue de l'enfant est, en effet, l'événement majeur de l'histoire de l'homme. Pas seulement

Nos enfants nous aident à nous élever

dans chacune de nos vies, mais aussi dans l'histoire du monde. Cette venue, comme l'a expliqué Hannah Arendt, est ce qui permet de prolonger et de renouveler le monde [1]. Elle est aussi, comme le souligne la pédagogue Maria Montessori, ce qui nous aide à ne pas patauger dans les satisfactions immédiates, ce qui nous invite à nous projeter au-delà du présent, à identifier des valeurs pour l'avenir : « Que serait l'homme, dit-elle, sans l'enfant qui l'aide à s'élever ? » [2]

Car il faut, effectivement, s'élever pour élever. Se dégager de la tyrannie du présent et de la dictature du court terme. Lever les yeux au-dessus de nos échéances professionnelles ou électorales. Continuer à répondre dans l'urgence, mais ne jamais perdre de vue que les conséquences de nos actes se répercuteront de génération en génération. Il faut s'allier avec le temps pour calmer notre impatience sans éroder notre volonté.

En fait, pour élever nos enfants, nous devons relever la tête. Cesser de nous apitoyer sur nous-mêmes. Faire taire, de temps en temps, notre tumulte intérieur. Savoir entendre, dans les braillements du nourrisson, dans le flot de paroles de l'enfant qui revient de l'école ou dans le mutisme buté de l'adolescent, un appel du futur. Il faut

---

[1] Philosophe et penseur de la modernité, Hannah Arendt (1906-1975) insiste sur le fait que la naissance n'est pas un simple élément naturel mais ce qui nous impose de penser le monde dans sa continuité. Voir *Condition de l'homme moderne*, Calmann-Lévy, 1983.

[2] Maria Montessori (1870-1952), que nous croiserons plusieurs fois dans ces pages, fut la première femme médecin en Italie et une très grande pédagogue. Créatrice de matériel et d'outils pédagogiques adaptés aux tout-petits, elle travaillera à la fois avec des enfants « normaux » et des enfants handicapés, dans le souci constant de créer des situations pédagogiques leur permettant de mener à bien une activité intellectuelle autonome.

retenir notre exaspération pour chercher patiemment un chemin possible avec eux. Un chemin qui monte.

Or, rien n'est plus difficile aujourd'hui et j'imagine volontiers la perplexité des nouveaux parents ou le découragement du jeune enseignant, assaillis de conseils techniques, mais sans perspective précise sur l'homme qu'ils peuvent et doivent promouvoir. On a beau savoir quels principes alimentaires mettre en œuvre, quelles précautions prendre pour éviter les accidents domestiques, quelles règles de grammaire enseigner et quelles listes de vocabulaire faire réciter, on n'en reste pas moins démuni face aux questions fortes qui nous ramènent à l'essentiel : est-ce que grand-mère m'aimera toujours quand elle sera morte ? Pourquoi je n'arrive pas à aimer tous les enfants de la classe ? À quoi ça sert de chercher la vérité ? Est-ce que les êtres humains pourront un jour cesser de se battre ? Qu'est-ce qui vaut la peine d'y consacrer sa vie ?

Soumis en permanence aux préconisations technocratiques, nous n'éduquons pas, nous nous épuisons dans un gardiennage acceptable, un œil sur les règlements et l'autre sur notre montre... Pourtant, le défi que nous avons à relever aujourd'hui n'est pas mince.

Il ne s'agit pas seulement de mettre au monde des petits d'hommes et de les abandonner ensuite aux marchands qui guettent leur proie, aux gourous en quête de dévots ou aux jeunes loups prêts à les enrôler dans une farouche lutte des places. Il s'agit de former des hommes debout. Des êtres capables d'assumer notre histoire et de penser par eux-mêmes. De s'émanciper de toute forme

Un impératif catégorique : éduquer nos enfants

d'emprise, de s'associer pour construire ensemble du « bien commun », d'inventer des projets neufs capables de mobiliser les hommes et de promouvoir un peu plus d'humanité dans ce monde. Des êtres qui puissent résister au déchaînement des pulsions qui nous menace et y opposer une détermination sereine pour construire une paix qui ne soit pas celle des cimetières. Des êtres qui ne se bercent pas d'illusions, mais puissent concrètement, au quotidien, élaborer les conditions de la survie de notre planète et travailler pour un monde à hauteur d'homme. Modestement, car nous savons maintenant à quel point les messianismes sont dangereux, mais obstinément, car il est temps de mettre un terme à notre désastreuse hésitation.

À la question : « Quel monde allons-nous laisser à nos enfants ? » – question qui reste plus que jamais d'actualité –, il est donc urgent d'en ajouter aujourd'hui une autre : « Quels enfants allons-nous laisser au monde ? »

Notre avenir n'est pas écrit. Cela signe notre impératif : éduquer nos enfants pour qu'ils l'écrivent.

Première partie

Adultes et enfants,
une drôle d'histoire !

1

Qu'est-ce qu'un enfant?

Il faudrait pouvoir définir ce qu'est un enfant.

Or, rien n'est plus difficile. On pourrait, peut-être, s'entendre sur le fait que l'enfance commence à la naissance. Mais il ne s'agit même pas d'un consensus général puisque, dans certains pays du monde, on la fait remonter au moment de la conception. Quant à identifier exactement quand l'enfance se termine, cela semble une entreprise totalement chimérique.

L'enfant est incomplétude

Étymologiquement, l'*infans* est celui qui ne parle pas encore : le mot est donc d'abord utilisé, en bas latin, pour désigner ce que nous nommons aujourd'hui un « bébé », avant de remplacer progressivement le mot *puer* – qui donnera *puéril* – et de couvrir une tranche d'âge allant de deux à quatorze ans. Quand le mot *enfant* apparaît en français, vers le xᵉ siècle, il désigne les garçons et les filles de la naissance à la puberté. Mais on ne se prive pas, pour autant, de l'employer pour qualifier certains adultes, soit parce que leur comportement relève d'une régression caractérisée (ils « font l'enfant » ou « retombent en enfance »), soit pour marquer un rapport de subordination (il n'est pas rare, au xviiiᵉ siècle, qu'un maître appelle ses ouvriers « mes enfants », comme un capitaine ses soldats ou un curé ses fidèles), soit encore pour souligner l'attitude conciliante et, pour tout dire, assez peu fiable, de quelqu'un dont on dira qu'il est « bon enfant »... Et bien sûr, chacun d'entre nous demeure, tout au long de sa vie, l'enfant de ses parents : il n'y a pas d'âge pour être orphelin. Il est bon, d'ailleurs, que nous restions ainsi tributaires d'une filiation. Cela nous aide à tenir à distance la suffisance.

L'enfance est donc d'abord à comprendre dans la relation qu'elle entretient avec ceux qui incarnent l'antériorité : antériorité de la vie, antériorité du savoir, antériorité du pouvoir. Antériorité toujours idéalisée d'adultes perçus comme « maîtres d'eux-mêmes comme de l'univers ». Dans l'imaginaire collectif, il y a de l'enfance quand il y a du manque : défaut de parole, impossibilité de subvenir à ses besoins, incapacité de se reproduire, absence d'autonomie, inaptitude à prendre des décisions. L'enfant est celui qui a besoin d'aide – au singulier. Alors que l'adulte peut se contenter d'aides – au pluriel. C'est pourquoi, si l'adulte est imperfection, l'enfant est incomplétude. Si l'adulte peut et doit se perfectionner, l'enfant, lui, doit être éduqué.

Évidemment, des experts de toutes sortes ont tenté, et tentent encore, de sortir de cette vision générale pour repérer des stades de développement, identifier des périodes, définir des statuts.

Ainsi les psychologues montrent-ils que, jusque vers trois ou quatre ans, le petit enfant vit une phase d'exploration de soi et du monde : il découvre son corps, recherche son plaisir et exerce son pouvoir sur son entourage pour l'obtenir. Ensuite, de trois à sept ans, c'est l'âge de la curiosité sexuelle et l'émergence de la séduction : l'enfant apprend à utiliser les signes de toutes natures pour entrer en relation avec les autres, se faire aimer et susciter l'affection ; dans ces échanges se construit le langage, mais aussi la pensée abstraite, celle qui permet de se représenter des choses en leur absence, d'imaginer des scénarios et d'élaborer des raisonnements. Avant qu'arrive, vers sept ans, ce qu'on nommait jadis l'« âge de raison » et que les psychanalystes ont identifié comme la « phase de latence » : l'enfant désinvestit la sexualité et s'engage plus fortement dans des activités cognitives individuelles ou sociales. Même si on s'accorde aujourd'hui pour relativiser la désexualisation de cette période de la vie – à huit ou dix ans, beaucoup de nos enfants ont des amoureux ou des amoureuses et sont loin d'être indifférents aux jeux de séduction sexués –, il reste que c'est bien à ce moment-là que, pour beaucoup d'entre eux, se profilent les champs d'intérêt intellectuels futurs et que se structure – pas définitivement, heureusement ! – le rapport aux apprentissages scolaires.

Des étapes pour grandir

Puis, avec la puberté, vient l'adolescence : il faut alors assumer des changements physiologiques importants et rapides, c'est le moment d'un réaménagement identitaire majeur. On n'est plus un « petit enfant », mignon par nature, suscitant la tendresse et l'indulgence des grandes personnes. Mais on n'est pas encore un adulte capable de s'assumer. On prend possession maladroitement d'un corps qu'on ne sait pas trop comment habiter. On s'inquiète de ne pas être à la hauteur. On en rajoute dans les manifestations d'indépendance. On cherche l'appui de ses pairs pour pouvoir s'arracher à l'emprise de ses parents... Métamorphose d'autant plus difficile que le modèle traditionnel de la révolte militante et généreuse du bon élève, nourri de Gide, Sartre et Camus, ne fait plus vraiment recette.

Les marchands sont passés par là : on ne se distingue plus guère en s'intégrant à l'école pour pouvoir mieux refuser la société, mais en rejetant l'école pour mieux profiter de la société. Impasse garantie : la société n'offre pas gratuitement les iPod aux cancres. Souffrance inévitable : il faut avoir pour être, et on n'a jamais assez. Prise de risque à l'horizon : on finit par se mettre en danger pour prouver son existence. Installation possible dans le malheur : de la difficulté de vivre, on bascule dans la certitude d'échouer en tout... [1] Heureusement, et quoique notre société ait perdu le sens de l'accueil des jeunes générations qu'elle condamne, bien souvent, à la précarité, la plupart des adolescents s'exhaussent au-dessus de tout cela et parviennent, tant bien que mal, à se stabiliser affectivement et professionnellement. Mais sortir définitivement de l'enfance n'est plus une évolution « naturelle » ponctuée de rites initiatiques bien identifiés, comme jadis la communion solennelle, les fiançailles et le premier emploi stable. C'est devenu un véritable parcours du combattant !

Bien sûr, cette évolution n'est pas homogène : elle est différente selon les contextes sociaux et culturels, chez les garçons et chez les filles, [2] mais

---

[1] Voir David Le Breton, *En souffrance – Adolescence et entrée dans la vie*, Métailié, 2007.

[2] L'écart entre les garçons et les filles est, semble-t-il, de plus en plus important. Les filles sont pubères plus tôt, elles sont aussi bien mieux intégrées et

aussi d'un individu à l'autre. Il peut également exister, chez un sujet, des fixations ou des régressions qui bousculent son développement. Mais elle donne une perspective qui permet de se représenter le chemin à parcourir.

L'enfant doit tout apprendre

L'enfant vient au monde totalement démuni. Riche d'une infinité de potentialités mais incapable de survivre seul ni même de retrouver les gestes élémentaires de la famille humaine. Un petit chat qu'on sépare de sa mère à sa naissance saura quand même faire sa toilette. Un enfant sans environnement éducatif, s'il survit grâce à une aide matérielle, ne saura rien de ce qui fait un homme. Ainsi, si l'homme se caractérise par le fait qu'il peut apprendre, le revers de la médaille, c'est qu'il doit tout apprendre. Son héritage génétique est fabuleux mais non stabilisé. C'est ce qui lui confère son éducabilité : l'enfant n'est rien, il est simplement éducable. Seules quelques caractéristiques physiques élémentaires sont fixées à sa naissance ; pour le reste, tout dépendra de l'éducation qu'il va recevoir et, plus tard, des décisions qu'il va prendre librement.

De cela vient notre double responsabilité à l'égard de l'enfant : nous devons lui transmettre les codes qui lui permettront d'entrer et de s'intégrer

obtiennent des résultats scolaires de bien meilleure qualité : à la sortie de l'école primaire, les filles sont 70 % à être de bonnes lectrices, contre 60 % seulement pour les garçons ; 70 % des filles obtiennent le baccalauréat contre 59 % des garçons ; en fin de parcours de formation, 47 % des filles ont un diplôme d'enseignement supérieur contre 37 % seulement des garçons. Symétriquement, les garçons constituent plus de 70 % du public des classes et parcours destinés aux élèves en grande difficulté scolaire. Pour autant, les filles ne sont pas nécessairement orientées dans les meilleures filières et n'obtiennent pas les meilleures places, car un vieux préjugé demeure : elles n'obtiendraient de bons résultats qu'en compensant leurs limites intellectuelles par un labeur plus besogneux !

dans la maison qui l'accueille et, en même temps, l'aider à trouver la volonté et le courage nécessaires pour « se faire œuvre de lui-même », comme le disait Pestalozzi[1]. Cette double responsabilité peut apparaître contradictoire puisqu'il nous faut, tout à la fois, inculquer et libérer, domestiquer et affranchir, inscrire dans un contexte social donné et permettre de le subvertir. Mais la contradiction se lève dès lors qu'on pense l'éducation dans la temporalité, qu'on renoue avec la définition historique du pédagogue : celui qui accompagne, qui aide à faire le chemin de la dépendance à l'autonomie.

Enfant et adulte : une question de statut, une affaire de frontière

Ce qui néanmoins paraît rendre l'entreprise particulièrement délicate, c'est l'existence des statuts d'enfant et d'adulte, qui introduisent une rupture forte dans ce que l'éducation décrit comme une continuité. Les juristes, en effet, définissent la majorité civile à dix-huit ans, âge auquel un sujet peut contracter de son propre chef dans tous les domaines.[2] Quoique fixée aussi à dix-huit ans, la majorité politique relève d'un autre principe : c'est le moment où la société reconnaît à une personne le statut de citoyen de plein exercice et lui accorde le droit de vote. Quant à la responsabilité pénale, qui fait l'objet de nombreux débats, elle identifie les types de sanctions encourues en fonction du degré de maturité supposée de l'enfant : dix, treize, seize ou dix-huit ans...

---

[1] Disciple de Jean-Jacques Rousseau et partisan de la Révolution française, qui le fera « citoyen d'honneur de la République », Johan-Heinrich Pestalozzi (1746-1827) cherchera, toute sa vie, à mettre en œuvre une pédagogie qui réconcilie « la tête, le cœur et les mains » et permette à tous les enfants, y compris les plus déshérités, d'accéder à la culture et à l'autonomie.

[2] C'est l'âge de la majorité matrimoniale, l'âge aussi où l'on peut exercer un travail sans contraintes particulières (le travail de nuit est interdit, par exemple, pour les enfants mineurs), l'âge du permis de conduire une automobile et celui où l'on peut obtenir une carte de séjour ou se faire naturaliser.

Tout cela est évidemment discutable dans ses modalités, mais absolument indispensable dans son principe. Certes, la vie humaine est un continuum et on ne devient pas miraculeusement capable de comprendre la Constitution ou les principes du Code civil dans la nuit de ses dix-huit ans. Mais aucune société ne peut vivre sans identifier des césures, des niveaux de responsabilité, et leur affecter des droits, des devoirs et des exigences. Toute société doit disposer de règles qui fixent les statuts des personnes sur des critères précis. Et, en particulier, toute société a besoin de dire à quel moment, précisément, une personne doit cesser d'être éduquée et peut choisir librement ce qu'elle doit apprendre. Car là est, sans doute, le point nodal : l'enfant, parce qu'il n'est pas encore éduqué, ne peut pas choisir ce qu'il doit apprendre. C'est l'adulte qui décide de cela en fonction de ce qu'il juge nécessaire au développement personnel et à l'insertion sociale de celui qui vient au monde. Puis viendra un jour où cet être sera en mesure de faire lui-même les choix nécessaires : il pourra décider de ce qu'il doit apprendre pour poursuivre son évolution et de ce qu'il peut tenter sans se mettre en danger ni compromettre l'avenir qu'il aura choisi. Il sera alors, au sens propre, autonome, c'est-à-dire adulte.

L'enfant, un être à éduquer

Quand l'enfant arrive, le monde est déjà là et il revient donc à l'adulte de « faire les présentations », d'accompagner ce nouveau venu dans un univers déjà ancien qui a ses règles, ses coutumes, ses expériences accumulées. Nous avons là une tâche d'intégration dans la *domus* – la maison –, qui est toujours, plus ou moins, une opération de « domestication » : l'enfant devra se soumettre aux règles de ceux qui l'accueillent, respecter les rites et les horaires, acquérir les codes, apprendre la langue. Nous commençons toujours à imposer à nos enfants une multitude de choses et nous leur demandons de les accepter. Il n'y a pas à en nourrir, d'ailleurs, la moindre culpabilité : c'est notre responsabilité que de faire de notre enfant un « être social » qui ne mangera pas n'importe quand et n'importe comment, qui saura s'exprimer correctement, saluer les autres et les respecter.

Certes, tout n'est pas permis dans cette éducation et, en particulier, nous devons exclure tout ce qui présenterait des dangers pour l'intégrité physique ou psychologique de la personne en train d'émerger. Mais on peut, on doit lui apprendre à s'inscrire dans une collectivité en respectant les règles de celle-ci, dès lors – et c'est la condition essentielle – que ce respect est fondateur de réciprocité et que nous prenons le temps de lui montrer qu'il en est également bénéficiaire. Les règles ne sont pas simplement des contraintes, elles sont aussi des moyens pour trouver sa propre place et s'exprimer. Les interdits autorisent et la loi protège. C'est ce qu'un éducateur doit réussir à transmettre s'il ne veut pas rester dans le dressage.

Accéder à ses origines pour grandir

Mais au-delà de cette transmission des codes sociaux, il est une autre transmission tout aussi importante et qui, d'ailleurs, est seule capable de donner sens à la première : c'est la transmission de notre histoire. Pour grandir, il faut pouvoir « prendre racine », savoir d'où l'on vient, qui étaient ceux qui nous ont précédés, comment ils ont vécu, quels ont été leurs problèmes et quelles ont été leurs valeurs. En réalité, nous ne pouvons vivre, penser et créer quelque chose de neuf que si nous avons intégré l'histoire de nos parents et de nos ancêtres, si elle nous a fourni les clés nécessaires à la lecture de notre environnement, à la compréhension des comportements de nos proches, à l'interprétation des événements de la société dans laquelle nous vivons. Nous ne pouvons affronter le monde que si nous nous appuyons sur des productions culturelles qui nous permettent de rencontrer et d'apprivoiser les espoirs et les peurs, les emballements et les inquiétudes de ceux qui ont vécu avant nous... Toutes ces traces laissées par nos prédécesseurs, grâce auxquelles nous nous sentons un peu moins seuls, un peu mieux armés pour pouvoir faire face aux angoisses et aux difficultés que nous rencontrons nous-mêmes.

Pour grandir, nous avons donc besoin de médiations culturelles, de ces œuvres qui vont au plus profond de nous-mêmes, touchent aux questions qui nous hantent : comment peut-on aimer et haïr quelqu'un en même temps ? D'où venons-nous ? Si nous marchons tout droit devant nous à l'infini, où arrivons-nous ? Pourquoi avons-nous peur de mourir ? Pourquoi voulons-nous laisser des traces sur nos murs, dans les cavernes de Lascaux comme sur les blocs de béton des cités de banlieue ? Qu'est-ce qui peut nous enthousiasmer et nous permettre de sortir de la routine quotidienne ? Quelles sont les grandes transgressions qui nous fascinent et auxquelles, pourtant, nous devons échapper ?

Notre responsabilité éducative est donc grande en matière de transmission culturelle. Mais doit-on pour autant transmettre au forceps ? Doit-on imposer par la violence ou le conditionnement des connaissances, des savoirs, des œuvres ? Évidemment non. Car, comme en matière de règles sociales, on aboutirait alors à l'inverse du résultat recherché. Chacun sait qu'on ne peut pas soigner l'anorexie par le gavage : en forçant à manger quelqu'un qui a décidé de ne plus se nourrir, on peut renforcer sa détermination. Il en est de même en matière culturelle et scolaire : il y a des anorexies scolaires comme il y a des anorexies mentales. Et, face aux unes et aux autres, nous devons faire en sorte que l'autre découvre ou redécouvre lui-même le désir de manger, d'apprendre, de se cultiver. Car c'est ce désir-là qui opère. C'est lui qui fait vraiment grandir en permettant une réelle assimilation.

Impossible de passer en force !

Or, trop souvent, devant des difficultés ou des refus en matière de transmission culturelle, nous sommes tentés de baisser les bras… ou bien de passer en force. Dans ce cas commence parfois une partie de bras de fer qu'il nous arrive de gagner – quand, sur notre ordre, notre fils ou notre fille abandonne un feuilleton télévisé pour se plonger dans Pythagore ou Maupassant –, mais qui, le plus souvent, ne produit qu'une soumission de façade : l'enfant, ou l'adolescent, cède pour nous faire plaisir ou parce qu'il ne peut faire autrement, mais il n'en pense pas moins et, dès que nous avons le dos tourné, revient à ses attitudes antérieures, retourne à la facilité. Quand nous pensons avoir gagné, nous avons, en réalité, perdu : perdu notre temps, perdu la face ; et, surtout, perdu notre crédit.

L'éducation est un appel à la liberté

C'est que l'éducation, qu'elle concerne la construction des règles de vie sociale ou la transmission des œuvres de culture, suppose un engagement progressif de l'enfant. Éduquer quelqu'un n'est pas fabriquer un objet. C'est accompagner l'émergence d'une liberté. Certes, l'éducateur doit être porté par la volonté de « nourrir » [1] l'autre le mieux possible et dans tous les domaines, de l'aider à s'insérer dans un collectif harmonieux, de lui permettre de comprendre le monde et de le renouveler. Mais l'impérieux devoir de « nourrir » l'enfant ne peut jamais dispenser ce dernier du métabolisme par lequel il s'approprie ce qu'on lui a apporté pour « se faire œuvre de lui-même ».

Et c'est là que s'éprouve le choix d'éduquer [2] : dans la volonté de donner sans assigner à la reproduction. Dans la détermination d'offrir sans légiférer sur l'usage du cadeau. Plus encore : en invitant l'autre à s'incorporer et transformer ce qu'on lui a transmis pour se créer lui-même et renouveler le monde.

Il y a là quelque chose d'étrange et de difficile à comprendre, qui dynamite toutes nos représentations traditionnelles : il ne s'agit pas de donner d'abord à des êtres passifs, contraints à recevoir, puis qu'on inviterait plus tard à « se prendre en main » pour accéder, enfin, à la liberté. Il s'agit d'une manière de transmettre qui place celui qui reçoit en position d'investir ce qu'on lui transmet, de le faire sien par la manière dont il le comprend, dont il le relie aux questions qu'il se pose ou aux préoccupations qui l'habitent. Il s'agit de transmettre en étant attentif à ce qui résonne en l'enfant, à ce

---

[1] C'est le pédopsychiatre et psychanalyste Philippe Jeammet qui insiste justement sur cette fonction fondamentale de l'éducation. Voir *Pour nos ados, soyons adultes*, Odile Jacob, 2008.

[2] Voir Philippe Meirieu, *Le choix d'éduquer*, ESF éditeur, 1991, nouvelle édition, 2007.

qui le met en route, à ce qu'il va pouvoir nous voler pour l'utiliser sans nous. Éduquer, c'est faire de l'enfant un prédateur.

Il existait jadis au Népal une vieille pratique sur laquelle nous devrions méditer : les adultes aguerris se réunissaient régulièrement, le soir, autour du feu, pour se transmettre les savoirs et les savoir-faire qu'ils avaient acquis et qu'ils jugeaient importants. Non seulement les enfants étaient exclus de ces rencontres, mais on plaçait des gardes armés au visage inquiétant tout autour pour les empêcher d'approcher. La ruse fonctionnait toujours : avec de savants stratagèmes, les enfants réussissaient à déjouer la vigilance des gardiens et à voler quelques-uns de ces savoirs si précieux qui leur étaient cachés. Ainsi, les enfants prenaient et apprenaient. Ainsi, les adultes, lucides et roublards, leur permettaient de s'emparer des connaissances. Ainsi s'opérait l'éducation...

Qu'est-ce qu'un enfant, donc ? Un être à qui nous devons donner le désir d'apprendre et de grandir. Un être à qui nous devons donner les moyens de se construire. Un être à qui nous devons apporter le meilleur de nous-mêmes. Pour qu'il en fasse le meilleur de lui-même. Bref, un être qui doit être éduqué. Éduqué à s'éduquer.

2

L'enfance : une invention récente

Qu'il tête le sein de sa mère, se blottisse dans ses bras ou soit assis sur ses genoux, le Jésus des sculptures et peintures du Moyen-Âge n'a rien d'un enfant. Sérieux, le visage grave, les traits tendus, il pose sur le monde le regard ferme d'un homme mûr. Certes, l'artiste devait donner aux fidèles l'image d'un fils de Dieu déjà porteur de la plénitude du père. Mais on trouve les mêmes caractéristiques du « petit homme » dans toutes les représentations artistiques de ce que nous appelons aujourd'hui l'enfance. En réalité, jusqu'au XIIIe siècle, il n'y a pas d'images d'enfants, il n'y a que des adultes en miniature. Seuls émergent, des nuées de l'autre monde, quelques angelots, qui évoquent les bébés joufflus que nous associons aujourd'hui à la toute petite enfance. Le mot même de « bébé » n'apparaît qu'au XVIIIe siècle et n'est stabilisé dans son usage actuel qu'au XIXe. Car cela ne fait que deux siècles que notre société a identifié précisément un âge de la vie qui, entre la naissance et l'entrée dans les activités de l'adulte, possède ses caractéristiques propres et impose une attention appropriée.

L'enfant, un adulte en miniature

De nombreux indices en témoignent : Philippe Ariès, historien qui fait autorité sur cette question, souligne que, longtemps, les enfants furent habillés exactement comme leurs parents et leurs grands-parents [1]. Ce n'est que depuis le XVIIIe siècle que leur costume s'est progressivement différencié : les garçons ont abandonné la grande chemise, la culotte et les bas de leur père, puis les filles, nettement plus tard, les longues robes de leurs mères. On n'a conçu que très tardivement des vêtements ajustés à leur petite taille et, surtout, qui soulignent leur caractère d'êtres « mignons », charmants et fragiles à la fois.

Pas de traitement de faveur pour l'enfance

C'est qu'en réalité, jusqu'au XVIIe siècle, les enfants étaient sevrés tardivement puis enrôlés immédiatement dans les activités de leurs parents. Les tout-petits, devant lesquels nous nous extasions aujourd'hui, n'étaient alors que des « tubes digestifs » dont on tentait, tant bien que mal, d'assurer la survie. Bossuet [2] écrivait : « L'enfance est la vie d'une bête. » Pascal [3] lui-même ne voulait compter la vie de l'homme qu'à partir de l'âge de raison. Jean-Baptiste de La Salle [4], pourtant infiniment attentif à la misère des enfants pour lesquels il a créé des écoles gratuites, affirmait que « les enfants en naissant ne sont qu'une masse de chair ». Et François de Sales [5] pouvait expliquer que « non seulement en notre naissance, mais encore pendant

---

[1] Philippe Ariès, *L'enfant et la vie familiale sous l'Ancien régime*, Seuil, 1973. Des travaux postérieurs ont permis d'apporter quelques nuances à la thèse de Philippe Ariès, mais cette dernière reste globalement acceptée par tous les historiens.

[2] 1624-1704.

[3] 1623-1662.

[4] 1651-1719. Jean-Baptiste de La Salle fonda la congrégation des frères des Écoles chrétiennes, entièrement dédiée à l'enseignement auprès des enfants pauvres. Il imagina aussi des cours du soir et du dimanche pour les enfants travailleurs.

[5] 1567-1622. Prêtre, théologien, évêque de Genève et conseiller des princes, il fonda l'ordre religieux de la Visitation.

notre enfance, nous sommes comme des bêtes qu'il faut dresser sans y mettre de sentiment ».

Une fois ce dressage effectué, les enfants étaient alors directement intégrés dans le monde des adultes. À quatre ou cinq ans, ils gardaient déjà les troupeaux. À six ou sept ans, ils travaillaient dans les fabriques. À dix ans, on retrouvait les filles comme servantes et les garçons comme palefreniers. À douze ans, certains, déjà, se mariaient. À tous les âges, ils pouvaient mendier dans la rue ou chaparder dans les champs pour apporter leur quote-part à la survie collective. [1] Bien sûr, le garçon bénéficiait, à l'époque, d'un petit traitement de faveur : son arrivée était considérée comme un signe du destin puisqu'il pouvait perpétuer une société fondée sur la domination masculine. Les filles étaient donc traitées avec plus de désinvolture encore, considérées délibérément comme « le deuxième sexe », futurs objets d'échange entre les familles, mères potentielles dans le meilleur des cas : « Les hommes ne peuvent pas se reproduire eux-mêmes. La femme est alors la ressource pour faire des enfants certes en général, mais des fils en particulier. » [2]

Rien d'étonnant, dans ces conditions, à ce que les enfants, après avoir été cantonnés dans une vie purement végétative, partagent très tôt et complètement le quotidien des adultes : même nourriture, en moins grande quantité simplement, même rythme de vie, mêmes pratiques religieuses, mêmes jeux. Ainsi, à la Renaissance, la marelle, le bilboquet, le

---

[1] Danièle Alexandre-Bidon, Didier Lette, *Les enfants au Moyen-Âge, V^e^-XVe siècle*, Hachette, 1997.

[2] Françoise Héritier, « Privilège de la féminité et domination masculine », *Esprit*, n° 271, 2001.

cache-cache ou les jeux de quilles étaient-ils pratiqués indifféremment par des êtres de tous âges. Il n'existait pas, comme aujourd'hui, de frontière identifiée entre un état d'enfance, où l'on est protégé et choyé, où l'on a le droit de jouer puisque des « grands » veillent sur vous, et un état d'adulte, où l'on entre enfin de plain-pied dans les responsabilités sociales, où l'on doit faire face soi-même à la dureté du monde.

Il ne s'agissait que de perpétuer l'espèce

Car, longtemps, les enfants restèrent des vivants en sursis. Au Moyen-Âge, la moitié d'entre eux n'atteignaient pas l'âge adulte. La mortalité périnatale et infantile était telle que « les familles n'en finissaient pas d'enterrer leurs petits » [1]. Le démographe et historien Paul Yonnet [2] parle de « la légende noire qui entourait l'accouchement », évoquant le nombre impressionnant d'enfants, mais aussi de mères, qui mouraient au moment de la naissance. On estime à environ 30 % la mortalité infantile et maternelle vers 1750 [3].

Dans ces conditions, les parents firent donc de nécessité vertu : on mettait des enfants au monde, on courait les baptiser si leur vie était en danger afin qu'ils aillent directement au paradis et, quand ils survivaient, on se contentait de les habiller, de les héberger et de les nourrir a minima pour qu'il puissent très vite remplir les fonctions sociales qui leur étaient dévolues. Les exigences « naturelles »

---

[1] Marie-France Morel, « La mort d'un bébé au fil de l'histoire », *Spirale* 2004-3, n° 31.

[2] Paul Yonnet, *Le recul de la mort – L'avènement de l'individu contemporain*, Gallimard, 2006.

[3] Depuis le milieu du XVIIIe siècle jusqu'à nos jours, la mortalité maternelle en Occident a été divisée par 150 et la mortalité infantile par 78.

primaient : il fallait perpétuer l'espèce, assurer la descendance, garantir la continuité des générations. C'était là l'essentiel. « Chaque enfant qui naissait était destiné à remplacer un de ses grands-parents déjà âgé ou sur le point de décéder. Cette conception ternaire de la vie explique pourquoi les aînés des petits-enfants portaient souvent les prénoms de leurs grands-parents. » [1]

Les liens affectifs familiaux n'apparaissent que tardivement

Ainsi, pendant de nombreux siècles, les hommes furent-ils assignés à la simple reproduction. Chaque individu n'était que le maillon anonyme d'une longue chaîne. Les enfants qui survivaient entraient presque immédiatement dans la vie sociale et économique. Ceux qui mouraient étaient vite oubliés : aucune inscription sur leur tombe ne témoignait du chagrin ou seulement du regret de quiconque. Même dans les classes aisées, et jusqu'au XVIe siècle, la mort des nourrissons n'était pas un drame : « J'ai perdu deux ou trois enfants en nourrice, non sans regrets, mais sans fâcherie », écrit Montaigne [2], grand humaniste, auteur par ailleurs d'un traité sur *L'institution des enfants*. Jean-Jacques Rousseau [3] lui-même, qu'on considère comme le fondateur de la pédagogie moderne, abandonnera ses cinq enfants, s'estimant incapable de les élever dignement. Impardonnable à nos yeux en dépit – ou à cause – de ses justifications larmoyantes, le comportement de Rousseau n'en était pas moins fort répandu à l'époque. Et c'est plutôt son « remords si vif » – même tardif – qui était exceptionnel. C'est lui qui préfigure notre modernité éducative dans

---

[1] Marie-France Morel, *idem*.

[2] 1533-1592.

[3] 1712-1778.

un XVIIIe siècle où Turgot[1] pouvait écrire : « Nos enfants nous font honte » et où le mathématicien Alexandre Vandermonde[2] n'hésitait pas à affirmer, en 1792 : « La seule pensée d'aimer nos enfants nous fait rougir. »[3]

Ce n'est en fait que très progressivement que la famille se structure comme cellule affective. C'est la mère, d'abord, qui développe envers ses enfants cet « amour maternel » qui nous apparaît aujourd'hui complètement naturel, mais qui n'est qu'une construction sociale et culturelle récente[4]. On cesse de mettre l'enfant en nourrice et de le laisser vagabonder à son gré, on commence à lui consacrer du temps, à se préoccuper de sa santé, puis de son avenir. Le père investit, quant à lui, les questions matérielles et s'intéresse à la manière dont sa progéniture gérera l'héritage qu'il lui laissera. Le couple parental se donne des obligations envers ses enfants et attend, en échange, un minimum de reconnaissance de leur part. La famille moderne émerge doucement.

Cette évolution est liée à la lente amélioration des conditions de vie, au recul de la mortalité infantile mais, surtout, à la nécessité de structurer la vie sociale pour en permettre le contrôle par le pouvoir religieux, politique et administratif. Plus question,

---

[1] Homme de lettres et économiste, partisan du libre-échange et du despotisme éclairé, Turgot (1727-1781) fut ministre de Louis XVI, chassé à la suite de ses réformes jugées trop hardies en 1776.

[2] 1735-1796.

[3] *Essai sur les moyens de perfectionner l'espèce humaine*, cité par Richard Sennett, *Les tyrannies de l'intimité*, Seuil, 1979.

[4] Elisabeth Badinter, *L'amour en plus – Histoire de l'amour maternel* (XVIIe-XXe *siècle*), Flammarion, 1980.

en effet, de prendre le risque de nouvelles « croisades des enfants », qui, au Moyen-Âge, réunissaient des milliers de gamins, sillonnant l'Europe derrière quelques illuminés, pillant tout sur leur passage avant d'être anéantis par les intempéries, dévorés par les bêtes sauvages ou vendus comme esclaves.

La structure familiale est d'abord un moyen de contrôle social

La plus célèbre de ces croisades fut prêchée à Vendôme, en juin 1212, par un jeune berger de quatorze ans, Étienne, qui parvint à entraîner avec lui plus de trente mille enfants. D'autres cortèges, à la même époque, sillonnèrent l'Allemagne, et c'est de là – plus précisément du petit village d'Hamelin – que partit en 1284 une étrange rumeur. Elle évoquait le passage d'un joueur de flûte capable de séduire les enfants et de les conduire vers une grotte ou une rivière, d'où ils ne revenaient jamais.[1]

D'abord fugace, l'interrogation s'installe dans les esprits. L'indifférence cède sous le poids de la peur. Se fait culpabilité. Insidieusement, puis explicitement… C'est le début de la grande inquiétude, sourde, puis insistante. Et si nous n'avions pas fait notre « devoir » ? Si le joueur de flûte ne nous volait nos enfants que pour nous faire payer une dette ? Si cet homme de nulle part venait, en réalité, de notre passé pour nous rappeler nos obligations à l'égard du futur ? Et si ce n'était pas seulement une négligence, mais aussi une faute, de livrer ainsi

---

[1] La légende du « joueur de flûte d'Hamelin » qui, après avoir débarrassé la ville des rats, revient chercher les enfants pour se venger de n'avoir pas été payé de ses services, apparaît dans les textes vers le début du XVe siècle. Elle sera reprise maintes fois, aussi bien par des auteurs comme les frères Grimm (*Légendes allemandes*, 1816), Prosper Mérimée (*Chronique du règne de Charles IX*, 1829) ou Robert Browning (1849) que par la chanson (« Le joueur de pipeau », Hugues Aufray, 1966) et le cinéma (*De beaux lendemains*, d'Atom Egoyan, 1997). Outre l'hypothèse de la croisade des enfants, les historiens évoquent la possibilité d'une légende inspirée d'un recrutement forcé des enfants vagabonds pour la colonisation de l'Europe orientale.

au hasard de rencontres improbables la survie, le développement et la formation de ceux et celles à qui l'on va confier les clés de la maison ? Petit à petit, l'idée fait son chemin : plus question de laisser la société sombrer dans le chaos incontrôlable de générations qui se télescopent, mélange instable et explosif d'individus livrés à eux-mêmes et prêts à toutes les jacqueries possibles et imaginables. La famille doit mettre un peu d'ordre dans tout ça !

L'autorité du père – qui n'hésite pas à corriger violemment les incartades des enfants –, la pression affective de la mère – qui contient, à sa manière, les éventuels débordements – sont d'abord d'efficaces moyens de contrôle social. Contrôle indispensable dès lors que l'idée de progrès commence à émerger et que la société et ceux qui la gouvernent tiennent à disposer des leviers nécessaires pour commander et contrôler son évolution.

La famille se constitue ainsi comme un moyen de donner des espaces de cohérence à l'univers social. Mais elle est aussi liée à une évolution décisive des mentalités, dont nous sommes encore les héritiers : l'humanité n'est plus considérée comme un ensemble indifférencié d'individus interchangeables, mais plutôt de sujets singuliers, dont chacun a une histoire et aura bientôt une psychologie. Et, parmi ces sujets, les plus jeunes sont immatures et fragiles : ils doivent donc demeurer, un certain temps, dans un état de dépendance et de subordination. Ils doivent aussi être l'objet de soins particuliers et bénéficier d'attention, de chaleur et de tendresse, bref, de l'amour de leur entourage. En réalité, l'enfant doit obéir et être aimé pour la même raison : parce qu'il n'est pas encore adulte et que son incomplétude l'exige. Ainsi passe-t-on de l'enfant-objet à l'enfant-personne, d'un être sans histoire à un sujet en développement. De simple « tube digestif », l'enfant devient un « petit cœur adoré », inscrit dans un réseau d'affects complexe... pour le meilleur et pour le pire !

Étrange famille donc, qui apparaît comme un cadre normatif de rationalisation sociale et ouvre la porte aux débordements affectifs de toutes sortes ! À peine ébauchée, elle semble, en effet, au bord de l'explosion. Car, dès qu'on réunit – non seulement sous un même toit, mais, surtout, dans un même espace affectif – des personnes issues de plusieurs générations, on crée un confinement où règne une extrême instabilité. Le double processus d'individualisation et d'association qui caractérise la famille moderne – des individus reconnus comme différents mais dont les destins sont néanmoins liés – suscite immanquablement des tensions, que la figure tutélaire d'un dieu ou la fermeté de l'autorité paternelle ne parviennent pas toujours à faire taire. La rivalité dans la fratrie et la jalousie de la bru, la passion excessive de la mère ou la brutalité du départ du fils n'en finissent pas de secouer une cellule sociale qui semble vouée à d'interminables convulsions.

La famille est aussi un lieu de développement des affects

La famille moderne vient à peine d'émerger que Racine écrit sa première tragédie, *La Thébaïde ou Les frères ennemis* (1664) : elle installe la mort au cœur des passions familiales. Et Molière ne tarde pas à dépecer au scalpel, avec un rire qui cache mal la cruauté du tableau, toutes les perversions possibles d'une maisonnée...

Nous sommes nés là, nous autres. Dans ce passage d'un monde indifférencié où tout se répétait à l'identique de génération en génération – menacé par les conséquences du traitement qu'il infligeait à ses enfants – à un univers où la famille normalisatrice investit l'avenir de sa progéniture, mais court le risque de la surchauffe affective permanente. Pour lutter contre le chaos social, nous l'avons, en quelque sorte, circonscrit dans les limites de la maison du père. La société lui a délégué la responsabilité de la tutelle sur une jeunesse qui lui échappait, mais sans lui garantir l'indifférence affective qui lui aurait permis de régner sereinement sur sa tribu... Les enfants naissent désormais dans une institution marquée d'un double sceau, simultanément outil de conformation et chaudron passionnel.

La famille entre normalisation sociale et surchauffe affective

Rien d'étonnant, alors, à ce que, très vite, la famille ait cherché à « refiler le bébé » à des professionnels de l'éducation : histoire de « faire son devoir » sans alimenter des conflits inutiles. Car, si l'affection commande de s'occuper de ses enfants, la raison invite à ne pas s'engager avec eux dans d'interminables parties de bras de fer pour tenter de leur inculquer des savoirs. Il y a assez de tensions comme ça ! Va pour les apprentissages qui ne requièrent que l'imitation et le dressage, mais, dès qu'on a d'autres ambitions, il vaut mieux que les arriérés affectifs ne viennent pas troubler la transaction intellectuelle. C'est pourquoi les parents commencent, quand ils le peuvent, à confier leurs enfants à des précepteurs. Puis ils inventent l'école, machine à instruire promise à un beau succès, qui témoigne d'une évolution majeure : les hommes prennent enfin, à travers leur progéniture, leur avenir en main.

3

Métier d'enfant et métier d'élève

À peine l'enfant est-il né dans la famille que, paradoxalement, on va l'en sortir pour le mettre à l'école : « L'enfant a cessé d'être mélangé aux adultes et d'apprendre la vie directement à leur contact. [...] Il va être maintenu dans une sorte de quarantaine. Cette quarantaine, c'est l'école, le collège. Commence alors le long processus d'enfermement des enfants qu'on appelle la scolarisation et qui ne cessera plus de s'étendre jusqu'à nos jours », explique Philippe Ariès. [1] L'école apparaît donc à la fin du XVIIe siècle, en même temps que la famille moderne, comme l'expression d'une préoccupation jusqu'alors inexistante : la formation d'un être à qui l'on veut donner, en témoignage de l'intérêt et de l'affection qu'on lui porte, des outils pour affronter la vie dans les meilleures conditions possibles. Il faut pour cela dégager l'enfant des obligations économiques et sociales qui l'accaparaient et lui épargner les tensions familiales susceptibles de parasiter ses apprentissages. C'est le rôle de l'école. Elle est le bras séculier de la famille : les parents délèguent à des maîtres, qu'ils estiment mieux à

« Ce long processus d'enfermement des enfants qu'on appelle la scolarisation »

[1] Philippe Ariès, *L'enfant et la vie familiale sous l'Ancien régime*, Seuil, 1973.

même qu'eux de le faire, la tâche d'instruire leurs enfants.[1]

En réalité, ces maîtres, à l'origine, ne sont pas nécessairement plus compétents que les parents. Dans les milieux aisés, ils peuvent même l'être moins. Mais l'avantage de la quarantaine scolaire est ailleurs : celui qui y enseigne est assigné à une indifférence affective minimale, qui permet de tenir à distance la violence et la séduction[2] ; et celui qui y est enseigné est exempté, au moins partiellement, des obligations liées à la survie du groupe et à la multitude des tâches matérielles qui s'imposent au quotidien. Ils peuvent donc s'adonner ensemble sereinement à un travail de formation. Formidable conquête des hommes, formidable cadeau fait à leurs enfants : du temps pour apprendre et des professionnels pour les accompagner !

Il a toujours existé des moments de formation

Certes, il y a toujours eu dans l'activité humaine, et à tous les âges, des moments où l'on interrompait les activités de production pour se former. C'est même, sans doute, ce qui caractérise l'homme : être inachevé, il n'hérite que de potentialités et ne dispose pas dans ses gènes, contrairement aux fourmis ou aux hirondelles, des savoirs et des savoir-faire lui permettant de se développer et de s'organiser en société cohérente. Il est donc condamné à

[1] « Le sentiment de la famille et la scolarisation de la jeunesse sont un même phénomène et un phénomène récent », explique Philippe Ariès (*idem*).

[2] Cette thèse sera reprise et développée par le philosophe Alain (1868-1951), qui souligne que « l'école doit délivrer l'enfant de l'amour » en montrant « le froid visage du travail » : « Le bon maître est indifférent et s'efforce de l'être. Il y a un ordre inflexible et étranger qui se montre ici. » Pour Alain, cet ordre permet à l'enfant de s'adonner au travail intellectuel et d'accéder à la liberté de penser. Voir *Propos sur l'éducation*, PUF, 1990.

apprendre ! Heureuse condamnation, en réalité, qui lui ouvre le champ des possibles quand les autres espèces vivantes semblent assignées à reproduire mécaniquement des modèles immuables.

Mais, depuis l'origine, le temps des apprentissages a été un temps volé. Sous la menace des éléments ou des ennemis, devant satisfaire ses besoins biologiques élémentaires, talonné par la peur, soumis aux exigences d'un chef tyrannique, l'homme n'a jamais pu apprendre qu'en vitesse et, le plus souvent, en cachette. Parfois, il est parvenu, cependant, à faire exister quelques vrais moments de formation, infiniment précieux et précaires à la fois : pour tenter de comprendre les raisons d'un échec ou d'un blocage, pour mémoriser des situations et des procédures, pour s'entraîner et améliorer ses performances, pour transmettre à d'autres des acquis qui ne devaient pas mourir avec lui. De temps en temps, il a même réussi à ménager systématiquement des temps et des espaces pour cela : rites initiatiques et cabanes à secrets, arbres à palabres et veillées entre générations... Puis il a commencé à organiser quelques institutions chargées de cette entreprise : académies et monastères, conservatoires et bibliothèques... Mais rien qui permette d'engager un partage véritable des savoirs, au-delà de quelques élus, en dehors des exigences de la survie individuelle et collective.

Or, telle est l'ambition de l'école moderne, qui apparaît timidement au XVIe siècle et que les institutions scolaires vont progressivement s'efforcer de mettre en œuvre dans un projet qui se poursuit encore aujourd'hui.

L'école s'est construite comme lieu dévolu exclusivement à la formation

Celui qui a le mieux formalisé ce projet, dès le XVIIe siècle, est le penseur et pédagogue protestant Comenius [1]. Il faut se souvenir, en effet, que les catholiques se sont, depuis toujours, opposés à la traduction de la Bible en langue vernaculaire, réservant aux clercs le droit de choisir, présenter et commenter quelques extraits minutieusement choisis. Ce sont des hérétiques comme Pierre Valdo [2] ou Jean Hus [3], puis Luther [4] et Calvin [5] qui prirent l'initiative de mettre directement le texte sacré à la disposition des fidèles : « Puisque nous sommes tous prêtres et que nous avons une seule foi, comment n'aurions-nous pas aussi le pouvoir d'apprécier et de juger le vrai et le faux dans le domaine de la foi ? » écrit Luther, en 1520 [6], fondant ainsi la théorie du « libre examen » et ouvrant la voie à une véritable culture populaire du livre. Le caractère subversif de la démarche n'a d'ailleurs pas échappé aux élites héréditaires d'alors et ce n'est pas par hasard si, longtemps, la tradition protestante restera mobilisée par ceux qui refusent de circonscrire la transmission des savoirs au cercle des héritiers et des élus. Ferdinand Buisson lui-même [7], le principal collaborateur de

[1] 1595-1670. Pasteur morave, infatigable combattant pour la paix dans une Europe déchirée, premier pédagogue à vouloir enseigner « tout à tous ».

[2] 1140-1206. Marchand lyonnais révolté par la richesse de l'Église, il fonda le mouvement vaudois, dont les membres furent longtemps persécutés.

[3] 1370-1415. Intellectuel tchèque, il se battit contre le pouvoir de Rome et le trafic des indulgences. Il fut excommunié, condamné à mort et finit sur un bûcher.

[4] 1483-1546.

[5] 1509-1564.

[6] *Manifeste à la nation allemande.*

[7] 1841-1932. Issu du protestantisme libéral et se déclarant libre-penseur, Ferdinand Buisson a eu l'occasion de côtoyer longuement les protestants lors de son exil, pendant le second Empire, sur les bords du lac de Genève. Il sera nommé par Jules Ferry directeur de l'enseignement primaire et jouera un rôle décisif auprès de lui dans la mise en place de l'« école de la République ». Il fut,

Jules Ferry, rédacteur des fameuses lois laïques de 1882 et maître d'œuvre du *Dictionnaire de pédagogie et d'instruction primaire*[1], est un héritier de cette tradition.

Comenius, perpétuel exilé dans une Europe déchiré par la guerre de Trente Ans, ardent militant de la paix entre les peuples, confiant dans la capacité des hommes à faire primer ce qui les rassemble sur ce qui les divise, grand érudit et professeur méticuleux, jette les bases d'un « enseignement systématique de tout à tous » : c'est la « grande didactique »[2]. Ses principes en sont simples et véritablement fondateurs. Alors que, dans la vie, les problèmes surviennent de manière imprévisible, que des questions complexes se posent à nous sans que nous maîtrisions les bases pour les résoudre, l'école, elle, doit respecter le principe de progressivité et garantir l'accès aux savoirs indispensables, organisés dans des programmes.

Alors que, dans la vie, nos apprentissages sont étroitement liés aux ressources et aux stimulations de notre environnement immédiat, l'école veut mettre à la portée de tous les connaissances jugées essentielles, recueillies auprès de ceux qui les ont établies et validées, et transposées afin de les rendre les plus accessibles possible. Alors que, dans la

---

par ailleurs, fondateur de la Ligue des droits de l'homme et Prix Nobel de la paix en 1927.

[1] Dont la première édition paraîtra entre 1882 et 1887.

[2] En réalité, Comenius a publié une multitude d'ouvrages portant sur tous les domaines de l'enseignement : la théologie et la philosophie, mais aussi le travail manuel et la musique, la géographie et la biologie... Un de ses livres les plus célèbres – matrice, à bien des égards, des manuels et méthodes scolaires – est *La porte des langues* (1631) : il y a réuni mille phrases permettant, de manière systématique, avec les récurrences nécessaires à une bonne assimilation, d'apprendre tous les mots usuels d'une langue en un temps très court.

vie, chacune et chacun cherche naturellement à se débarrasser au plus vite et en dépensant le moins d'énergie possible des difficultés qu'il rencontre, l'école doit permettre de prendre le temps de tâtonner, de chercher à comprendre, de mobiliser des ressources diverses, de les confronter, de s'entraîner, de se tromper, voire d'échouer, sans craindre une sanction humiliante ou un échec rédhibitoire. *Felix culpa*, trouve-t-on dans la règle des écoles jésuites : « Heureux sois-tu, toi qui te trompes à l'école, où l'erreur peut être analysée et servir de moyen pour progresser. Ton erreur, ici, est infiniment précieuse ! »

L'école comme « machine à instruire »

Comenius, sur ce dernier point, ne sera pas suivi jusqu'au bout : l'école tolérera, certes, quelques erreurs, mais, emportée par sa volonté d'instruire à tout prix, elle préférera vite le « redressement disciplinaire » à la réflexion sur les origines de la faute et les moyens de l'éviter ; prise d'une frénésie normalisatrice, elle choisira souvent l'exclusion brutale plutôt que le lent et compliqué travail de l'éducation à la liberté.

Progressivité, exhaustivité, immunité relative : tels sont donc les principes d'une école qui émerge dès lors qu'on décide de former nos enfants en dehors de la vie, c'est-à-dire, en réalité, de la rue, lieu d'apprentissages multiples, certes, mais parfaitement incontrôlés et, surtout, espace protéiforme ouvert à toutes sortes de débauches. En fait, il s'agit d'une véritable entreprise d'« ingénierie sociale » [1], qui a pour objectif de soustraire l'enfance au monde des adultes et de l'inscrire dans un système particulier réservé à sa formation.

---

[1] Philippe Meyer, *L'enfant et la raison d'État*, Le Seuil – Points, 1977.

Cette opération d'envergure n'aurait pas été possible sans la complicité de la société tout entière et l'intervention, parfois musclée, du pouvoir politique.

Ainsi Colbert s'attache-t-il, à partir de 1667, avec son lieutenant de police La Reynie, à nettoyer et normaliser les villes françaises, dont il chasse les « sans aveu », vagabonds solitaires ou en bandes qui échappaient à toute forme de contrôle social ; parmi eux, de nombreux enfants livrés à eux-mêmes, vivant de rapines et échappant à toute forme d'autorité sociale. Cette entreprise de normalisation de la jeunesse sera poursuivie systématiquement pendant plus de deux siècles, avec la collaboration des magistrats, des médecins, des églises et des associations philanthropiques ! Certains, parmi ceux et celles qui vont contribuer à cette entreprise, sont des hommes et des femmes de cœur qui ont une réelle compassion pour les enfants en perdition. Mais pour les autres, sans doute très majoritaires, il s'agit de protéger la société contre de petits vagabonds abandonnés et dangereux : on les capture et on les isole, on les nourrit et on les soigne, on les instruit enfin.

Ainsi, Charles Démia[1], un prêtre séculier, mettra-t-il en place à Lyon, à partir de 1674, un « plan d'étude du peuple » et créera-t-il seize écoles gratuites pour garçons et filles. Ses objectifs sont clairs : il convient de « tarir la source de tous les désordres sociaux en établissant des petites écoles des enfants du pauvre peuple, dans lesquelles, avec la crainte de Dieu et de bonnes mœurs, on leur

---

[1] 1637-1689.

apprendrait à lire, écrire et chiffrer par des maîtres capables de leur enseigner ces choses qui les mettraient heureusement en état de travailler en la plupart des arts et professions. [...] Ces écoles publiques seraient encore comme des académies de la perfection des pauvres enfants, où les fougueuses passions de la jeunesse seraient domptées et soumises à la raison, leur entendement éclairé par les vertus qu'on leur enseignerait, leur mémoire remplie des bonnes choses qu'ils y entendraient et leur volonté échauffée par les exemples de vertu qu'ils y verraient pratiqués ». [1]

Deux cents ans plus tard, en 1867, un républicain comme Jules Simon [2] n'hésitera pas à entonner le même chant du progrès universel par l'école : « Nous disons : "Aux écoles !" comme nos pères disaient : "Aux armes !" ». Il sonne ainsi la levée en masse des enfants : « L'école, dès lors, n'est pas un mode de formation parmi d'autres, elle est conçue, d'emblée, comme le seul. » [3] Être enfant devient résolument être élève.

La construction de la « forme scolaire »

Et c'est ainsi qu'avec une remarquable constance, et à travers des sensibilités religieuses, philosophiques et idéologiques diverses, se développe ce que le sociologue Guy Vincent a décrit et analysé comme la « forme scolaire » [4]. On regroupe les enfants par niveaux, on segmente et on organise les savoirs en des progressions calibrées, on met

[1] Charles Démia, « Remontrances faites à MM. les prévôts des marchands, échevins et principaux habitants de la ville de Lyon », cité par Jean-François Solnon, *Sources d'histoire de la France moderne*, Larousse, 1994.

[2] 1814-1896. Philosophe, républicain, opposant au second Empire, il deviendra ministre de l'Instruction publique dans le gouvernement provisoire de 1870.

[3] Philippe Meyer, *idem*.

[4] Guy Vincent, *L'éducation prisonnière de la forme scolaire*, PUL, 1994.

en place des parcours ponctués d'évaluations régulières, on hiérarchise les étapes, les cursus et les écoles elles-mêmes. La « méthode simultanée », inventée au XVIIe siècle par Jean-Baptiste de La Salle [1], qui permet d'enseigner la même chose en même temps à de nombreux élèves, se substitue bientôt définitivement aux méthodes individuelles et mutuelles. Entre le XVIIe et le XIXe siècle, la classe, sous sa forme actuelle, se stabilise. L'école telle que nous la connaissons aujourd'hui est construite.

À cet égard, l'instruction obligatoire introduite par Jules Ferry, en 1882, apparaît comme la radicalisation d'une démarche déjà bien engagée : on maintient et renforce la quarantaine scolaire, mais c'est l'État qui, dorénavant, en prend les commandes. Car les républicains croient tellement en l'école qu'ils ne veulent pas s'arrêter en route ! Pour eux, la famille est encore trop empêtrée dans les contingences locales, les contraintes de la quotidienneté et les soucis de succession.

Certes, l'école doit respecter « la bonne vieille morale de nos pères » qui, pour Jules Ferry, permet une coexistence pacifique entre l'institution scolaire et l'institution familiale, mais elle doit aussi s'inscrire délibérément en rupture avec les intérêts immédiats des familles. Car la famille, c'est le patois, alors que l'école doit imposer la langue française. La famille, c'est l'affectivité, alors que l'école doit faire accéder à la rationalité. La famille, c'est la religion, voire la superstition, alors que l'école doit transmettre des savoirs assurés et former à

[1] Jean-Baptiste de La Salle met en place un enseignement simultané (et non plus individuel) en français (et non plus en latin).

la pensée scientifique. La famille, c'est l'enfermement dans le local, alors que l'école doit permettre d'accéder à l'universel. La famille, ce sont les inégalités et les privilèges, alors que l'école doit favoriser la promotion de chacun en fonction de son seul mérite.

L'extension de l'empire et de l'emprise scolaires

L'instruction devient donc obligatoire et l'État prend en charge l'organisation d'une école laïque et gratuite. Certes, on concède aux familles – et aujourd'hui encore – la possibilité d'instruire elles-mêmes leurs enfants, dès lors qu'elles peuvent faire la preuve que cette instruction est conforme aux programmes scolaires, mais l'État ne cesse d'étendre son empire et son emprise scolaires.

Dès 1881, Pauline Kergomard [1] crée, à l'instigation de Jules Ferry lui-même, les écoles maternelles. Il faut savoir, en effet, qu'auparavant, et malgré les initiatives trop vite oubliées de Marie Pape-Carpantier [2], les tout-petits étaient entassés dans des « salles d'asiles », où on leur apprenait à obéir mécaniquement à des ordres donnés avec un claquoir. Pauline Kergomard va mettre en place des classes avec des effectifs moins nombreux où, tout en leur assurant de bonnes conditions d'hygiène et de vie, les enfants peuvent s'adonner à des jeux, faire des exercices physiques, des activités artistiques, ainsi qu'effectuer progressivement les premiers apprentissages de la lecture et du calcul. D'emblée, l'école maternelle est ainsi une véritable école, et non une garderie : elle participe du grand projet scolaire républicain.

1 1838-1925.

2 1815-1878. Militante de la libre-pensée et de la « libération des enfants », elle créa les premiers établissements d'enseignement pour les tout-petits.

Instituée par les lois scolaires de 1882, l'instruction obligatoire ne cesse de se développer depuis [1] : établie d'abord de six à onze ans, elle passe à treize ans, puis, en 1959, est repoussée à seize ans... avant, un jour ou l'autre, selon toute vraisemblance, d'être portée à dix-huit ans. Au XIXe siècle, l'enseignement primaire quadrille tout le territoire. Au XXe siècle, l'enseignement secondaire croît si rapidement que Louis Cros [2] décrit, en 1961, une « explosion scolaire exponentielle » [3]. Depuis les années 1980, on parle de « massification de l'école » et on évoque déjà aujourd'hui un phénomène de cet ordre pour l'enseignement supérieur ! La « forme scolaire », quoique récente, connaît un succès foudroyant. Elle s'étend à toute la jeunesse et à tous les secteurs de l'activité des hommes, de l'auto-école à la formation continue... jusqu'à devenir, à l'échelle d'une vie humaine, selon le diagnostic de Jacky Beillerot, la première occupation après le sommeil [4] !

Métier d'enfant ou métier d'élève ?

Ainsi l'enfant que nous connaissons – l'enfant qui doit être aimé et éduqué parce qu'il n'est ni un simple tube digestif, ni un adulte en miniature – est-il né élève. Parce qu'elle veut faire son bien, sa famille l'inscrit à l'école et lui impose la forme scolaire. Pauline Kergomard expliquait que c'était

[1] Si l'on excepte le recul, sur ce point, du régime de Vichy.

[2] 1908-2000. Haut fonctionnaire français de l'Éducation nationale, c'est aussi un ardent défenseur de la démocratisation de l'accès aux études.

[3] Louis Cros, *L'explosion scolaire*, CUIPP, 1961.

[4] Jacky Beillerot, *La société pédagogique*, Presses universitaires de France, 1985. Jacky Beillerot écrivait à l'époque : « 53 millions de Français passent plus de temps à enseigner et à être enseignés qu'à produire des biens et des services. » Pour autant, il n'y voyait pas nécessairement un gage de progrès : « Une société pédagogique généralisée peut devenir une société de soumission, par le fait que, fondamentalement, la pédagogie y est fondée sur la division (l'enfant, l'adulte, le citoyen, le consommateur) et le fractionnement des savoirs. »

pour lui apprendre son « métier d'enfant », mais, en réalité, c'était – et c'est bien toujours – du « métier d'élève » qu'il s'agit.

En effet, dès lors que l'école s'est construite comme un outil d'« ingénierie sociale » au service de la « grande didactique », elle a pris le risque de privilégier l'adaptation à ses codes formels plutôt que la maîtrise des savoirs. Car s'intégrer à l'école suppose de percevoir et de maîtriser ce que les sociologues nomment le « curriculum caché »[1] : il faut travailler en séquences isolées, progressives, scandées par des évaluations régulières ; il faut comprendre qu'il est plus important de montrer qu'on sait que de savoir ; il faut identifier les objectifs poursuivis par le maître à travers les activités proposées ; il faut accepter de faire des exercices répétitifs dégagés de toute expérience sociale ; il faut être docile à la discipline imposée ; il faut aussi – ce que les élèves « difficiles » rechignent le plus à faire – savoir s'ennuyer poliment ! Or, ces capacités ne sont pas, de toute évidence, équitablement réparties dans le champ social. Certains trouvent leur panoplie d'élève au pied de leur berceau et n'ont donc aucun mal à les maîtriser. Mais les autres n'y accèdent que difficilement… ou jamais !

Alors le soupçon s'est très vite développé : et si l'école, en enfermant l'enseignement dans des figures imposées, avait tué le désir d'apprendre ? Et s'il fallait briser le carcan artificiel de ce « métier d'élève » pour retrouver la véritable dynamique du connaître et la joie du comprendre ? Et si l'obligation de se soumettre aux normes d'un « métier »

[1] Voir les travaux de Philippe Perrenoud, *Métier d'élève et sens du travail scolaire*, ESF éditeur, 1994.

standardisé avait une fâcheuse tendance à décourager la volonté de grandir ? Et si, tout simplement, il existait des enfants radicalement réfractaires au « métier d'élève » ?

4

Le pédagogue et le sauvageon

L'organisation de la quarantaine scolaire va exiger le déploiement d'une énergie considérable. Il faut d'abord construire des bâtiments adaptés : les architectes, tout naturellement, empruntent aux modèles qu'ils ont à leur disposition et conçoivent des dispositifs qui relèvent à la fois de la caserne et du couvent. La caserne pour la normalisation et le couvent pour la méditation. Les élèves doivent, en effet, se mettre en ordre, comme des soldats, et se rendre mentalement disponibles à la vérité qui leur arrive, comme des moines. On bâtit donc de grands et beaux lycées, qu'on trouve encore dans nos centres-villes, et de petites écoles communales qu'on peut encore voir ici ou là : les premiers pour l'élite, avec de grands cloîtres et de solennelles salles d'étude, les secondes, pour le tout-venant, avec une cour charmante et de petites classes austères. Les uns et les autres arborent un fronton marquant fermement l'identité du lieu, imposant le respect et affichant symboliquement que « nul n'entre ici s'il n'est élève ».

L'école, une affaire d'État

Mais construire l'école exige bien plus que des bâtiments : c'est toute une administration qu'il faut mettre en place. Née sous le signe de la rationalisation des apprentissages, elle doit garantir que, partout, les mêmes programmes sont bien appliqués et que son fonctionnement fait l'objet d'une surveillance rigoureuse. À cet égard, la centralisation de l'institution scolaire n'est nullement le fruit d'une croissance incontrôlée sous la pression d'un lobby jacobin... Ce n'est en rien une erreur ou, même, un hasard de l'histoire : c'est une conséquence parfaitement logique de son projet même. D'ailleurs, pour l'essentiel, les mécanismes de contrôle centralisateur ont été mis en place sous la monarchie de Juillet par un conservateur, Guizot[1]. C'est lui qui impose à toutes les communes de plus de cinq cents habitants d'avoir une école de garçons, lui qui crée les « écoles normales » pour former les instituteurs, lui qui diffuse, pour la première fois de manière systématique, les instructions officielles, lui, enfin, qui met en place la hiérarchie des inspecteurs, censée contrôler, à l'époque, tout ce qui se passe à chaque instant dans chaque classe !

Depuis, le système n'a fait que s'hypertrophier : l'inflation des textes réglementaires est vertigineuse, une bureaucratie tatillonne s'est développée et incrustée, la caporalisation, voire l'infantilisation des acteurs est devenue monnaie courante. Malgré les tentatives récentes pour décentraliser, déconcentrer, promouvoir l'autonomie des établissements, l'Instruction publique, devenue l'Éducation nationale, reste une machinerie impressionnante. Au service d'un projet, il est vrai, terriblement ambitieux : faire accéder tous les enfants, à l'issue de

---

[1] 1787-1874. Historien, écrivain, il devient ministre de l'Instruction publique sous Louis-Philippe de 1832 à 1836.

l'instruction obligatoire, aux « fondamentaux de la citoyenneté ».

Or, depuis le début, ce volontarisme gigantesque se heurte à des obstacles qui semblent tout à la fois dérisoires et insurmontables. Regardons, en effet, comment les choses se passent : tout en haut de la pyramide, un gouvernement et un parlement, un ministre et son cabinet, une administration et ses experts, des commissions et des groupes de travail. Rien de plus sérieux ! Et, à la base, un enfant, un être qui ignore tout de cette activité fébrile, de ces débats sans fin, de ces milliers de pages de rapports, de programmes et d'instructions, de cette hiérarchie qui classe, trie, organise, contrôle et pense pour lui. Un enfant qui, comme le cancre de Prévert, « dit oui à ce qu'il aime [et] dit non au professeur », quand « soudain le fou rire le prend » et, en une seconde, il fait s'écrouler tout l'échafaudage de gens sérieux et de choix importants qui avaient décidé de ce qu'il devait apprendre ce jour-là !

Apprendre, une affaire d'enfant

Car, en fait, la grande entreprise de formation systématique de l'enfance, commencée au XVIe siècle et dont nous avons hérité, est une pyramide inversée. Elle repose sur une pointe infiniment ténue et sur laquelle nous n'avons pas vraiment de pouvoir : la décision d'un enfant de se soumettre ou non au projet que les adultes ont élaboré pour lui depuis des années et à laquelle ils consacrent un argent et une énergie considérables... Décision qui lui appartient en dernier ressort et qui peut mettre en échec des siècles d'histoire et des milliards d'euros ! Rien de plus irritant, en réalité ! Rien de plus exaspérant pour les organisateurs du système ! Rien de plus dommageable pour les contribuables qui financent tout ça ! Rien de plus incompréhensible pour les grandes personnes que nous sommes !

Et c'est là où s'originent tout à la fois la difficulté et l'espérance. C'est là qu'émerge la pédagogie au sens moderne du terme... Car tant qu'on se contentait de vouloir enseigner à ceux et à celles qui désiraient apprendre ou que leur environnement social avait préparés à des apprentissages programmés pour eux, tout allait pour le mieux ! Tout juste pouvait-on être confronté à des difficultés techniques passagères. Mais dès lors qu'on se donne pour objectif, selon la formule de Comenius, d'« enseigner tout à tous », les véritables problèmes commencent : que faire de ceux qui ne veulent ou ne peuvent apprendre ?

L'éducation, une affaire de ruse

Le premier à avoir posé clairement cette question – de manière tout à fait théorique, il est vrai – est Jean-Jacques Rousseau dans l'*Émile*. Celui qu'on présente parfois comme le fondateur d'une pédagogie du laisser-faire n'hésite pas, en effet, à écrire à propos de l'élève : « Qu'il croie toujours être le maître et que ce soit vous qui le soyez. [...] Sans doute, il ne doit faire que ce qu'il veut ; mais il ne doit vouloir que ce que vous voulez qu'il fasse. » [1] C'est que Rousseau a parfaitement compris la contradiction dans laquelle se débat l'éducation moderne. D'une part, l'enfant, parce qu'il n'est pas encore éduqué, ne peut ni choisir ce qu'il doit apprendre ni décider quand l'apprendre. D'autre part, si l'enfant ne décide pas d'apprendre lui-même

[1] Jean-Jacques Rousseau, *Émile ou De l'éducation*, livre second, 1762.

et de s'engager délibérément dans un apprentissage, il ne peut pas vraiment apprendre. Tout juste peut-il accumuler, sous la contrainte, des réflexes conditionnés.

Pour sortir de cette contradiction, Rousseau suggère d'utiliser la ruse : créer délibérément des situations qui mettent l'enfant en mouvement, le mobilisent et, « en disposant des leçons autour de lui », lui permettent d'apprendre librement ce qu'on a décidé qu'il devait apprendre ! Ainsi, Émile, perdu dans la forêt, tenaillé par la faim et la peur, va-t-il s'intéresser à l'astronomie pour retrouver son chemin…

La méthode peut paraître simpliste. Son principe est pourtant fondateur. Deux pédagogues, au XVIIIe siècle, vont en montrer la fécondité : Itard et Pestalozzi.

Itard [1] est encore étudiant en médecine quand on lui confie, en 1800, l'enfant sauvage de l'Aveyron [2]. Nul alors ne croit pouvoir obtenir quoi que ce soit de cet enfant qu'on considère comme un « débile congénital » abandonné par ses parents. Itard, disciple d'un des premiers philosophes matérialistes, Helvétius [3], croit comme ce dernier que « l'éducation peut tout, même faire danser les ours », et il va mettre toute l'énergie et toute l'imagination dont il est capable pour éduquer celui qu'il va nommer Victor. Il ne parviendra pas à ses fins – Victor n'accédera jamais correctement au langage articulé –, mais il lui fera faire des progrès

[1] 1774-1838.

[2] L'histoire d'Itard et de l'enfant sauvage de l'Aveyron est racontée par François Truffaut dans le beau film *L'enfant sauvage* (1970).

[3] 1715-1771.

considérables et inventera, au passage, une multitude d'outils pédagogiques qui sont encore utilisés aujourd'hui : jeux de construction, puzzles, associations d'images, de lettres, etc.

Pestalozzi [1] se revendique, lui, comme un disciple de Rousseau auquel il veut « donner des mains ». Il vit d'abord quelques expériences désastreuses, où il se laisse complètement déborder par des délinquants qu'il croit pouvoir sauver en leur « accordant simplement sa confiance ». Puis, en 1799, il décide de créer un orphelinat dans la ville de Stans, dévastée par les soldats du Directoire. Là, il touche le fond de la misère et de la déchéance, trouvant des enfants « complètement farouches et habitués à la mendicité », « couverts de gale au point de pouvoir à peine marcher, le front ridé par la méfiance envers celui qui était allié des soldats qui avaient fait leur malheur ». Ils ne tiennent pas en place, vivent dans la violence de tous les instants, ne savent ni lire ni écrire et, de plus, n'accordent aucun crédit à leur « maître ». [2]

Dans ce qui peut être considéré, à bien des égards, comme la première « zone d'éducation prioritaire », Pestalozzi commence par reconstruire les conditions matérielles qui permettent aux enfants de retrouver leur dignité ; il les met à contribution afin de lutter contre leur tendance à se faire assister systématiquement ; il s'appuie sur les qualités qu'ils révèlent pour stimuler ce qu'il y a de meilleur en eux ; il met en place des rituels permettant de

[1] 1746-1825.

[2] On trouvera le texte complet commenté de la *Lettre de Stans* de Pestalozzi sur le site : www.meirieu.com/PATRIMOINE/lettredestans.pdf

scander le temps et d'organiser l'espace ; il engage les enfants dans des apprentissages complexes mais mobilisateurs ; il organise l'entraide systématique entre les plus âgés et les plus jeunes ; il prend le temps de parler avec eux de ce qu'ils vivent... et, surtout, il exige, en tout, la perfection. Aussi bien dans les tâches quotidiennes que dans les exercices d'entraînement ou les projets de plus grande envergure. Car tout son secret est là : quand l'enfant est accompagné pour donner le meilleur de lui-même, quand l'adulte sait identifier ses efforts et valoriser ses réussites, alors l'éducation permet l'émergence de l'attention, de la volonté, de l'intelligence... et de la liberté !

La pédagogie, une affaire d'invention

Que nous apprennent donc, presque simultanément, Itard et Pestalozzi ? Qu'il ne suffit pas de scolariser ! Que le projet scolaire lui-même est porteur d'un pari fantastique : « Tous les enfants peuvent apprendre et grandir. » Mais que ce projet est mis en échec quand il se heurte à des êtres mal préparés, abîmés, accidentés, apathiques ou excités, paresseux ou hyperactifs. Il faut alors faire assaut d'imagination afin que, d'une part, ils mobilisent leur « force intérieure », comme dit Pestalozzi, et que, d'autre part, ils trouvent autour d'eux assez de stimulations, de ressources et d'occasions d'apprentissage, comme nous le montre Itard, pour pouvoir progresser et accéder, peut-être, au statut d'adulte.

Pestalozzi et Itard inventent la pédagogie moderne. Ils le font à la marge, avec des enfants réputés alors inéducables. Quand les élèves résistent à notre intention de les instruire. Quand ils nous rappellent qu'ils sont des sujets et non des machines... Mais voilà qui risque justement de gripper la « machine-école » !

5

L'enfant au milieu, les cahiers au feu ?

Il fallait s'y attendre ! À force de s'intéresser aux attardés, aux garnements peu fréquentables, aux « sauvageons » de toutes sortes, les pédagogues ont fini par se poser des questions impertinentes : et si tous les enfants, finalement, avaient besoin de pédagogie ? Et s'ils ne pouvaient apprendre vraiment, quels qu'ils soient, que mobilisés par un projet, comme les orphelins de Stans ? Et s'ils avaient besoin, pour s'approprier vraiment un savoir, de décomposer les gestes mentaux à accomplir et de se donner des procédures de travail identifiables, comme Itard tentait de le faire avec Victor, l'enfant sauvage ?

Paradoxe peu et mal repéré : c'est le projet fondateur de l'école elle-même – enseigner tout à tous – qui suscite des interrogations radicales, dès le début du XXe siècle, sur le bien-fondé de l'institution scolaire ! C'est que ce projet, d'une redoutable cohérence pourtant, n'est pas exempt de contradictions. En effet, en segmentant les savoirs pour les rendre progressifs et accessibles, on risque de leur faire perdre toute attractivité : autant un problème complexe peut stimuler la curiosité et déclencher une recherche, autant l'acquisition, palier par palier, de « bases », dont on n'entrevoit aucune utilisation

Rendre accessible n'est pas rendre attractif

future peut décourager, voire dissuader durablement des élèves de tout effort. Autant l'articulation des savoirs académiques avec les questions découvertes par les élèves dans leur environnement peut les motiver, autant la présentation formelle de connaissances éthérées peut être rebutante. Autant la joie de comprendre « comment ça marche » peut réconcilier avec les savoirs les élèves les plus réfractaires aux disciplines scolaires, autant l'acharnement sur l'acquisition de procédures abstraites peut les écarter pour longtemps de tout espoir de trouver un plaisir intellectuel à l'école.

Ainsi la forme scolaire peut-elle se révéler contre-productive : la formalisation à laquelle elle se livre – avec les meilleures intentions du monde – coupe les savoirs de ce qui les rend attractifs. Elle les réduit à des utilités scolaires dans ce que le pédagogue brésilien Paulo Freire nommera une « pédagogie bancaire »[1] : un échange d'informations distribuées puis restituées, rémunérées par des notes, sans appropriation ni utilisation personnelle possible. L'école perd ainsi sur les deux tableaux : d'une part, elle écarte des savoirs les enfants qui n'en perçoivent pas la signification et n'en anticipent pas les usages ; d'autre part elle appauvrit ces savoirs, les réduit à des exercices sur un parcours du combattant, escamote leur dimension culturelle qui permettrait aux élèves de s'inscrire dans une histoire collective. Alors qu'elle voulait offrir

---

[1] 1921-1997. Paulo Freire, penseur et pédagogue brésilien, militera toute sa vie pour une « pédagogie émancipatrice », en particulier dans le cadre de l'alphabétisation des populations très défavorisées. Il fondera sa méthode sur les mots et concepts « générateurs » qui, empruntés à l'expérience des personnes, permettent néanmoins, par leur richesse phonologique et syntaxique, d'enrichir et de structurer l'expression orale et écrite.

à tous des savoirs de qualité, elle ne propose qu'à quelques-uns des savoir-faire étriqués.

Bien sûr, les héritiers tirent néanmoins leur épingle du jeu : stimulés par leurs parents, habitués très tôt à faire leur miel de ce qui leur est proposé, percevant vite les enjeux sociaux des apprentissages, ils bénéficient largement de l'offre scolaire. Quelques autres, parce qu'ils ont la chance de rencontrer un maître hors du commun qui leur fait confiance et auquel ils s'identifient, les rejoignent sur le chemin de la réussite. Mais, globalement, la machine-école semble victime de ses bonnes intentions : la « grande didactique » devient un « grand formalisme » et s'anéantit dans ce que Célestin Freinet nommera la « scolastique » [1].

Apprendre par la vie

Rien d'étonnant alors que, à peine stabilisée institutionnellement, l'école soit remise en question. On voit apparaître en effet, dès 1899, la première *new school*, à Abbostholme, près de Londres, à l'instigation d'un pasteur excentrique, Cecil Reddie [2]. Dans cette anti-école, plus d'enseignement ni de programme, plus de classe ni de contrôle systématique des connaissances : les enfants font de la géométrie en travaillant sur le cadastre ou en dessinant les plans des extensions de la maison ; ils apprennent l'arithmétique en tenant les comptes et en calculant les taux d'intérêt ; ils s'initient à la

[1] Célestin Freinet (1896-1966), fondateur de l'Institut coopératif de l'école moderne (Icem), est une des grandes figures de l'Éducation nouvelle : il introduit dans ses classes la correspondance scolaire, l'imprimerie et le journal, les enquêtes et recherches documentaires, le travail individualisé et le « conseil de coopérative », où les enfants participent à la gestion de la vie de l'école. Il nomme « scolastique » (en utilisant de manière impropre un terme qui désigne la théologie enseignée dans les universités au Moyen-Âge) les savoirs fossilisés, enseignés aux élèves indépendamment de toute activité qui leur permettrait d'en comprendre la signification et d'en saisir la portée.

[2] 1858-1932.

biologie par le jardinage, à l'histoire en réalisant un petit musée, à la littérature en montant des pièces de théâtre. Ils apprennent la langue en rédigeant des courriers et en fabriquant des journaux. Ils découvrent la société et le monde en allant interroger les artisans et les commerçants, les notables et les hommes politiques, qui les reçoivent volontiers. Bref, tout l'inverse justement de ce que la quarantaine scolaire avait instauré : le retour en force de l'apprentissage par immersion, sous l'aiguillon de la nécessité – « C'est en forgeant qu'on devient forgeron ! »

Ainsi s'annonce un renversement qui, sous le nom d'« Éducation nouvelle », sonnera la charge contre l'« école traditionnelle ». Adolphe Ferrière [1], créateur de la Ligue internationale pour l'Éducation nouvelle, donne le « la ». Il ne fait pas dans la nuance : « Et sur les indications du Diable, on créa l'école. L'enfant aime la nature : on le parqua dans des salles closes. L'enfant aime voir son activité servir à quelque chose : on fit en sorte qu'elle n'eût aucun but. Il aime bouger : on l'obligea à se tenir immobile. Il aime manier des objets : on le mit en contact avec des idées. Il aime se servir de ses mains : on ne mit en jeu que son cerveau. Il aime parler : on le contraignit au silence. Il voulait raisonner : on le fit mémoriser. Il voudrait chercher la science : on la lui servit toute faite. Il voudrait s'enthousiasmer : on inventa les punitions. [...] Alors les enfants apprirent ce qu'ils n'auraient jamais appris sans cela : ils surent dissimuler, ils surent tricher, ils surent mentir. » [2]

---

[1] 1879-1960.

[2] Adolphe Ferrière, *Transformons l'école*, Delachaux et Niestlé, 1920.

Dès lors – et bien avant Mai 68 ! – va se développer une vulgate pédagogique aujourd'hui bien connue : « Il faut motiver l'enfant pour qu'il apprenne. » ; « L'élève doit être actif dans ses apprentissages. » ; « Les savoirs doivent s'articuler à des projets mobilisateurs. » ; « On doit promouvoir la coopération et proscrire la rivalité. » ; « Un accompagnement personnalisé bienveillant est nécessaire pour chacune et chacun. » ; « Il ne faut pas seulement apprendre, mais apprendre à apprendre. » ; « On ne doit jamais perdre de vue la formation à la citoyenneté et à la liberté. », etc. Cette pensée générale et généreuse se nourrit des travaux de grandes figures pédagogiques [1], comme le philosophe John Dewey [2], partisan du *learning by doing* (l'apprentissage par l'action), la spécialiste de la petite enfance Maria Montessori, dont la formule « Aide-moi à faire tout seul » résume bien le projet, le pédagogue Ovide Decroly [3], qui cherche à réconcilier « ce qui intéresse l'enfant » et « ce qui est dans son intérêt », l'inspecteur Roger Cousinet [4], auteur de la formule radicale « Il faut que les enseignants cessent d'enseigner pour que les élèves commencent à apprendre », le sulfureux Alexander-Sutherland Neill [5], créateur de l'école de Summerhill, où « nul n'est jamais contraint d'apprendre tant qu'il ne le décide pas », et, bien sûr, Célestin Freinet : « Toute méthode est regrettable qui prétend faire boire un cheval qui n'a pas soif. Toute méthode est bonne

La vulgate pédagogique de l'anti-école

[1] Pour une présentation de ces figures, voir « Petite histoire des pédagogues » : www.meirieu.com/PATRIMOINE/lespedagogues.htm

[2] 1859-1952.

[3] 1871-1932.

[4] 1881-1973.

[5] 1883-1973.

qui ouvre l'appétit de savoir et aiguise le besoin puissant de travail. »[1]

En réalité, l'œuvre de tous ces auteurs est loin de se réduire à ces slogans et elle fourmille de nuances[2]. Mais, engagés dans les polémiques éducatives de leur temps et soucieux de faire entendre leur voix, ils ont, comme le préconisait Descartes lui-même dans les *Méditations métaphysiques*, tordu le bâton dans l'autre sens afin de lui rendre sa rectitude : face à une machine-école réduite à un système de normalisation par inculcation de savoirs fragmentés, ils ont mis en avant le caractère irréductible de l'engagement de l'élève comme sujet.

Face à une quarantaine scolaire juxtaposant des individus dociles pour leur enseigner des connaissances formelles dans une logique purement encyclopédique, ils ont souligné que, comme le disait Dewey, « toute leçon doit être une réponse ». Parfois même, emportés par le souci de faire mouche, ils se sont caricaturés eux-mêmes. Au point que certains de leurs adversaires ont pu penser que les pédagogues préconisaient de mettre simplement les élèves en petits groupes et de leur donner de vagues consignes pour qu'ils retrouvent spontanément le théorème de Pythagore ou la relativité générale d'Einstein. Ou encore que la mise en activité garantissait toujours les apprentissages : comme si écrire un journal permettait d'accéder à la parfaite maîtrise de l'orthographe et de la grammaire, faire un jardin potager à la compréhension des principes de la reproduction végétale, construire un planeur en

[1] Célestin Freinet, *Les dits de Mathieu*, Delachaux et Niestlé, 1978.

[2] Voir Philippe Meirieu, *La pédagogie entre le dire et le faire*, ESF éditeur, 1995, nouvelle édition 2007.

balsa aux lois de la pesanteur et jouer une pièce de théâtre aux subtilités de l'histoire littéraire !

Plus radicalement encore, on a pu imaginer que les pédagogues abandonnaient toute autorité et se contentaient de laisser les groupes d'enfants vivre librement leur histoire en espérant qu'ils accéderaient spontanément aux principes moraux et sociaux nécessaires à toute vie collective !

Les sciences humaines à la rescousse

Ces illusions ont pu, d'ailleurs, se nourrir d'apports des sciences humaines mal assimilés. Daniel Hameline, le meilleur observateur contemporain des discours et des pratiques pédagogiques, en identifie trois, décisifs à ses yeux [1] : celui de Piaget [2] et de la psychologie cognitive, celui de Freud [3] et de la psychanalyse, et celui de Lewin [4] et de la psychosociologie.

Pour Piaget, en effet, « tout connaisseur est un constructeur » : l'enfant n'apprend qu'en assimilant progressivement ce qu'il perçoit, qu'en agissant sur le monde et en enrichissant ainsi ses structures mentales. Mais la théorie de Piaget – le constructivisme – ne condamne pas pour autant l'enseignant à l'inaction, bien au contraire : il faut organiser les expériences qui permettent les apprentissages, réunir les matériaux sur lesquels l'enfant devra agir et identifier précisément les consignes auxquelles il devra se soumettre. Ce qui requiert un niveau d'expertise bien plus élevé que la traditionnelle explication magistrale.

---

[1] Daniel Hameline, *Courants et contre-courants dans la pédagogie contemporaine*, ESF éditeur, 2000.

[2] 1896-1980.

[3] 1856-1939.

[4] 1890-1947.

Pour Freud, « tout s'origine dans le désir » : on ne peut faire apprendre sans faire aimer, on ne peut s'adonner à une activité intellectuelle sans l'investir affectivement. Mais la théorie freudienne n'affirme pas, loin s'en faut, que l'éducation consiste à céder à tous les caprices de l'enfant ni, d'ailleurs, à tenter de le séduire par tous les moyens. Le désir, pour émerger, suppose même l'interdit de la satisfaction pulsionnelle, l'inscription dans la temporalité, l'acceptation de la frustration et la reconnaissance, lente et difficile, du plaisir qu'on peut trouver dans la rencontre avec l'altérité… ce qui requiert que l'éducateur mette en place des médiations et des institutions, exigeant ainsi qu'il s'assume comme porteur de la loi.

Quant à Lewin, il a montré que tout groupe humain se structure progressivement selon des modalités qui lui permettent d'atteindre un niveau d'équilibre nécessaire à son fonctionnement. Mais rien ne dit que cette structuration construit magiquement la meilleure configuration pour enseigner, rien ne garantit que le leadership sera assumé par le plus compétent ni que certains ne seront pas exclus de l'accès aux connaissances. Le groupe-classe n'est pas un groupe construit sur un jeu d'affects. Au contraire, une classe est un groupement aléatoire d'individus, qui doivent travailler et apprendre ensemble sans nécessairement s'aimer. Ce qui requiert, pour le professeur, la capacité de construire un espace-temps dévolu à son enseignement, avec les règles et rituels qui permettront les apprentissages.

Au total, il faut donc entendre le vigoureux rappel à l'ordre des pédagogues de l'Éducation nouvelle : instituer l'élève n'abolit pas l'enfant. L'enfant est un sujet qui ne peut s'absenter de l'école pour permettre le bon fonctionnement de la machine à instruire. Mais, pour autant, on ne peut faire table rase du projet scolaire et de tout ce qu'il a apporté. Livrés à des activités sans régulation pédagogique suffisante, les enfants retombent dans les travers que le projet scolaire voulait justement abolir : les apprentissages y redeviennent inégalitaires et aléatoires, la débrouillardise prime sur l'intelligence, le pragmatisme et l'efficacité immédiate sur la compréhension du monde et la formation de la personne.

L'élève apprend... ce que l'adulte lui enseigne !

C'est ainsi que, dès 1984, j'avais alerté les pédagogues sur la « dérive économique » des activités scolaires [1]. Mettre des enfants « en activité » ne suffit pas et ne garantit rien : on peut en effet laisser se développer une division du travail au terme de laquelle les élèves les plus motivés et compétents conçoivent, ceux qui disposent de petits savoir-faire sont mis à contribution en fonction des besoins, tandis que les « incompétents » sont réduits au chômage pour garantir la réussite du travail commun ! On peut aussi laisser les élèves résoudre les problèmes « à l'économie » sans qu'ils comprennent vraiment ce qu'ils font, mentalisent des processus cognitifs et soient capables de les transférer. On peut enfin totémiser le bricolage au détriment de l'inscription dans une culture sans laquelle aucune intégration sociale n'est possible... ni aucune émancipation.

[1] Philippe Meirieu, *Itinéraire des pédagogies de groupe – Apprendre en groupe ? 1* et *Outils pour apprendre en groupe – Apprendre en groupe ? 2*, Chronique sociale, 1984, nouvelle édition 1996.

Il ne faut donc pas céder à la tentation du balancier et, après une école qui abolissait l'enfant pour instituer l'élève, placer l'enfant dans des situations qui ne lui permettent pas d'être élève. L'éducation ne tolère pas les simplifications. L'enjeu est trop important pour céder aux polémiques.

6

Entre l'enfant-élève et l'élève-enfant, quelle pédagogie ?

Nous avons imaginé un projet inouï : instruire tous les enfants jusqu'à seize ans [1], leur permettre d'accéder, dans tous les domaines, aux fondamentaux de la citoyenneté. [2] Nous avons créé de longue date une institution pour cela, l'école, et nous y investissons des sommes qu'on peut légitimement juger insuffisantes, mais qui sont néanmoins considérables. Nous sommes parvenus aujourd'hui à démocratiser l'accès à cette école, mais, malheureusement, nous ne sommes pas parvenus à démocratiser la réussite en son sein. D'où les frustrations inévitables de tous ceux – les élèves comme leurs familles – qui ont cru que la scolarisation garantissait le succès. D'où l'impérieuse

La démocratisation de l'accès à l'école ne garantit pas la démocratisation de la réussite dans l'école

[1] Rappelons que l'instruction obligatoire jusqu'à seize ans a été instaurée en 1959, sous la présidence du général de Gaulle, par Jean Berthoin, alors ministre de l'Éducation nationale. C'est ce qui provoqua ce que Louis Cros nomma l'« explosion scolaire » : gonflement extraordinairement rapide du nombre d'élèves, création d'un très grand nombre de collèges (on en inaugurait alors en France un par jour ouvrable) et recrutement massif d'enseignants.

[2] Ces fondamentaux sont définis aujourd'hui par le « socle commun de compétences et de connaissances » élaboré dans le cadre de la mise en application de la loi d'orientation sur l'avenir de l'école du 23 avril 2005. Malheureusement, ce socle est venu s'ajouter aux programmes sans restructurer en profondeur les apprentissages scolaires. Mais c'est un premier pas. On trouvera ce socle sur le site du ministère de l'Éducation nationale : www.education.gouv.fr/cid2770/le-socle-commun-de-connaissances-et-de-competences.html

nécessité de tenter de comprendre pourquoi nous en sommes là, pourquoi l'école piétine et déçoit, pourquoi l'échec scolaire gangrène notre société.

Cent cinquante mille jeunes quittent en effet, chaque année, le système scolaire sans aucune qualification : gâchis humain pour ces élèves dont beaucoup se vivent comme un rebut de la société, coût social considérable en termes de chômage, de traitement de la dépression et de la délinquance, lourd tribut à payer en découragement pour des enseignants qui voudraient bien ne plus être de simples spectateurs de la reproduction sociale.

Plus que jamais, donc, il nous faut tenter d'y voir clair sur notre manière d'instruire. Et justement, peut-être, sommes-nous tout près d'y arriver ? Nous connaissons en effet les vertus du programme ambitieux de Comenius, repris et développé par la République : rigueur, égalité, universalité. Nous en mesurons aussi les limites : nul ne peut apprendre à la place de quiconque... Nous avons appris, avec l'Éducation nouvelle, que la mobilisation de l'enfant et son activité mentale étaient indispensables à tout apprentissage. Nous en avons vu aussi les naïvetés : aucun apprentissage ne se fait spontanément et le maître garde un rôle décisif tant dans la construction des situations que dans leur gestion et l'accompagnement de chacun.

Apprendre, c'est à la fois découvrir et s'entraîner

Plus fondamentalement, nous savons maintenant qu'il n'y a pas d'éducation sans une articulation étroite de deux démarches, qui doivent se féconder réciproquement : la finalisation, qui permet la découverte, et la formalisation, qui permet l'appropriation. Pour se mettre en route, l'enfant doit être impliqué dans une activité et prendre du recul par rapport à elle afin d'identifier comment ça marche et ce qu'il a appris. L'élève doit s'engager dans un projet mais ne pas négliger pour autant les exercices d'entraînement, qui lui permettent de franchir les obstacles qu'il rencontre et de progresser.

En termes savants, nous dirons qu'il faut articuler, d'une part, la progressivité de la logique curriculaire (les programmes référentiels de compétences, etc.), et, d'autre part, la complexité de l'expérience sociale (les activités mobilisatrices). Ou encore, qu'il faut mettre en dialectique une ambition globale et le caractère méthodique d'exercices qui permettront de la réaliser. Voilà, d'ailleurs, une manière de penser qui ne semble pas soulever de difficulté en dehors de l'école : qu'on regarde, par exemple, ce qui se passe dans un club de football, et on verra que les adolescents qui s'y entraînent (ils ne récusent d'ailleurs pas ce mot) font des exercices rigoureux dans la perspective d'un projet ambitieux, assumant parfaitement l'interaction étroite entre ces deux aspects d'une même activité.

Qu'est-ce qu'écrire ?

De la même manière, on devrait, en classe, s'efforcer de lier en permanence finalisation et formalisation. Prenons l'exemple de l'apprentissage de l'écriture. Nul ne nie qu'il impose la maîtrise de techniques spécifiques : il faut savoir reconnaître et dessiner les lettres, passer du dessin au traçage, en respectant une logique précise pour la graphie ; il faut savoir agencer des mots, faire des phrases, accéder aux relations grammaticales, etc. Tout cela relève de la logique curriculaire et doit faire l'objet d'entraînements systématiques prévus par le programme.

Mais la seule maîtrise de ces techniques ne permet pas d'accéder à l'écriture comme intention, ni de donner aux enfants le goût et le plaisir d'écrire. Pour y accéder, il faut comprendre ce qu'est vraiment écrire, pourquoi les hommes se sont mis à écrire et ce que cela leur apporte. Jack Goody[1] nous explique ainsi que les premiers écrits furent, sans doute, des listes d'objets, de marchandises, de choses à faire : il fallait alléger la mémoire et, pour cela, garder la trace matérielle de ce qu'on ne pouvait mentaliser simultanément.

On put aussi, à partir de là, classer, distinguer, organiser, combiner. L'écriture libéra l'esprit et permit à l'homme d'effectuer de formidables progrès dans la gestion de ses affaires professionnelles et personnelles comme dans la compréhension du monde.

Mais ce n'est pas tout : écrire est aussi un moyen de différer son expression. Parce que l'écrit peut être corrigé, repris, reconfiguré ou même abandonné, il permet de ne pas rester dans l'immédiateté et d'introduire du sursis, de la distance, de la réflexion.

Écrire, c'est aussi stabiliser quelque chose de soi sans percevoir la réaction de l'autre et sans pouvoir rectifier sur-le-champ : une contrainte, évidemment, mais une chance, surtout, pour être plus précis, plus juste, plus rigoureux.

Enfin, écrire – et c'est ce qui fait problème à beaucoup de nos élèves –, c'est transformer les contraintes de la langue en ressources pour la pensée : il faut réussir à s'amuser des contraintes, à

---

[1] Jack Goody, *La raison graphique – La domestication de la pensée sauvage*, Éditions de Minuit, 1979.

les retourner, à en faire des points d'appui [1]. Éviter une répétition permet de chercher un mot qu'on n'aurait pas employé spontanément, équilibrer une phrase permet de faire rebondir une description, utiliser la concordance des temps permet de stimuler l'inventivité scripturale...

Voilà donc cinq caractéristiques de l'intention d'écrire – libérer la mémoire, permettre de classer, différer l'expression, stabiliser une trace et transformer les contraintes de la langue en ressources pour la pensée – qui ne relèvent pas de la logique technocratique, mais permettent de créer des situations d'apprentissage, au sein desquelles l'élève pourra réinvestir l'intention d'écrire. [2] Les savoir-faire techniques peuvent – doivent – être travaillés et donner lieu à des exercices, mais ce sont les caractéristiques de l'intention d'écrire qui permettent d'imaginer de vrais dispositifs que les enfants investissent de l'intérieur pour accéder au désir et au plaisir d'écrire. Il en est de même, bien sûr, dans tous les domaines, et en particulier dans celui de la lecture, qui a donné lieu à de si mauvaises querelles : nul ne nie que l'enfant doit savoir déchiffrer, mais il ne peut vraiment lire que s'il se construit en position de lecteur, comme « prédateur » d'un texte avec lequel il engage un dialogue.

C'est cela, à mes yeux, une « pédagogie à maturité » : une pédagogie qui se fixe des objectifs et invente des méthodes, qui sait utiliser des programmes et créer des situations, croiser les uns et les

---

[1] C'est toute la démarche proposée par l'Oulipo, Ouvroir de littérature potentielle, initiée par des écrivains comme Raymond Queneau ou Georges Perec. Voir Oulipo, *Atlas de littérature potentielle*, Gallimard, Folio-Essais, 2003.

[2] Voir sur ce sujet Philippe Meirieu, *Pourquoi est-ce (si) difficile d'écrire ?*, Bayard, 2007.

autres en permanence, rebondir des uns aux autres. Bref, une pédagogie rigoureuse et vivante à la fois !

Pour en finir avec les caricatures et les malentendus

Et, pour tenter de clarifier les choses – tout en sachant que ces clarifications ne lèveront jamais complètement tous les soupçons, tant la pédagogie semble condamnée à des clarifications incessantes –, précisons quelques éléments-clés qui sont souvent l'objet de malentendus :

- Les « méthodes actives » n'ont rien à voir avec un bricolage non directif ! Rendre l'enfant actif, c'est susciter chez lui une activité mentale, lui permettre de construire de nouveaux savoirs et l'aider à accéder à une plus grande autonomie.

  Concrètement, une classe ou un groupe d'enfants peut parfaitement apparaître comme une ruche au travail et, pourtant, ne pas permettre d'acquisitions significatives. On s'y affaire, on s'y agite, mais sans qu'il y ait nécessairement de réflexion approfondie sur ce qu'on fait. On y parle, mais nul n'entend vraiment ce que dit l'autre, ni ne se remet en question. A contrario, des enfants qui écoutent une histoire, s'efforcent d'entrer dans une explication scientifique ou regardent attentivement un film peuvent être des enfants très actifs.

  En réalité, même si l'activité physique et le travail sur la matière peuvent représenter de précieux moyens pour faciliter la focalisation de l'enfant et éviter qu'il ne se disperse, son degré d'activité intellectuelle ne se mesure nullement à l'agitation qu'il déploie, mais à ce qu'il vit intérieurement.

  C'est cela que l'éducateur doit susciter, c'est ce qui doit guider tout son travail pédagogique :

organiser des dispositifs, proposer des matériaux et donner des consignes qui favorisent la mobilisation intérieure du sujet. La vraie question à poser ici, c'est donc : qu'est-ce que l'enfant va faire « dans sa tête », et qu'est-ce qu'il va acquérir ? [1]

- Prendre en compte l'intérêt de l'enfant, ce n'est pas l'enfermer dans ses intérêts préexistants ! Bien sûr, nous rêvons tous de pouvoir nous appuyer sur « ce qui intéresse » l'enfant pour en arriver, subrepticement, à « ce qui est dans son intérêt ». Partir de dessins animés ou du rap pour le faire accéder, par degrés successifs, aux œuvres les plus ambitieuses de la littérature, saisir l'occasion d'une sortie en vélo pour lui faire acquérir, au détour d'un chemin, les principes de la cartographie ou la notion d'échelle : c'est effectivement possible, et plus souvent qu'on ne le croit.

  Mais on aurait tort d'en rester là ! Ce serait renoncer à des objectifs pour lesquels on ne disposerait pas d'accroche disponible. Ce serait aussi entériner des inégalités et enfermer chacun dans ce qu'il a eu la chance de rencontrer et pour quoi il peut donc manifester un intérêt (faussement) spontané.

  En réalité, le travail de l'éducateur, c'est de mobiliser l'enfant sur des savoirs en les inscrivant dans une dramaturgie qui leur restitue leur saveur première. C'est de lui permettre

[1] Malgré les réserves suscitées légitimement par des utilisations mécaniques, les propositions d'Antoine de la Garanderie sur la (mal nommée) « gestion mentale », inspirées d'une approche phénoménologique, restent sur ces questions pertinentes à mes yeux : voir par exemple *Pour une pédagogie de l'intelligence*, Bayard, 1990, et *Pédagogie des moyens d'apprendre*, Bayard, 2001.

de saisir, dans leur énoncé, l'émerveillement de leur découverte. C'est d'en faire des occasions de jubilation intellectuelle. Et d'émancipation aussi : savoir pour être plus libre. Comme les hommes et les femmes qui ont élaboré ces savoirs dans des luttes, souvent difficiles, pour leur émancipation. La vraie question à se poser ici, ce n'est donc pas : Qu'est-ce qui intéresse l'enfant ?, mais plutôt : Comment puis-je, avec toute l'imagination et la chaleur dont je suis capable, l'intéresser à ce qui lui permettra d'être plus intelligent de lui-même et du monde ? [1]

- Travailler par « projets », ce n'est pas se donner des objectifs de fabrication grandioses qui gratifient le narcissisme de l'éducateur et celui de l'enfant ! Si les projets sont si importants en pédagogie, c'est qu'ils jouent un double rôle de finalisation des apprentissages et de stabilisation du groupe.

  Il s'agit d'abord de finaliser les apprentissages : un projet permet en effet de rencontrer des obstacles sur lesquels on butte et grâce auxquels on entre dans la compréhension fine d'un certain nombre de phénomènes. Bien plus que le résultat final du projet, ce sont ces obstacles qui sont importants, ce sont eux qui fournissent des prises pour entrer dans l'intelligence des choses et c'est la satisfaction de les avoir surmontés qui doit finalement représenter la véritable réussite. La joie d'avoir compris durablement comment fonctionne la proportionnalité ou

[1] Voir le bel ouvrage de Jean-Pierre Astolfi, *La saveur des savoirs*, ESF éditeur, 2008.

comment utiliser les temps du passé doit l'emporter sur le plaisir fugace d'exhiber la maquette d'une maison ou d'avoir rédigé un petit article pour le journal.

Le projet permet ensuite de stabiliser le groupe : en lieu et place des coagulations indifférenciées de personnes censées toutes faire la même chose en même temps, le projet substitue une configuration de sujets qui occupent chacun une place spécifique. Ainsi l'enfant a-t-il une responsabilité précise qui lui permet de parler et d'agir « en tant que... » : en tant que chef d'équipe ou de responsable du matériel, en tant que décorateur ou metteur en scène, en tant que rédacteur en chef ou illustrateur. Il fait là l'expérience décisive du rapport fondateur entre la compétence et l'autorité : celui qui a « compétence à » a, légitimement, « autorité sur ». Et c'est cette autorité qui « fait tenir les hommes ensemble » au nom du « bien commun », au lieu de les laisser se déchirer dans des rivalités sans fin.

Mais, en matière éducative, si la stabilisation du groupe par la répartition des rôles est indispensable, la rotation des places l'est tout autant : c'est qu'il ne s'agit pas avant tout de produire, mais de faire des expériences intellectuelles qui permettent d'adopter divers points de vue sur les choses et de comprendre comment ils s'articulent entre eux. Pas de projet pédagogique, donc, si chacun se spécialise et exclut les autres de la place qu'il occupe. Pas de projet pédagogique sans rotation systématique des rôles... La véritable question à se poser ici est donc : quels obstacles le projet va-t-il permettre de faire émerger ? Et comment chacun va-t-il pouvoir se confronter, à son tour, à ces obstacles pour effectuer des acquisitions bien plus pérennes, quoique moins visibles, que le résultat de l'activité collective, aussi gratifiant soit-il ?[1]

Une ligne de passage possible entre formalisme et spontanéisme

Il resterait encore de nombreux malentendus à élucider. Mais on peut s'en tenir pour le moment à ces quelques points de repères. Prisonnière de son formalisme, la pédagogie de l'enfant-élève a bien montré ses limites. Enfermée dans sa naïveté spontanéiste, la pédagogie de l'élève-enfant n'est pas capable, pour autant, de représenter une alternative satisfaisante. Mais les pédagogues ont su trouver une ligne de passage : articuler le projet d'instruire l'enfant avec la volonté que celui-ci s'instruise par lui-même ou, en d'autres termes, « faire son éducation ».

Malgré le caractère malaisé de l'entreprise, les choses auraient donc pu se développer dans ce sens. Avec assez d'obstination et d'inventivité pour permettre que, selon le vœu de Pestalozzi, chacun « se fasse œuvre de lui-même et contribue au bien de tous ». Mais c'était compter sans la ruse de l'histoire qui, depuis les années 1960, nous a obligés à rebattre complètement les cartes.

---

[1] Voir sur cette question mes premiers travaux : *Itinéraire des pédagogies de groupe – Apprendre en groupe ? 1* et *Outils pour apprendre en groupe – Apprendre en groupe ? 2*, Chronique sociale, 1984, nouvelle édition 1996. Sur la question décisive de la rotation des tâches et des rôles, c'est Anton Makarenko (1888-1939), qui, en organisant des « colonies » pour les enfants et adolescents laissés au bord du chemin par la révolution bolchévique, proposa les apports les plus décisifs (*Poème pédagogique*, Éditions du progrès, 1967).

7

Des enfants gâtés aux enfants-rois

La génération dont je fais partie – celle du baby-boom, devenu aujourd'hui le papy-boom – fut la génération de toutes les chances. Nous sommes arrivés après le séisme de la Seconde Guerre mondiale, investis de toutes les espérances du renouveau. Nous avons été élevés dans une société encore consciente de la richesse de son histoire et de l'importance de ses valeurs. Nous avons grandi en découvrant avec émerveillement les trains électriques et le transistor, l'électrophone et la télévision. Nous avons vécu les surboums et les ciné-clubs. Nous avons trouvé du travail facilement et profité de la croissance. Avec nos parents, nous avons suffisamment de souvenirs en commun pour être attachés à nos origines. Et nous avons vécu suffisamment de ruptures pour échapper à leur emprise.

Un monde recomposé en cinquante ans

Certains d'entre nous ont « fait » Mai 68 et le revendiquent : ils ont participé à une véritable « insurrection de la vie », contribué à faire sauter le joug d'une autorité patriarcale archaïque, permis à la femme de s'émanciper de manière décisive, déstabilisé un pouvoir politique qui ne retrouvera plus jamais sa suffisance d'antan, libéré la parole dans les salles de classe et les amphithéâtres, engagé une solidarité nouvelle entre les étudiants et la classe ouvrière, amorcé une émancipation salutaire à l'égard de toutes les formes de théocratie… D'autres considèrent que cette bouffée libertaire fut plutôt nocive : ils y voient la destruction des principes fondateurs de la morale familiale et sociale, la légitimation de la satisfaction immédiate de toutes les pulsions, l'entrée dans le règne du narcissisme, de la jouissance et de l'irresponsabilité…

En réalité, il y eut plusieurs Mai 68 : les happenings de l'Odéon n'avaient pas grand-chose à voir avec les séances de travail de la Sorbonne ou les assemblées générales en entreprise ! Aussi, plutôt que de faire et refaire sans cesse le procès de quelques semaines de notre histoire, vaut-il mieux tenter de comprendre ce qui s'est passé, depuis une cinquantaine d'années, dans notre vieille Europe. Nous venons en effet de connaître un demi-siècle de bouleversements radicaux, où nos manières de penser et de vivre ont été complètement remises en question, où nos institutions politiques et nos systèmes sociaux, qui semblaient immuables et voués à un développement harmonieux, semblent être devenus subitement obsolètes.

Deux phénomènes en particulier ont modifié en profondeur les « conditions de l'éducation »[1] et, faute de les regarder en face, nous risquons de mettre nos difficultés, voire nos impasses, sur le dos d'hypothétiques boucs émissaires. Deux phénomènes de nature très différente, mais très liés entre eux et dont la convergence est déterminante : la disparition des grands systèmes religieux et politiques

[1] Selon le titre du très intéressant ouvrage de Marie-Claude Blais, Marcel Gauchet, Dominique Ottavi : *Conditions de l'éducation*, Stock, 2008.

qui encadraient nos existences et le contrôle de la natalité.

Fini, en effet, les grands récits qui nous servaient de référence, comme le christianisme et le communisme. Impossible aujourd'hui d'entrer dans une Histoire dont nous serions les héros sans en avoir écrit les textes ! Il existe toujours, bien sûr, des chrétiens et des communistes, mais leurs convictions sont maintenant de nature privée et, s'ils restent militants, c'est sans l'illusion du grand soir, où leur cause, en vertu de sa puissance intrinsèque, s'incarnerait définitivement dans l'Histoire. Nous devons en effet faire face à ce que Milan Kundera a si justement nommé « l'insoutenable légèreté de l'être »[1] : nous avançons dans le vide sans verticalité ni transcendance assumée collectivement.

La fin des grands récits et des références communes

Comme l'exprime si bien Antonio Machado, il n'y a pas de chemin et nous devons faire le chemin en marchant : « *Caminante, son tus huellas el camino, y nada mas; se hace el camino al andar. Al andar se hace el camino...* »[2] C'est que nous avons voulu mettre à bas toutes les formes de théocratie, destituer les dieux et les maîtres qui prétendaient dicter nos pensées et nos actes, abandonner tous les prêts-à-porter idéologiques. Au

[1] Le roman *L'insoutenable légèreté de l'être* date de 1984 et fut traduit en France, aux éditions Gallimard en 1987. Il décrit merveilleusement le basculement d'un monde où les individus sont désormais assignés à inventer leur vie sans disposer des repères qui leur permettraient de connaître à l'avance la pertinence de leurs choix : « En travaux pratiques de physique, n'importe quel collégien peut faire des expériences pour vérifier l'exactitude d'une hypothèse scientifique. Mais l'homme, parce qu'il n'a qu'une seule vie, n'a aucune possibilité de vérifier l'hypothèse par l'expérience, de sorte qu'il ne saura jamais s'il a eu tort ou raison d'obéir à son sentiment. » Ainsi, dans un monde où désormais le ciel ne commande plus, nous sommes condamnés au tâtonnement et à l'incertitude.

[2] « Toi qui chemines, ce sont tes traces le chemin, et rien d'autre. Tu fais le chemin en marchant ; en marchant se fait le chemin. »

point que, comme l'indique Marcel Gauchet, « nul ne peut plus se concevoir, en tant que citoyen, commandé par l'au-delà. [...] Nous sommes devenus, en un mot, métaphysiquement démocrates ». [1]

Cette émancipation de toute référence majuscule érigée en loi universelle, ce refus de gérer notre vie en appliquant des normes imposées ont donné naissance à ce qu'on nomme aujourd'hui l'« individualisme social ». Phénomène dont nous ne pouvons contester l'importance, mais que nous ne devons ni diaboliser ni totémiser.

L'individualisme social : des avancées décisives

En effet, Norbert Élias [2] a bien montré que l'individualisation des comportements avait permis à la société de se développer en différenciant progressivement les rôles et en spécialisant les tâches pour mieux couvrir l'ensemble des besoins sociaux. Ce fut également le moyen de s'émanciper de la toute-puissance de groupes qui ne toléraient pas le moindre écart et répudiaient, voire éliminaient, les dissidents et les hérétiques. Ce fut, aussi, la possibilité offerte à chacun d'exister comme sujet psychologique capable de vivre des tensions fécondes, de délibérer librement et de choisir son destin. [3]

François de Singly affirme, lui, que « l'individualisme est un humanisme » [4]. Il souligne que le combat pour les droits des femmes et contre toutes les formes de discrimination, la revendication légitime de pouvoir se réaliser dans sa vie

---

[1] Marcel Gauchet, *La religion dans la démocratie*, Gallimard, 1998.

[2] 1897-1990.

[3] Norbert Élias, *La société des individus*, Fayard, 1991.

[4] François de Singly, *L'individualisme est un humanisme*, Éditions de l'Aube, 2005.

professionnelle et d'avoir une vie affective libérée de la tutelle du groupe sont autant d'acquis de l'individualisme. Bien sûr, ces derniers sont encore, trop souvent, le privilège de quelques-uns, mais ils n'en constituent pas moins, à ses yeux, des conquêtes indiscutables dont chacun devrait pouvoir profiter.

L'individualisme social : de graves inquiétudes

Pour autant, cela ne signifie nullement que l'individualisme social constitue l'aboutissement d'une histoire qui aurait enfin trouvé la solution miracle ! D'abord, tout simplement, parce que, si nous avons abattu les théocraties, nous n'avons pas su construire de véritables démocraties.

Nous sommes « métaphysiquement démocrates », mais nous rêvons encore secrètement d'un homme providentiel qui viendrait nous délivrer du poids de nos responsabilités et répondre à la nostalgie d'un assujettissement commode où nous pouvions, tout à la fois, nous défausser et nous plaindre. « La démocratie, explique Claude Lefort, est une forme de société dans laquelle les hommes reconnaissent qu'il n'y a pas de garant ultime de l'ordre social, dans laquelle les hommes consentent à vivre dans l'épreuve de l'incertitude. » [1]

Visiblement, nous n'y avons pas vraiment consenti : en témoigne l'émergence de groupes au fonctionnement particulièrement totalitaire – gangs, bandes, tribus et clans de toutes sortes – au sein même d'un régime qui se prétend démocratique ; en témoignent nos difficultés et nos tâtonnements pour instituer des collectifs citoyens capables de construire du « bien commun » en lieu et place de la juxtaposition ou des conflits

[1] Claude Lefort, *Le temps présent*, Belin, 2007.

des intérêts particuliers ; en témoigne l'évolution des comportements des parents – fussent-ils enseignants ! – dans l'institution scolaire : quand ils faisaient jadis aveuglément confiance à l'institution, ils exigent d'elle aujourd'hui qu'elle réponde précisément aux attentes qu'ils ont pour leurs enfants et se comportent, en conséquence, en « consommateurs d'école ».

C'est que l'individualisme social atomise la société : plus rien ne fait tenir les hommes ensemble par en haut. Elle est donc perpétuellement menacée de sombrer dans le chaos des individualités qui s'entrechoquent : les différences s'exaspèrent jusqu'à l'intolérance et à l'exclusion réciproque, les rivalités et les concurrences de toutes sortes s'en donnent à cœur joie. Il ne faut pas s'étonner alors que le libéralisme économique – vieille doctrine du XVIIIe siècle, bien antérieure à l'émergence de l'individualisme social [1] – s'y développe et y prolifère, apparaissant comme naturellement en phase avec notre société.

Mais il ne faut pas y voir là une fatalité : l'individualisme social pourrait bien être une chance pour plus de démocratie et de solidarité si nous parvenions à l'adosser à une verticalité qui ne soit pas une tyrannie et nous rende en quelque sorte, selon le vœu de Rousseau dans *Le contrat social* [2], le pouvoir que nous lui donnerions. Il faudrait alors mettre au cœur de nos sociétés ce « patriotisme constitutionnel » dont parle Jürgen Habermas, comme « loi

---

[1] Le libéralisme qu'on nous ressert aujourd'hui sous les oripeaux de la modernité est parfaitement défini dans la conclusion de *La fable des abeilles* de Mandeville, parue en 1714 : « Les vices privés font les vertus publiques ».

[2] Publié en 1762.

d'avant toutes les lois », exigence principielle pour que l'horizontalité ne se réduise pas à la guerre des individualités. [1]

Mais, malgré des tentatives pour faire exister, ici ou là, dans les institutions politiques, des collectifs démocratiques, malgré les initiatives du tissu associatif pour mettre en place des réseaux citoyens où puisse se construire du bien commun, malgré l'expérience, pourtant déjà ancienne, du mouvement coopératif, nous n'en sommes pas là ! La démocratie balbutie au point qu'on peut s'interroger sur son avenir : face à la montée des intégrismes, aura-t-elle la force d'affirmer ses ambitions et de résister aux forces centrifuges qui la menacent ? Saura-t-elle éduquer ses enfants afin que cette « formation à la citoyenneté » dont on nous rebat les oreilles soit autre chose qu'un cache-misère de notre impuissance, voire de notre démission, collective ?

De l'enfant désiré à l'enfant du désir

Or, ce qui ajoute une dimension essentielle au problème, c'est que nos enfants sont aujourd'hui des enfants du désir. « Se rend-on bien compte, écrit Françoise Guillaume, qu'il n'y a que quarante ans que la pilule est disponible sur le marché ? [...] Il est admis, voire revendiqué, que chaque couple, chaque femme, puisse avoir le droit de concevoir un enfant quand il ou elle le veut. » [2] Ce basculement est déterminant pour comprendre les nouvelles conditions de l'éducation : l'enfant, aujourd'hui, arrive

[1] Né en 1929, Habermas a formalisé une « éthique de la discussion », dans laquelle chacun soumet son point de vue à tous les autres afin d'éprouver sa prétention à l'universalité. L'universel n'est donc pas donné *a priori*, mais construit dans une discussion qui respecte les principes de la probité intellectuelle. Voir, parmi d'autres ouvrages, *L'espace public* (Payot, 1978) et *Morale et communication* (Flammarion, 1979).

[2] Françoise Guillaume, *L'enfant : petit d'homme ou petit homme ?*, L'Harmattan, 2008.

quand on le désire. C'est bien. Mais il doit être aussi l'enfant qu'on désire. Et c'est beaucoup plus problématique : d'une part, parce que cela ouvre la porte à toute une fantasmatique nourrie par le développement des techniques de la biomédecine : n'en viendra-t-on pas à programmer génétiquement nos rejetons ? [1]

D'autre part, parce que les parents veulent naturellement un enfant parfait et sont prêts à faire tout ce que la société leur propose, dans tous les domaines, pour obtenir cette perfection. De cette manière, ils placent l'enfant dans une position où, par ses comportements et ses performances, c'est lui qui décide de leur satisfaction, de leur bonheur et, finalement, de la réussite de leur vie. Quitte, en cas d'échec, à l'abandonner brutalement par dépit : « Puisque tu n'es pas aussi parfait que tu devrais l'être, c'est que tu n'es pas digne de moi ! Désormais, ton avenir, ce n'est plus mon affaire ! »

Ainsi la famille se restructure-t-elle complètement. Selon la formule de Paul Yonnet, qui s'appuie sur ses travaux démographiques, « ce n'est plus la famille qui fait l'enfant, mais c'est l'enfant qui fait la famille » [2]. On assiste, comme le montre Irène Théry, à une précarisation du lien conjugal, alors que le lien de filiation est considéré, lui, comme structurant [3] : le rapport de couple n'est plus – et de loin – indissoluble, tandis que les devoirs attachés au rapport de filiation ne cessent de croître. Et avec eux le pouvoir des enfants, juridique et symbolique.

---

[1] Voir Laurence Gavarini, *La passion de l'enfant – Filiation, procréation et éducation à l'aube du XXIe siècle*, Denoël, 2001.

[2] Paul Yonnet, *Le recul de la mort*, Gallimard, 2006.

[3] Irène Théry, *Couple, filiation et parenté aujourd'hui*, Odile Jacob, 1998.

En effet, la venue de l'enfant scelle aujourd'hui l'union de ses parents. Son existence donne à la cellule familiale sa légitimité. Sa beauté physique est la preuve du bien-fondé de sa conception. Ses tenues vestimentaires et son équipement high-tech attestent de l'attention de ses parents à son égard. Ses performances sportives témoignent du soin pris à son développement. Ses réussites scolaires sont le signe de la qualité de son éducation. Son avis peut être important dans des procédures de séparation. Et, après celle-ci, la peur de chaque parent d'être moins aimé que l'autre l'entraîne parfois à surenchérir en permanence dans la satisfaction, voire l'anticipation du moindre caprice. Ses propos, improvisés dans des situations de panique, répercutés sans discernement par les adultes, sont susceptibles de nous précipiter dans le chaos, comme en a témoigné la terrible affaire d'Outreau…

L'enfant au centre du monde

A contrario, toute difficulté ou insuffisance de l'enfant déclenche une armada d'interventions de toutes sortes qui font des parents les coupables naturels, confirmant bien que « la société désigne comme irrégulière toute famille dont la progéniture n'est pas le centre de gravité » [1].

Paradoxe de ces temps d'incertitude : notre monde ne cesse, par la bouche de ses intellectuels et de ses psys officiels, de stigmatiser les parents idolâtres de l'enfant-roi tout en développant une multitude de dispositifs publicitaires et médiatiques qui instituent précisément ce qu'on condamne. Les parents sont sommés d'apprendre à dire non quand,

[1] Philippe Meyer, *L'enfant et la raison d'État*, Le Seuil, 1997.

par ailleurs, tout conspire – au sens étymologique : « respire ensemble » – pour faire de l'enfant le centre du monde.

Certes, l'arrivée de l'enfant était déjà, depuis quelque temps, un événement majeur de la vie familiale. Victor Hugo le constatait en 1830 dans un poème célèbre :

> « Lorsque l'enfant paraît, le cercle de famille
> Applaudit à grands cris ; son doux regard qui brille
> Fait briller tous les yeux,
> Et les plus tristes fronts, les plus souillés peut-être,
> Se dérident soudain à voir l'enfant paraître,
> Innocent et joyeux. »

Le cercle de famille, plus que jamais

Mais voilà que le cercle de famille a changé de nature. Ni vous ni moi n'en sommes individuellement ni directement responsables, mais il en est ainsi et, qui que nous soyons, nous jouons le jeu. Souvenez-vous. C'était il y a quelques jours, quelques semaines ou quelques mois : ce dimanche-là, la petite Émilie, qui venait d'avoir deux ans, se pavanait comme une reine au milieu du salon, entourée de ses parents, de ses grands-parents, de ses oncles et tantes. Autour, les adultes avaient renoncé à toute conversation propre : ils n'avaient d'yeux que pour elle. Plusieurs d'entre eux, l'appareil photo numérique à la main, cherchaient à saisir une expression ou un sourire. D'autres tentaient de l'attirer dans leurs bras pour la couvrir de baisers. D'autres, enfin, l'appelaient et guettaient le moment où elle allait tourner la tête vers eux. Qui ne sait que c'est bien ainsi que les choses se passent ? Chez moi. Chez vous. Chez tout le monde.

Ainsi donnons-nous nous-mêmes à nos enfants un immense pouvoir sur nous. Nous avons besoin qu'ils nous aiment. Nous avons besoin qu'ils nous rendent l'amour que nous leur portons. Parce que nous sommes devenus infiniment fragiles et qu'il nous faut être rassurés sur nous-mêmes. Alors, la tendresse d'un enfant – que nous voulons toujours croire spontanée – nous rassure infiniment plus que les témoignages de sympathie d'autres adultes que nous soupçonnons, avec quelques bonnes raisons, d'être plus ou moins calculés.

Ainsi l'enfant désiré est-il bien toujours plus ou moins un enfant-roi. Un enfant vers lequel se tournent tous les regards et toutes les attentions. Un enfant dont on veut combler tous les désirs. Un enfant qui n'est plus objet de « conformation », ni même de « formation », mais de satisfaction. Un enfant dont on quête sans fin l'approbation.

Pour autant, on ne peut pas dire que les adultes aient brutalement et lâchement décidé de renoncer à leur autorité sous les injonctions de psychologues laxistes et de pédagogues libertaires.[1] Certes, la séparation des parents, qui s'est complètement banalisée, crée une situation nouvelle, où il devient beaucoup plus difficile de résister aux caprices des enfants : la crainte d'être moins aimé que l'autre parent est un ressort puissant

---

[1] Une enquête réalisée par l'institut de sondage Ipsos pour l'Union nationale des associations familiales (Unaf) en juin 2001 faisait apparaître que les parents d'enfants de 7 à 17 ans s'efforcent plus qu'avant d'expliquer leurs décisions à leurs enfants (ce qui renvoie, sans aucun doute, à l'effritement des grandes références consensuelles et à la « privatisation » des valeurs), mais que 65 % d'entre eux considèrent néanmoins que leurs enfants doivent leur obéir. La proportion monte à 87 % pour les enfants de 7 à 12 ans.

à l'origine d'abdications fâcheuses.[1] Mais, même quand ils cèdent, les adultes ne le font pas de gaieté de cœur : ils aimeraient bien pouvoir être plus fermes. En réalité, l'immense majorité des parents voudraient avoir de l'autorité ; ils ne demandent qu'à être obéis. Pourtant, en dépit de toutes les injonctions des spécialistes du « y a qu'à », ils n'y parviennent pas !

C'est en fait une véritable imposture que d'affirmer à tout va que les éducateurs ne veulent plus de l'autorité : on identifie en effet, à tort, les difficultés réelles d'exercice de l'autorité, liées à un vrai déficit de méthodes pédagogiques, à un abandon de l'autorité comme principe nécessaire dans toute éducation. Ce n'est pas parce que les adultes ne veulent plus de l'autorité qu'ils l'exercent mal ; c'est parce que les situations face auxquelles ils se trouvent appelleraient un surcroît d'inventivité pédagogique et que, au lieu de cela, on leur propose de revenir aux bonnes vieilles méthodes.

La faillite de l'autorité est, paradoxalement, la conséquence de l'exhortation creuse, mais tellement insistante et pesante, à « avoir de l'autorité » : les parents, impressionnés par les imprécations de quelques psychologues médiatiques, finissent en effet par croire que l'autorité consiste simplement à se mettre en colère et à proclamer : « Tu feras ce que je veux ! », avant de constater qu'ils ne parviennent pas à tenir parole et de capituler en rase campagne :

[1] Ainsi les enseignants d'école primaire remarquent-ils que certains enfants en garde alternée se trouvent, au moment de la passation de relais entre leurs parents, dans une position de certitude de l'impunité qui les conduit à des comportements systématiques de transgression.

« Fais ce que tu veux ! Ce n'est pas ma vie qui est jeu, après tout ! C'est la tienne ! »

C'est que la véritable autorité ne se décrète pas. Toutes les études montrent que les adultes d'aujourd'hui – en famille comme à l'école – punissent toujours autant, voire plus, qu'il y a cinquante ans. [1] Rien de plus normal, en fait ! La punition reste le dernier moyen pour exercer son pouvoir quand on ne sait plus comment avoir de l'autorité. Car, qu'est-ce qu'avoir de l'autorité ? C'est se faire obéir de l'autre sans violence, en l'aidant à comprendre que, derrière les frustrations inévitables que nous lui imposons, il y a la promesse d'un futur possible où il pourra se construire.

Un nouveau statut pour l'enfant un nouveau rôle pour l'adulte

Sans un adulte qui s'assume dans une histoire, sans un effort, sans cesse à recommencer, pour faire entendre que les interdits autorisent [2], pas de véritable autorité éducative.

En réalité, la disparition des références morales communes – corollaire de l'individualisme social – associée à un contrôle presque total de la natalité changent radicalement le statut de l'enfant. Trop facile, dans ces conditions, de stigmatiser la démission des éducateurs ! C'est exonérer un peu vite

---

[1] Une enquête récente d'Agnès Grimault-Leprince montre que, sur deux trimestres, 85 % des élèves ont été punis au moins une fois. Ces punitions, explique-t-elle, prises dans l'urgence, frappent plus lourdement les élèves des milieux populaires ; 47 % des élèves les considèrent d'ailleurs comme injustes et inéquitables (*Les sanctions au collège*, thèse sous la direction de Vincent Merle, IUFM de Bretagne, 2008).

[2] Les interdits ne se justifient que par ce qu'ils rendent possible : comme les feux rouges au carrefour, ils imposent de s'arrêter, mais c'est pour que d'autres puissent passer. Il en est ainsi de tous les interdits légitimes dans une société : certes, l'enfant ne comprend pas facilement ce processus, il ne perçoit pas ce qu'une frustration du moment peut lui apporter à long terme : c'est tout le travail de l'éducation que de l'inscrire progressivement dans cette vision. Nous en reparlerons, bien sûr !

la société tout entière de ses responsabilités. C'est oublier que le sort que nous réservons chacun à nos propres enfants dépend, pour une large mesure, des rôles qui nous sont assignés dans la grande pantomime sociale. C'est passer par pertes et profits le fabuleux développement de la grande fabrique des petits consommateurs, dont la puissance est telle que chacun se sent, face à elle, totalement démuni.

8

La grande fabrique des petits consommateurs

Longtemps l'enfant fut à l'écart du monde marchand, éloigné de la vie économique par la quarantaine scolaire, équipé sobrement pour ne pas trop se distinguer de ses semblables, consommant sagement ce que les adultes décidaient de lui fournir, bénéficiant de petits cadeaux à des occasions exceptionnelles. Les jouets eux-mêmes étaient assez peu nombreux et conservés précieusement pendant de nombreuses années. On jouait plutôt à des jeux collectifs, et l'on s'amusait de quelques objets trouvés dans la nature ou récupérés parmi les débris laissés par les adultes...

C'est peu dire que la mutation a été brutale et radicale. Aujourd'hui, les 11 millions d'enfants de France représentent, grâce à leur argent de poche [1], un pouvoir d'achat direct de plus de 3 milliards d'euros. Mais on considère qu'ils sont prescripteurs de 43 % des achats effectués par les familles [2] et pèsent ainsi près de 120 milliards d'euros ! Dans la mesure où ces chiffres augmentent fortement d'année en année, on imagine l'importance des enjeux !

---

[1] 23 % en reçoivent dès 4 ans, 81 % à 11 ans.

[2] Dont 70 % des achats alimentaires.

Les marchands rivalisent d'imagination pour séduire nos enfants. Cela commence très tôt, quand, assis dans le chariot du supermarché, le bébé découvre dans les rayons la multiplicité des packagings, tous plus séduisants les uns que les autres, avant d'arriver près de la caisse, où une multitude de bonbons miroitent de tous leurs feux. Il tend la main, cherche à attraper un paquet. Sa mère ou son père résistent, tentent de le raisonner, puis, talonnés par les clients impatients qui attendent derrière, finissent par céder au caprice.

L'arrivée du « capitalisme pulsionnel »

Toute notre économie est ainsi fondée sur ce que les spécialistes du marketing nomment dans leur jargon la « pulsion d'achat » et qui n'est, en réalité, que la systématisation du caprice. [1] Il s'agit de susciter un besoin irrépressible et immédiat de se procurer un produit. Il faut pour cela court-circuiter toute réflexion et manipuler la séduction jusqu'à l'emprise : l'achat libère alors l'individu de l'obsession d'avoir, soulage son psychisme sous tension et lui permet de retrouver un équilibre savamment rompu. C'est le triomphe de ce que le philosophe Bernard Stiegler nomme le « capitalisme pulsionnel » : « Le capitalisme, au XXe siècle, explique-t-il, a fait de la libido sa principale énergie : énergie qui, canalisée sur les objets de la consommation, permet d'absorber les excédents de la production industrielle, en suscitant, par des moyens de captation, des pulsions entièrement assujetties aux besoins de la rentabilité. » Contre un tel procédé, Bernard

[1] Voir Philippe Meirieu, *Pédagogie : le devoir de résister*, ESF éditeur, nouvelle édition 2008.

Stiegler fait de la relance du désir une priorité absolue.[1]

Il réaffirme là le principe même de l'éducation. Car, éduquer, c'est apprendre à surseoir à ses pulsions pour construire du désir. C'est permettre à un sujet d'émerger en s'inscrivant dans la temporalité. C'est créer les conditions pour qu'advienne une véritable intentionnalité. La pulsion, en effet, s'abolit dans sa réalisation. Une fois apaisée par le passage à l'acte, elle laisse derrière elle un électroencéphalogramme plat. Le désir, en revanche, survit au plaisir de la décharge pulsionnelle comme à la satisfaction de la possession.

La pulsion de savoir et le désir d'apprendre

C'est ainsi que la pulsion de savoir n'a rien à voir avec le désir d'apprendre : on peut vouloir « savoir », vite, à l'économie, pour se sortir d'une difficulté passagère ou pour jouir en voyeur de ce qui flatte notre narcissisme... sans avoir le moins du monde le désir d'apprendre, de comprendre, d'explorer la complexité des êtres et des choses. On cherche alors la solution la moins coûteuse, le moyen d'accéder à l'information minimale mais efficace, le recours qui nous permettra de ne pas avoir à « perdre du temps pour apprendre » : on surfe sur Google, on consulte un mode d'emploi, on appelle un spécialiste ou on copie sur son voisin. Dans d'autres domaines, mais toujours selon la même logique pulsionnelle, on se repaît du spectacle des ébats de quelques « élus » qui, sur une île ou ailleurs, comblent notre vide intérieur ; on absorbe goulûment les images les plus « réalistes » ; on se complaît dans la seule jouissance

[1] Bernard Stiegler et Ars Industrialis, *Réenchanter le monde – La valeur esprit contre le populisme industriel*, Flammarion, 2006.

des sensations de l'instant : c'est ce que nous offre la télé-réalité sous toutes ses formes, ce à quoi répond le déferlement des blockbusters hollywoodiens, ce que réalise l'enfermement dans les confinements tapageurs et colorés des boîtes de nuit.

La pulsion de savoir tue le désir d'apprendre car elle exige tout, tout de suite. Apprendre exige de surseoir à la satisfaction immédiate de cette pulsion. Apprendre, c'est transformer le réel en problème et jouir du travail qu'on consent pour que, petit à petit, ce réel se découvre. Apprendre, c'est renoncer à la brutalité de la pornographie pour trouver du plaisir dans l'érotisme du dévoilement. Apprendre, c'est approcher la joie de comprendre. Une joie qui ne s'arrête pas quand on a compris, mais, au contraire, nous entraîne vers de nouveaux défis et engage d'autres apprentissages… C'est pourquoi, pour celui qui est porté par le désir d'apprendre, savoir n'est pas un point final, mais un nouveau départ. Les obstacles ne sont pas des occasions de découragement ou d'exaspération, mais une manière de transformer la pulsion en désir. Quand on désire vraiment apprendre, on n'en sait jamais trop. Quand on veut simplement savoir, on en sait vite assez.

La pulsion sexuelle et le désir amoureux

Il en est de même du désir amoureux. Il ne disparaît pas avec la satisfaction de la pulsion sexuelle. Au contraire. Faire l'amour devient une manière d'approcher un secret qu'on sait inaccessible, mais qu'on ne renonce pas à percer pour autant. Le plaisir qu'on éprouve laisse entrevoir d'autres plaisirs, les caresses d'autres caresses. Bien loin de la répétition compulsive de coïts mécaniques. À mille lieues de la satisfaction suffisante des Casanova de pacotille qui exhibent leurs performances comme des médailles et qu'on propose comme modèles à nos enfants.

Dans la relation amoureuse, le corps de l'autre n'est pas une machine à fabriquer de la jouissance, c'est le creuset d'un désir à partager, c'est un pays à explorer, un appel à imaginer sans cesse des configurations nouvelles qui dessinent et redessinent à l'infini la carte du Tendre : celle qui aide à se perdre pour pouvoir retrouver son chemin ensemble. L'apaisement qui nous envahit ainsi est, tout à la fois, plénitude et inachèvement. L'acte nourrit le désir et ne l'abolit pas. Car c'est le désir d'un autre qui, jamais, ne peut être réduit au « même ». D'un autre toujours à découvrir, qui, jamais, ne sera un « objet de savoir », ni d'une quelconque façon « mon » objet. Un « autre » non maîtrisé et sans cesse à apprivoiser. Avec la tendresse pour ne pas avoir trop peur et un éclat de rire de temps en temps pour conjurer l'angoisse d'une aventure vouée définitivement – et heureusement ! – à l'imprévu.

Nul ne grandit sans accéder au désir. Le désir d'apprendre et le désir amoureux. Nul ne grandit sans entrevoir que les frustrations imposées à la toute-puissance pulsionnelle dans l'émergence du désir sont porteuses d'un bonheur sans commune mesure avec ce à quoi on a dû renoncer… Ainsi nos enfants doivent-ils découvrir progressivement l'importance de métaboliser leurs pulsions, au risque, sinon, de patauger toute leur vie dans le caprice, de demeurer pour toujours dans les limbes de l'infantile.

Or, c'est peu dire que nos enfants ont aujourd'hui à affronter d'immenses machines à tuer le

Les machines à tuer le désir

désir. Ils naissent et grandissent au cœur d'un dispositif aux ramifications prodigieuses, répercuté sur tous les murs et sur tous les écrans, capillarisé jusque dans chaque maison et dans chaque pièce, miniaturisé pour pouvoir les accompagner partout, greffé très tôt à leur oreille et qui leur susurre en permanence : « Fais ton caprice ! Exige et, si tu n'obtiens pas satisfaction, passe à l'acte ! Tes pulsions sont des ordres ! »[1]

La saturation de la bibliothèque mentale

- Première caractéristique de ce dispositif : *la saturation*. Nos enfants sont tellement assaillis et surstimulés qu'ils sont incapables de gérer avec un minimum de discernement ce qui leur arrive de tous côtés. Tout vient trop vite et se télescope dans leur tête. Imaginons que notre mémoire soit comme une bibliothèque dans laquelle nous rangerions l'ensemble des informations que nous recevons : l'enfant de dix ans des années 1960 disposait, dans sa bibliothèque mentale, de quelques dizaines de livres tout au plus, de beaux volumes, choisis, le plus souvent, par les adultes, lus intégralement ou presque, et au statut bien identifié : des manuels scolaires, quelques romans, deux ou trois dictionnaires, une encyclopédie, un catalogue de jouets...

[1] Ce ne sont pas, bien sûr, les médias eux-mêmes (télévision, jeux vidéo, Internet) qui sont ici en question, mais la manière dont ils constituent un ensemble assujetti à des « industries de programme », comme dit Bernard Stiegler (*La télécratie contre la démocratie*, Stock, 2006), s'appuyant, pour leur développement, sur la même logique pulsionnelle. J'ai tenté de montrer qu'*Une autre télévision est possible* (Chronique sociale, 2007). C'est également vrai, bien sûr, pour les jeux vidéo, dont on pourrait promouvoir un usage éducatif, et pour Internet, formidable fenêtre sur le monde, permettant de fabuleuses mises en réseau de ressources. Pour des analyses plus précises sur les images, leurs dangers, leur perception par les enfants et le rôle de la parole des adultes pour éviter qu'elles ne soient vécues sur un mode « digestif » et aliénant, voir les beaux travaux de Marie-Josée Mondzain, *Qu'est-ce que tu vois ?* (Gallimard Jeunesse, 2008) et, entre autres ouvrages, *Les peurs du siècle* (Bayard, 2007).

Aujourd'hui, la bibliothèque mentale de nos enfants ressemble à une boîte aux lettres après un mois d'absence : on y trouve, pêle-mêle, prospectus et courriers administratifs, relevés bancaires et journaux d'actualité, publicités et petites annonces, avis d'huissiers et cartes postales, lettres d'amour et lettres d'insulte. Tout y est entassé et à peine l'enfant a-t-il commencé à examiner les premiers courriers que le facteur est déjà repassé !

Impossible, dans ces conditions, de distinguer ce qui relève du registre personnel de ce qui s'adresse à tous, ce qui est informatif de ce qui est propagande, ce qui doit être traité d'urgence de ce qui peut attendre, ce qui impose une réponse rapide de ce qui nécessite une longue réflexion. On fonctionne au hasard des intuitions, c'est-à-dire, en réalité, à la force de l'impact affectif. Ce qui émerge, c'est ce qui touche le plus. Tout le monde l'a compris. Et les marchands en particulier ! [1]

L'inflation publicitaire

- La deuxième caractéristique de notre situation est *l'inflation publicitaire*. Elle tient, bien sûr, à l'envahissement de notre monde par la « pub », sous toutes les formes et sur tous les supports, mais, plus encore, à l'hégémonie du modèle publicitaire dans tous les domaines de la communication sociale. Il ne s'agit plus d'informer,

[1] La primauté de l'impact émotionnel touche d'autant plus les enfants que ces derniers, avant cinq ou six ans, sont le plus souvent incapables de suivre un récit et de comprendre la cohérence de ses développements. Ils ne saisissent que quelques bribes en fonction de l'impact émotionnel – positif ou négatif – qu'elles suscitent en eux.

il s'agit d'« impacter » ! Il faut faire court et percutant, il faut frapper les sens et capter l'attention à tout prix. C'est devenu la condition pour exister. C'est vrai d'un produit. Cela devient le cas de toute image et de toute parole. Cela s'impose même dans les relations les plus banales et les plus quotidiennes entre les humains. Se distinguer, tout est là !

D'où, en matière commerciale, ces études de marché, justement dénommées « études d'impact », qui identifient savamment les conditions de l'accroche publicitaire et s'efforcent de trouver le message le plus efficace possible pour un public cible. D'où cette segmentation de l'offre censée correspondre de plus en plus finement aux groupes visés : les filles de huit ans vivant en centre-ville ou les garçons de douze ans férus de foot !

D'où cette chasse aux consommateurs traqués jusque dans leurs ressorts les plus intimes. Et d'autant plus victimes des marchands du temple qu'ils sont jeunes : les enfants sont des êtres fragiles, en train de se construire et en quête de moyens pour affirmer leur identité. [1]

La confusion entre l'être et l'avoir

- Or, la troisième caractéristique de ce que nous vivons est justement *la confusion entre l'être et l'avoir*. C'est qu'il n'est pas facile de poser des actes qui nous identifient, nous spécifient et nous permettent d'être reconnus par les autres dans notre individualité. D'autant moins facile que tout peut, à chaque instant, être remis en

---

[1] Sur l'impact de la publicité sur les enfants, en particulier de la publicité à la télévision, voir Jean-Pierre Desbordes, *Mon enfant n'est pas un cœur de cible*, Actes Sud, 2007.

question : une maladresse, une lâcheté, et tout s'écroule ! On peut détruire en un instant une réputation construite en des mois ou des années d'efforts.

D'où ce besoin de s'en remettre aux choses, de déléguer aux objets la responsabilité de notre construction identitaire.

D'où la fascination de nos enfants pour les marques et les produits, dont la possession les rassure. D'où la frénésie consommatoire qui les caractérise et la peur panique qui s'empare d'eux quand ils sont privés de l'objet-fétiche « qu'il faut absolument avoir ».

D'où la tyrannie des groupes, des bandes et des clans, qui imposent tacitement une manière de s'habiller et exigent la possession complète de la panoplie technologique en usage chez eux : ils offrent ainsi, à chacun de leurs membres, une garantie contre la solitude, la protection du clan et l'identification au chef. L'appartenance au groupe exonère ainsi l'enfant de la construction de sa singularité. Pire, elle la lui interdit.

- C'est ainsi qu'on comprend la quatrième caractéristique du grand dispositif technico-médiatique : *le contrôle en temps réel.* Le groupe, en effet, ne signe jamais un chèque en blanc. Il ne garantit sa protection qu'au prix de la renonciation à toute divergence et, plus encore, de l'assurance de conserver à chaque instant la maîtrise sur le comportement de ses membres. Vieil atavisme des communautés humaines, formidablement réactivé par les technologies de la modernité. Les règles, imposées jadis dans les tribus primitives, les congrégations religieuses, les ateliers ou les fabriques, apparaissent d'une

Le contrôle en temps réel

terrible approximation et d'un formidable amateurisme au regard des techniques de contrôle autorisées par le téléphone portable : « T'es où ? Tu fais quoi ? Pourquoi t'as pas répondu ? » Bientôt, peut-être, ce téléphone sera associé à une caméra et à un GPS...

Mais, d'ores et déjà, le fantasme d'un monde transparent, où la moindre intimité serait hors-la-loi, s'impose : la télé-réalité, matrice de tant d'émissions de télévision, n'est rien d'autre en effet que la vidéosurveillance transformée en spectacle. Offrir la vie des autres en pâture à notre insatiable appétit de voyeurs. Tout voir sans être vu ! C'est pourquoi il est bien possible qu'Humani TV – cette chaîne de télévision, lancée en 1996 par la police de Reykjavik, qui diffuse en continu les images de deux cents caméras de vidéosurveillance, gérées par ordinateur selon un programme de zapping aléatoire – fasse des émules un peu partout, sur toutes nos chaînes, mais aussi, bien sûr, sur Internet. [1]

Rien d'étonnant, dans ces conditions, que nos enfants, abandonnés à eux-mêmes, assouvissent leur curiosité naturelle des « choses de la vie » en restant scotchés aux écrans de la télévision et de l'ordinateur : fascinés par l'exhibition d'une humanité réduite à des pantomimes, sidérés par la possibilité d'accéder en direct à ce qu'ils prennent pour la « vraie vie », découvrant un monde où les corps sont réduits à de la viande et les relations entre les êtres à l'élimination du maillon faible, ils apprennent très tôt

[1] Cette initiative a fait l'objet d'un documentaire réalisé par Jérôme Scemla en 1999 et diffusé sur la chaîne Arte.

à goûter les joies de l'obscène. Un obscène qui ne concerne pas seulement la sexualité, mais toutes les choses humaines dont la caméra, inlassablement, traque les moindres recoins d'intimité : tout donner à voir de ce qui se passe dans les têtes, dans les cœurs, dans les corps. Saturer l'image et l'imagination. Proscrire le hors-champ [1]. Rendre tout présent et interdire le travail si précieux par lequel l'enfant investit l'absence et symbolise l'absent. Tout montrer en croyant tout révéler, alors que, quand tout est montré, il n'y a plus rien à penser !

La virtualisation du monde

- Et, ainsi, parce qu'elles prétendent tout voir et veulent tout nous montrer, les industries de l'image ont une cinquième caractéristique : *la virtualisation du monde*. Le paradoxe n'est qu'apparent : à force de chercher à capter la réalité, on abolit le réel. Car, malgré la virtuosité des prothèses technologiques, le réel échappe à l'aplatissement des images obscènes.

Le réel, c'est l'homme aux prises avec d'insurmontables mais fondatrices contradictions : comment aimer quelqu'un sans l'étouffer et comment être aimé de quelqu'un sans perdre sa liberté ?

Le réel, c'est l'agencement des désirs et des angoisses dans des configurations improbables : la tendresse et la violence, la sérénité et la peur, la nécessité de se donner et le besoin de s'économiser.

[1] Le hors-champ, au cinéma, est ce qui ne figure pas dans l'image, mais que la construction de cette dernière permet d'imaginer ou d'anticiper.

Le réel, c'est la complexité des enjeux et la nécessité des repères : sur quelles valeurs s'appuyer pour être solidaire des plus fragiles sans sacrifier ses proches ?

Le réel, c'est l'aspiration à une verticalité qui nous permette de nous dégager de l'engluement dans l'activisme quotidien.

Le réel, c'est « l'opacité incontournable de la conscience d'autrui ».

À cet égard, les arts et la culture sont, précisément, un effort pour tenter d'accéder au réel. Les « industries de programme », elles, écrasent ce réel. Elles le réduisent à une juxtaposition d'images et d'effets. Elles imposent des médiations qui anéantissent ce qu'elles prétendent rendre accessible. Ainsi, la télévision, les jeux vidéo et Internet peuvent constituer une terrible alliance et concourir ensemble à virtualiser notre univers. [1]

Au Japon, on nomme aujourd'hui *otakus* des enfants qui ont décidé de s'absenter du monde : ils consentent parfois à être physiquement présents en famille ou à l'école, tout en étant psychologiquement toujours ailleurs. Ils ont des avatars [2] dans des mondes virtuels et n'existent plus qu'à travers eux. À chaque instant, ils n'aspirent qu'à une chose : revenir devant l'écran

---

[1] Il ne faut pas confondre, bien sûr, la distinction entre le réel et le virtuel avec la distinction entre la réalité et la fiction, qui relève d'un tout autre champ. La réalité, c'est ce qui existe ou a existé, par opposition à la fiction, qui relève de l'imagination : mais dans la réalité comme dans la fiction (la fiction artistique en particulier), il peut y avoir de l'humain. Le virtuel, lui, expulse l'humain.

[2] Le phénomène des avatars (personnages créés par les utilisateurs, à travers lesquels ces derniers jouent ou agissent dans les mondes virtuels) prend également en France une grande importance. Sur un échantillon d'élèves de sixième, 52 % des garçons et 41 % des filles disent avoir au moins un avatar dans un monde virtuel.

pour vivre vraiment dans la seule vie qui leur paraît digne d'intérêt. Une vie où l'on ne rencontre que d'autres avatars.[1]

Cette virtualisation ne menace sans doute pas encore tous nos enfants, mais la frontière entre le réel et le virtuel s'estompe parfois dangereusement : l'image s'impose comme seule réalité, vidant en quelque sorte le monde de toute intériorité. Dans le pire des cas, on devient incapable de penser l'autre comme sujet, d'imaginer qu'il a des sentiments et peut souffrir : il est réduit à une image qu'on tient complètement en son pouvoir, au bout de ses doigts, à travers un joystick ou une télécommande.

La toute-puissance de la télécommande

- Voilà, en effet, la sixième caractéristique du monde dans lequel nos enfants arrivent : *la toute-puissance de la télécommande*[2]. On a trop sous-estimé l'importance de ce petit objet, dont l'apparition a radicalement modifié le mode de consommation des images. Quelle est la situation de l'audiovisuel aujourd'hui ? Une multitude de chaînes qui courent après l'audience. Que fait le téléspectateur devant cette offre pléthorique ? Il zappe : dès que son intérêt décroît, il change de chaîne. Que font le concepteur de programme et le réalisateur ? Ils cherchent à

[1] Une série culte de dessins animés mangas, *Experiments Lain* (de Ryutaro Nakamura), est très représentative de cette fascination pour le *wired*. Ce mot, qui signifie « câblé », mais aussi « grillagé », désigne une extension du Web, démultiplié et promu en univers quasiment religieux. Lain, petite fille très introvertie, reçoit un mail d'une de ses camarades de classe qui s'est suicidée et lui demande de la rejoindre dans le *wired*. Elle va donc fuir le monde réel et se réfugier dans l'ailleurs du cybermonde, où elle se métamorphosera en différents personnages avant de sombrer progressivement dans la folie.

[2] Voir Philippe Meirieu, « La télécommande et l'infantile », *Medium*, Éditions Babylone, n° 2, janvier-février-mars 2005, et, en collaboration avec Jacques Liesenborghs, *L'enfant, l'éducateur et la télécommande*, Bruxelles, Labor, 2005.

zapper plus vite que le téléspectateur pour ne pas le perdre. D'où la nécessité d'accélérer en permanence le rythme, de raccourcir les plans, de surenchérir dans les effets, d'introduire du suspense, de créer sans cesse la surprise, bref de ne pas prendre le moindre risque de voir quiconque décrocher.[1]

Un phénomène illustre particulièrement bien cette logique : la suppression des génériques dans les émissions de télévision pour les enfants que diffusent deux grandes chaînes commerciales, TF1 et M6, le matin. La question n'est pas anecdotique : plus d'un tiers des élèves d'école primaire regardent la télévision le matin, de vingt minutes – pour ceux qui attendent devant l'écran pendant qu'on débarrasse le petit-déjeuner – à plus d'une heure et demie – pour ceux qui se lèvent avant leurs parents pour ne rien perdre de ces programmes. La hantise des chaînes concernées : que, pendant le générique de fin, les enfants passent chez le concurrent et soient perdus pour la publicité ! D'où la suppression de ces génériques, la mise en place de transitions douces entre dessins animés et spots publicitaires, avec des chartes graphiques très proches et, parfois, les mêmes petits personnages qui évoluent dans les uns et dans les autres...[2]

---

[1] Ainsi, les reportages eux-mêmes, censés nous aider à comprendre des situations, sont filmés et montés autour de séquences-chocs qui frappent l'imagination et anesthésient l'intelligence. La bande-son est également savamment travaillée à cet effet : on trouvera, par exemple, une musique de thriller sur un documentaire présentant un conflit armé dans le monde. Tout est fait pour provoquer chez le téléspectateur une véritable sidération hypnotique.

[2] Sur cette question et sur tous les pièges que la télévision tend aux enfants, voir Élisabeth Baton-Hervé, *Les enfants téléspectateurs*, L'Harmattan, 2000.

Plus globalement, nous assistons à une systématisation du formatage de l'image sur la pulsion : pas de répit pour le téléspectateur, le montage serré vire au best of systématique, la technique du spot publicitaire – un concept, une image, un slogan – envahit le journal télévisé. Partout, les modules sont de plus en plus courts, comme sur les sites de partage vidéo, où le monde se fractionne en une multitude de courts clips entre lesquels on peut zapper à l'infini. [1] Aucun temps mort. La surchauffe pulsionnelle permanente.

Le formatage de l'image sur la pulsion

Dans ces conditions, il n'est pas étonnant de constater la montée de l'excitation chez nos enfants : ils s'adaptent tout simplement à l'environnement que nous leur avons construit. De même qu'on ne peut guère être surpris par leurs difficultés de concentration : avec une télécommande greffée au cerveau, ils vivent tout travail qui requiert une attention suivie comme une contrainte insupportable. [2] Enfin, il ne faut s'étonner de la multiplication des passages à l'acte – « Je ne suis pas content : j'insulte... Je m'ennuie : j'agresse... Je n'aime pas : je frappe... Je veux : je prends... » – qui viennent gangrener la famille, l'école, les lieux publics et

[1] Les plus utilisés sont actuellement YouTube et Dailymotion. Ils constituent des réserves fantastiques d'images de toutes sortes, en formats courts, mises à la disposition de tous. Sur YouTube, il y a environ 1,5 million de vidéos nouvelles chaque jour. C'est, de très loin, le site le pus fréquenté par les adolescents et le deuxième moteur de recherche sur Internet dans le monde après Google (qui le contrôle aujourd'hui).

[2] J'ai pu mesurer la baisse des capacités d'attention des enfants en utilisant des tests élaborés, sur des exercices simples – du type puzzle –, dans les années 1930. Cette baisse est très forte, puisque le temps d'attention est presque divisé par trois. Ce phénomène est bien évidemment très préoccupant et tout à fait déterminant en matière d'acquisitions scolaires.

toutes les activités proposées aux enfants ou aux adolescents.

Bien évidemment, tous les enfants ne sont pas touchés de la même manière par le phénomène. Quand, dans la famille, on régule la consommation d'écrans[1], quand on utilise la télévision en appliquant la règle d'or – « Choisir avant. Regarder avec. Parler après » –, quand on encourage l'enfant à pratiquer des activités sportives et culturelles, quand, tout simplement, on prend le temps de lire ou de faire avec lui de la cuisine ou du jardinage, alors l'emprise des industries de programmes peut être mise en échec.

Une situation totalement inédite, le besoin de nouveaux repères

Nul n'est pourtant à l'abri des addictions ou des dérapages. Car la situation est à la fois complètement inédite et tout à fait préoccupante. La disparition des grands repères sociaux et moraux, l'individualisme social et l'avènement de l'« enfant du désir » ont désarmé les adultes face à l'instrumentalisation systématique des pulsions enfantines par la grande fabrique des petits consommateurs. Alors que jadis les parents, pour surmonter les difficultés qu'ils rencontraient avec leurs enfants, pouvaient se retourner sur leur propre éducation et tenter

[1] Le psychanalyste et spécialiste des médias Serge Tisseron édicte sur ce sujet une règle simple : « Pas de télévision avant 3 ans. Pas de console avant 6 ans. Pas d'Internet avant 9 ans. Pas de jeux en ligne avant 12 ans. » (Voir en particulier, sur ce sujet, Serge Tisseron, *Les dangers de la télé pour bébés*, Érès, 2009.) Une première bataille a été gagnée contre la télévision avant 3 ans (en particulier, *Babyfirst*). Désormais, selon le CSA, les « chaînes jeunesse » existantes et à venir ne peuvent plus s'adresser aux enfants âgés de moins de 3 ans. Les chaînes et les opérateurs ont l'obligation d'informer le public et les abonnés des effets néfastes que peut engendrer la télévision sur le très jeune public. Les chaînes doivent également s'engager à ne pas promouvoir leurs programmes. La télévision avant 3 ans est, en effet, particulièrement nocive car elle fonctionne comme hypnotique pour l'enfant, en paralysant, de plus, son activité motrice par laquelle il construit du symbolique.

d'utiliser les méthodes que leurs parents avaient utilisées avec eux, ils sont aujourd'hui contraints d'inventer !

Aucun parent, il y a trente ans, n'avait à se demander à quel âge acheter un téléphone portable ou que faire face à un adolescent qui passe cinq heures par nuit devant son ordinateur. La plupart des parents, il y a trente ans, disposaient de références religieuses ou morales, qui pouvaient leur servir, sinon de guide, au moins de garde-fou : les limites entre l'acceptable et l'inacceptable étaient encore stabilisées.

Ces limites se sont aujourd'hui estompées : elles n'existent plus clairement dans le champ social et c'est à chaque éducateur – dans chaque famille, dans chaque classe, avec chaque groupe d'enfants – de les restaurer tant bien que mal. Comment s'étonner, alors, qu'il soit devenu de plus en plus difficile d'élever nos enfants ? Pouvons-nous nous appuyer sur quelques principes, voire sur une « morale provisoire », comme disait Descartes [1], pour ne pas être contraints de perdre nos enfants dans la forêt et de les livrer à un ogre qui a parfaitement appris à déjouer les ruses du Petit Poucet ?

[1] Ainsi, explique Descartes dans *Le Discours de la Méthode*, dans les situations où nous ne disposons pas d'une certitude absolue, il nous faut bien nous donner une ligne de conduite, au risque d'errer sans fin.

DEUXIÈME PARTIE

Droits de l'enfant et devoir d'éducation

1

L'insurrection fondatrice

Vint le temps de la colère. On la sent monter dès le XIXe siècle... Certes, la compassion à l'égard des enfants était apparue bien plus tôt. On avait créé des hospices pour recueillir ceux que leurs parents abandonnaient ou dont ils ne pouvaient assurer l'éducation Des congrégations religieuses se consacraient, depuis déjà longtemps, aux plus démunis, auxquels elles offraient nourriture, soins et un minimum d'instruction. Il existait un service embryonnaire d'assistance à l'enfance qui tentait, avec plus ou moins de succès selon les régimes politiques, de garantir une protection sanitaire des tout-petits.

Pourtant, les historiens n'hésitent pas à parler d'« infanticide social » pour désigner la situation des années 1850. Ils soulignent en particulier le nombre excessivement élevé d'enfants abandonnés, dont plus de la moitié mourait avant l'âge d'un an, et notent que « la collectivité était pleinement consciente de leur condition dramatique »[1]. Mais celle-ci cherchait simplement à apaiser un peu leurs souffrances et se contentait d'interventions caritatives.

---

[1] Carlo Corsini, « Enfance et famille au XIXe siècle », *Histoire de l'enfance en Occident du XVIIIe siècle à nos jours*, tome 2, Seuil, 1998.

Maria Deraismes : la colère devant le sort réservé aux enfants par les adultes

Tout change quand on commence à interroger la responsabilité des adultes dans ce phénomène : de l'apitoiement, on passe alors à la colère. Le Code civil de 1804 interdit aux enfants naturels et abandonnés d'effectuer la moindre recherche de paternité ! Autant dire que les pères n'ont aucun devoir envers leur progéniture et cette dernière aucun droit !

Une femme, Maria Deraismes [1], journaliste, féministe engagée, fondatrice de l'obédience maçonnique mixte du Droit humain, prononce à ce sujet en 1876 une conférence déjà intitulée « Les droits de l'enfant » : elle affirme avec vigueur que l'interdiction de recherche de paternité est « l'infraction la plus effrayante des droits de l'enfant » ; elle stigmatise « les crimes honteux et hypocrites de ceux qui s'acharnent sur un être sans défense », « joignent la lâcheté à la barbarie et font subir à cette faible créature un long martyre, qui amène nécessairement sa destruction » ; elle s'en prend violemment à des lois qui, au nom de la « puissance paternelle », autorisent à la fois l'abandon, les mauvais traitements et l'exploitation des enfants au travail ; elle évoque, sans scrupule, ces « pères cupides, avares, qui n'entendent faire aucun sacrifice » et refuse que « la loi se fonde sur un prétendu amour des parents pour leurs enfants afin de se dispenser de toute surveillance » [2].

Le ton est donné. La revendication des droits de l'enfant se fera désormais sur le mode de la protestation : il est indigne d'abîmer un petit d'homme,

---

[1] 1828-1894.

[2] Maria Deraismes, *Les droits de l'enfant*, Mario Mella édition, 1999.

c'est une faute majeure à l'égard de l'humain, une faute qu'il convient tout à la fois de sanctionner et de prévenir. Daniel Hameline le rappelle avec force : « Une vertu fondamentale de l'éducateur, s'il lui faut se concevoir vertueux, c'est bien l'indignation. [...] Il est impossible d'éduquer sans croire, sans espérer, c'est-à-dire sans s'indigner de l'état dans lequel se trouve aujourd'hui le bien le plus précieux de l'humanité, son enfance, vouée aux nuisances de toutes sortes, à la stupidité, à l'incurie de l'espèce malfaisante que nous sommes. » [1]

De la colère à la loi

Et, en effet, l'histoire tout entière témoigne de notre incapacité à protéger naturellement et spontanément nos enfants. Toutes les Cosette n'ont pas leur Jean Valjean, même si tous les Brasse-Bouillon n'ont pas leur Folcoche [2]. Le monde reste un terrain miné – au sens propre et au sens figuré – pour les petits d'hommes. Et si les bons sentiments interdisaient les mauvais traitements, cela aurait fini par se savoir ! Même l'amour ne suffit pas, convient-on facilement aujourd'hui... quand il ne se renverse pas en dévoration !

Pas étonnant, dans ces conditions, que les hommes de loi et les pédagogues aient entrepris une longue et laborieuse marche pour élaborer des textes susceptibles de protéger celui qui était présenté par Maria Deraismes comme « notre espérance, notre arche de salut, le réparateur possible de nos fautes, de nos erreurs, de nos défaillances », « la substance même de notre avenir » : l'enfant.

---

[1] Daniel Hameline, *Courants et contre-courants dans la pédagogie contemporaine*, ESF éditeur, 2003.

[2] Allusion au roman d'Hervé Bazin, *Vipère au poing*, qui raconte l'histoire d'une famille dans laquelle la mère, Paule, surnommée Folcoche, persécute littéralement un de ses fils, Jean, dit Brasse-Bouillon, le narrateur.

Dans les années qui ont suivi la fameuse conférence de 1876, la France adoptera les lois scolaires sur l'instruction obligatoire en 1882, saluées par Maria Deraismes comme une grande victoire contre « l'arbitraire absurde et archaïque de la puissance paternelle » ; elle légiférera aussi sur le travail des enfants et finira par adopter, après neuf années d'âpres débats parlementaires, une loi « sur les enfants maltraités et moralement abandonnés ». Cette loi met fin à la toute-puissance de l'autorité paternelle et permet l'intervention de l'État « dans l'intérêt de l'enfant » : « L'enfant est une parcelle de la société. [...] Si ses défenseurs naturels lui manquent, l'État devient, au sens étymologique du terme, une patrie ».[1] Du *pater* à la patrie, l'enfant change de mains : il n'est plus sous la seule tutelle de son géniteur, il passe sous la protection du collectif.

La colère contre les adultes « grossiers, ignorants, abrutis et barbares »[2] a porté ses premiers fruits. Elle ne s'arrêtera pas là ! Le flambeau sera repris, en particulier, quelques années plus tard, par un médecin polonais, Henry Goldszmit, plus connu sous son nom de plume, Janusz Korczak[3].

Janusz Korczak : un destin hors du commun

Alors qu'il est déjà un praticien respecté et un romancier reconnu, Korczak s'engage comme moniteur de colonies de vacances, puis prend la direction d'un orphelinat pour enfants juifs. Il ne cessera plus, dès lors, de déployer une intense activité éducative, ouvrant d'autres orphelinats pour les enfants d'ouvriers, écrivant des ouvrages pédagogiques[4] et des

[1] Extrait des décrets restés largement inappliqués des 20 et 21 juin 1793 auxquels se réfèrent les partisans de la nouvelle loi.

[2] Maria Deraismes, *idem*.

[3] 1878 ou 1879-1942.

[4] Il écrit son ouvrage le plus célèbre, *Comment aimer un enfant*, pendant

livres pour la jeunesse [1], créant un journal hebdomadaire national pour les enfants, exerçant comme expert auprès du tribunal pour enfants, assurant des chroniques régulières à la radio... Il doit réduire ses activités face à la montée de l'antisémitisme, très affecté par l'intolérance et l'emprise de l'idéologie nazie sur la Pologne.

Quand les Allemands envahissent son pays, il reprend la direction de son orphelinat, qu'il défend farouchement. En 1940, il doit intégrer le ghetto avec ses cent soixante-dix enfants et se bat jusqu'au bout pour leur assurer des conditions de vie décentes. Révolté par les mauvais traitements subis par les petits pensionnaires d'un « refuge », il s'en fait nommer directeur et s'oppose violemment au personnel, exigeant d'eux un minimum de respect de ces enfants promis à la mort.

Le 6 août 1942, les cent quatre-vingt-douze enfants et les dix adultes de la Maison de l'orphelin sont dirigés vers les wagons qui les emmèneront à Treblinka, où ils seront exterminés. Certains affirment que Korczak aurait pu s'échapper, mais il accompagne ses pensionnaires jusqu'au bout, avec tendresse et gravité, suivant comme eux la bannière verte de l'enfance, déployée pour revendiquer le droit à la reconnaissance que le « vieux docteur » leur avait témoignée... [2]

Sa vie exemplaire de Juste et sa fin tragique ont fait de Korczak une figure majeure de l'histoire de

---

la Première Guerre mondiale, alors qu'il est mobilisé par l'armée tsariste sur le front de l'Est. L'ouvrage paraîtra en Pologne après la guerre. Il est aujourd'hui édité en français (Robert Laffont, 1998).

[1] Parmi lesquels *Le roi Mathias Ier* (Gallimard, Folio Junior, 2004) et *Le roi Mathias sur une île déserte* (Gallimard, Folio Junior, 1991).

[2] Pour une biographie complète de Janusz Korczak, voir Betty-Jean Lifton, *Janusz Korczak – Le roi des enfants*, Robert Laffont, 1989.

l'éducation.[1] Mais il est aussi considéré comme l'inspirateur des différents textes internationaux sur les enfants qui vont se succéder à partir de la première Déclaration des droits de l'enfant, ratifiée par la Société des Nations à Genève, en 1924.

Comme Maria Deraismes, Korczak est d'abord sensible à la situation matérielle intolérable faite aux enfants. Ainsi écrit-il : « Notre seule exigence : supprimer la faim, l'humidité, le manque d'air et d'espace, la promiscuité. »[2] Mais, en réalité, s'il fustige toutes les formes de maltraitance, s'il se démène pour protéger les enfants de ce qu'il nomme l'*homo rapax*, ce n'est pas seulement parce qu'il veut secourir les « petits d'hommes », c'est aussi parce qu'il les considère comme des « petits hommes » : « L'âme de l'enfant est aussi complexe que la nôtre, remplie des mêmes contradictions. »[3] Quoiqu'il n'en approuve pas toutes les théories, Korczak connaît Freud et a étudié la psychologie infantile. Il sait que l'enfant est loin d'être cet être simple, animé de sentiments élémentaires, se développant de manière linéaire en absorbant tranquillement les leçons des adultes. Il ne cesse de combattre toutes les représentations qui font de cet enfant un « amputé psychique ».

De la protection de l'enfance à la reconnaissance de l'enfant comme sujet

Ainsi Korczak opère-t-il un renversement décisif : il ne milite pas seulement pour la protection de l'enfance, mais aussi pour la reconnaissance des enfants. Il s'insurge contre l'ignorance, le mépris ou la négation d'un univers enfantin qui lui apparaît

[1] Voir, à ce sujet, le beau témoignage de Stanislas Tomkiewicz, qui, enfant dans le ghetto de Varsovie, y a rencontré Korczak : *L'adolescence volée*, Calmann-Lévy, 1999.

[2] Janusz Korczak, *Comment aimer un enfant*, Robert Laffont, 1998.

[3] *Idem.*

infiniment riche, porteur de possibilités et d'espérances inouïes, disponible à la culture, capable de vie en société.

Observateur minutieux, il a compris à quel point les jeux des enfants étaient une affaire sérieuse : ils y dépensent une énergie considérable et y font montre d'une inventivité fabuleuse. Mais il ne veut pas, pour autant, les cantonner dans des activités ludiques : les enfants ont, à ses yeux, une véritable vie intellectuelle et affective : ils s'interrogent en permanence sur des questions essentielles, ils savent aimer dès leur plus jeune âge, ils ont besoin d'échanges nourris avec leurs pairs et avec les adultes...

Certes, les enfants ne sont pas des anges ; il leur arrive de mentir, de se quereller, d'être indolents ou excités, de voler ou de se battre, mais ce n'est rien, explique Korczak, à côté des adultes que nous sommes : « Tricheurs professionnels, nous jouons contre les enfants avec des cartes truquées en abattant sous les as de nos qualités les petites cartes de leurs faiblesses. Nous nous arrangeons toujours de manière à opposer ce qui est le plus précieux en nous à ce qui est le pire en eux. [...] Et notre brutalité, nos crimes notoires ou cachés ? Que de discordes, de ruses, de jalousies, de médisances, de chantages ; que de mots qui blessent, d'actes qui déshonorent ; que de sordides tragédies familiales, dont les premiers martyrs sont les enfants ! Et nous avons l'audace de les accuser ? » [1]

Insurgé, militant de la cause des enfants, Korczak les considère à la fois comme des *êtres*

[1] *Idem.*

complets et comme des *êtres inachevés,* et c'est à ce double titre qu'ils méritent le respect.

L'enfant, un être complet

En tant qu'*êtres complets* – qui, dès leur naissance, participent de l'humaine condition –, ils ont droit à être entendus, ce qui ne veut pas dire, évidemment, à être systématiquement approuvés. Simplement, nous ne pouvons pas écarter d'un revers de main ce qu'ils nous font savoir d'une manière ou d'une autre : nous avons envers eux, comme envers tous nos semblables, un impérieux devoir d'interlocution. Ne pas prendre les enfants au sérieux, c'est les rejeter dans l'infantile et les assigner à rester dans le babillage.

Mais, en tant qu'êtres complets, les enfants ont aussi le droit à une vie privée et, s'il nous faut chercher à les comprendre, nous ne pouvons pas les contraindre à la confidence : leur droit au secret est imprescriptible, comme notre devoir de respecter leurs chagrins, même s'ils nous paraissent dérisoires.

Ainsi, le droit de l'enfant à être entendu et celui, tout aussi essentiel, à ne pas être violé dans son intimité déterminent ensemble la posture de l'adulte : ligne de crête difficile entre l'indifférence et l'inquisition. Passage étroit entre, d'un côté, le dédain – plus ou moins assorti de tendresse – à l'égard de ses manifestations divertissantes ou agaçantes et, d'un autre côté, l'acharnement à vouloir tout comprendre, tout expliquer, tout percer à jour. Parler sans requérir la transparence. Être proche sans exiger d'être complice. [1]

[1] Affaire de comportement « juste », évidemment, pour lequel il ne saurait exister aucune recette. Mais affaire aussi de médiation. Et nous montrerons plus

Mais, en tant qu'êtres complets, les enfants ont aussi droit, selon Korczak, à « vivre dans le présent » : ce qui ne signifie nullement qu'il faut renoncer à les préparer à leur avenir, mais bien plutôt que cette préparation elle-même doit se faire en leur permettant d'investir leur intentionnalité à chaque instant dans ce qu'ils font. Ce point est fondamental, fondateur même. Qu'on comprenne bien : il ne s'agit pas de laisser faire aux enfants tous leurs caprices. Tout au contraire ! Selon la formule que le pédagogue genevois Édouard Claparède [1] utilisera comme devise de sa Maison des petits, les enfants « ne doivent pas faire ce qu'ils veulent, mais ils doivent vouloir ce qu'ils font ».

À cet égard, le droit à vivre dans le présent n'a rien à voir avec le « droit de s'épuiser dans l'instant ». Être présent à soi-même et au monde, c'est densifier sa conscience, c'est fixer son attention, c'est s'investir dans une activité, c'est faire preuve de cette « concentration » que Maria Montessori considérait comme « un caractère essentiel de l'âme » [2]. Pour être présent à lui-même, l'enfant doit passer de la gesticulation désordonnée au geste

---

loin comment la médiation artistique, en particulier celle du récit, permet d'offrir à l'enfant des objets symboliques qui permettent de communiquer avec lui sans le violer dans son intimité.

[1] 1873-1940. Médecin comme Korczak, philosophe et psychologue, Claparède fonde à Genève, en 1912, le premier Institut des sciences de l'éducation. Il travaille en permanence, en tant que chercheur, avec des écoles qui tentent de mettre en œuvre la « pédagogie fonctionnelle » qu'il propose : inscrire les apprentissages dans la dynamique de la personne, comme réponses à des « besoins ».

[2] Maria Montessori, *L'esprit absorbant de l'enfant*, Desclée de Brouwer, 2003. Maria Montessori explique qu'elle croyait, comme beaucoup de psychologues, que le petit enfant était incapable de fixer son attention, avant de découvrir qu'il n'en était rien et que souvent l'adulte venait, avec ses sollicitations, distraire l'enfant d'une activité sur laquelle il était fortement concentré. Elle proposera donc de centrer la pédagogie sur les conditions qui favorisent cette attention et permettent ainsi à l'enfant d'apprendre et de former sa volonté.

maîtrisé, du chaos des pulsions à l'ordre du désir, du caprice à la volonté réfléchie. Pour être présent à lui-même, l'enfant doit s'impliquer dans ce qu'il fait, le revendiquer progressivement, l'assumer avec toutes ses conséquences. C'est ainsi qu'il pourra « se faire œuvre de lui-même », comme le disait déjà Pestalozzi.

L'enfant, un être inachevé

Mais, parce qu'il est un *être inachevé*, l'enfant ne saurait se construire comme sujet sans l'aide d'adultes qui l'interpellent et lui proposent des activités dans lesquelles il peut se mettre en jeu. Certes, c'est l'enfant qui décidera, au bout du compte, d'escalader la paroi : nul ne peut prendre la décision ni le faire à sa place. Néanmoins, il a besoin qu'on l'accompagne jusqu'au pied de celle-ci, qu'on vérifie que les prises existent et sont à sa portée, qu'on lui assure aussi la sécurité minimale pour s'engager dans l'inconnu sans se mettre en danger.

Aussi le droit de l'enfant de vivre dans le présent implique-t-il le devoir des éducateurs de créer des dispositifs qui le mobilisent dans ce présent, sollicitent son intelligence et son désir, l'aident à se rendre disponible à lui-même et au monde. À se mettre en route vers plus d'autonomie et de responsabilité.

C'est pourquoi on ne peut séparer les affirmations radicales de Korczak sur les droits de l'enfant de son inlassable inventivité pédagogique pour mettre en place des institutions où ces droits puissent devenir réalité.

C'est le cas, en particulier, du « tribunal », dans la Maison des orphelins, où sont jugés ce que les enfants ou les éducateurs considèrent comme des « délits ». « L'enfant a le droit d'exiger que ses problèmes soient considérés avec impartialité et sérieux »[1], explique Korczak : c'est le rôle du tribunal. « À un endroit bien visible, un tableau est accroché, sur lequel tout un chacun a le droit d'inscrire le sujet de sa plainte ; il y marque son nom et le nom de celui qu'il cite en justice. [...] Le tribunal siège une fois par semaine. Les juges sont désignés par tirage au sort parmi les enfants qui, au cours de la semaine écoulée, n'ont fait l'objet d'aucune plainte. [...] Le tribunal veille au respect de la personne humaine. [...] Le tribunal veille à ce que le grand ne maltraite pas le petit et que le petit n'importune pas le grand ; à ce qu'un malin n'exploite pas un maladroit, qu'un plaisantin ne fasse pas de mauvaises blagues à celui qui n'a pas envie de plaisanter, qu'un coléreux ne cherche pas la bagarre à tout bout de champ, mais aussi que les autres ne le provoquent pas impunément. [...] Le tribunal peut pardonner, mais il peut aussi déclarer à un enfant qu'il a eu tort d'agir comme il l'a fait, que sa faute est grave ou très grave... »[2]

Les quatre-vingt-dix-neuf premiers articles du code du tribunal sont des articles d'acquittement ou de non-lieu, puis, au fur et à mesure, les articles envisagent la responsabilité et la culpabilité du prévenu, prévoient des amendes, des réparations et des sanctions, de manière progressive, jusqu'à l'article 1000 qui permet le renvoi définitif de l'établissement, avec même une mention possible indiquant que « le tribunal exprime ses craintes quant à l'avenir d'un sujet qui risque de devenir un homme nuisible à la société »[3].

---

[1] Janusz Korczak, *Comment aimer un enfant*, Robert Laffont, 1998.

[2] *Idem.*

[3] *Idem.*

Rien donc, dans ce tribunal, qui permette de faire de Korczak un pédagogue « anarchiste » abandonnant les enfants à eux-mêmes ! [1] Tout est minutieusement prévu par l'adulte pour que les enfants soient amenés à réfléchir : il s'agit de passer d'un droit à l'expression attribué naïvement – au risque de devoir constater très vite la pagaille et d'être contraint de revenir à une discipline de fer, sous l'œil satisfait des spécialistes du « Je vous l'avais bien dit ! » – à un droit à l'expression conféré en même temps que sont construites les conditions de son bon usage.

L'organisation très encadrée des séances du jugement – avec des juges, un avocat, un procureur, un conseil juridique, un secrétaire, une gazette qui publie les attendus et les jugements – comme l'obligation pour les juges d'envisager successivement une série d'hypothèses graduées, tout cela impose de passer de la vengeance aux premières formes du droit.

Mieux encore, il s'agit, par l'introduction du dialogue contradictoire entre la défense et le procureur, de faire émerger progressivement chez l'accusé – mais aussi chez tous les enfants – la conscience de ce qu'est un acte volontaire assumé : l'objectif est que « les enfants apprennent à reconnaître leurs torts, acquièrent assez de force pour résister à la tentation, [...] sachent agir dorénavant en connaissance de cause et s'amendent eux-mêmes ». [2]

---

[1] « L'anarchie parmi les enfants, explique Korczak, fait toujours souffrir ceux qui sont tranquilles, bons et consciencieux. Le tribunal doit les défendre, empêchant les forts, les insolents ou les paresseux de leur faire du mal ou de les déranger. » *Idem.*

[2] *Idem.*

Et ils y parviennent progressivement, dans le cadre d'un « tribunal », par les activités que celui-ci propose et les comportements qu'il sollicite.

Les droits de l'enfant et les devoirs de l'adulte

Ainsi Korczak nous place-t-il devant une exigence essentielle : les droits de l'enfant sont indissociables des devoirs éducatifs des adultes. Indissociables et simultanés. Les uns ne précèdent pas les autres, et vice-versa. C'est tout aussi absurde de croire qu'on peut décréter les droits des enfants sans élaborer les dispositifs qui leur permettent de s'incarner... que de penser des dispositifs qui se voudraient éducatifs sans y reconnaître, d'emblée, les droits des enfants. Ni spontanéisme béat, ni dressage préalable. Un refus symétrique de la non-directivité [1] et du conditionnement [2]. Une volonté inventive de faire advenir concrètement ce qu'on pose en principe : l'enfant comme sujet. Une démarche proprement pédagogique, en vérité.

Voilà où s'origine le grand mouvement des droits de l'enfant : dans une insurrection pédagogique fondatrice. Dans le double refus de

[1] La non-directivité promue par Carl Rogers (1902-1987) consiste à placer les personnes en situation de s'organiser librement elles-mêmes jusqu'au point nécessaire à la survie du groupe et au développement de ses activités. Le maître ou l'adulte n'y prend part que pour annoncer qu'il n'interviendra plus de son propre chef et se met simplement à la disposition du groupe.

[2] La théorie des réflexes conditionnés a été élaborée par le psychologue soviétique Ivan Pavlov (1849-1936) et soutient que l'on peut créer des comportements par la mise en place de stimulations et de privations appropriées. Le béhaviorisme, ou comportementalisme, initié par Watson (1878) et Skinner (1904-1990), la prolonge en insistant sur le rôle des contraintes de la situation ainsi que des renforcements positifs et négatifs (récompenses et sanctions) au détriment de la conscience conçue comme une « boîte noire ». Mais, à bien des égards, les penseurs classiques de l'éducation avaient anticipé le comportementalisme en éducation. Ainsi, c'est Kant lui-même, au XVIIIe siècle, qui écrivait : « On envoie d'abord les enfants à l'école, non pour qu'ils y apprennent quelque chose, mais pour qu'ils s'y accoutument à rester tranquillement assis à observer ponctuellement ce qu'on leur ordonne. » (*Traité de pédagogie*, Hachette, 1981).

l'abstention éducative, d'une part, et de la normalisation sociale, d'autre part.

Maria Deraismes ne tolère ni l'abandon des nouveaux-nés ni l'exploitation des enfants au travail. Elle dénonce la lâcheté des pères et l'esclavagisme des fabriques. Elle milite à la fois contre la démission des adultes et l'assujettissement des enfants. Janusz Korczak revendique, pour sa part, le « droit de l'enfant au respect » : il exige de l'adulte qu'il assume pleinement son rôle de protection d'un être inachevé, mais refuse la réduction de l'enfant à une « petite chose » que nous pourrions modeler à notre guise. À côté de textes dont le lyrisme peut nous apparaître aujourd'hui un peu naïf, Korczak a mis en œuvre une infatigable activité pédagogique pour créer des conditions matérielles et institutionnelles permettant aux enfants de s'exhausser au-dessus de tout ce qui les écrase, afin de grandir en humanité.

Maria Deraismes comme Janusz Korczak – aux références idéologiques pourtant très différentes – nous disent que nos enfants sont dignes d'intérêt et d'estime. Sans avoir à le mériter. Parce qu'ils sont notre avenir. Et que nous avons envers eux un impérieux devoir d'antécédence.

2

La Convention peut-elle faire la loi ?

Quand l'Assemblée générale des Nations Unies adopte, le 20 novembre 1989, la Convention internationale des droits de l'enfant, elle s'inscrit dans une longue tradition ouverte par Itard et Pestalozzi et formalisée, dès 1850, par Pierre Leroux, un socialiste utopique qui parle pour la première fois des « droits de l'enfance » [1]. Cette tradition se développe en Europe, aussi bien dans la culture maçonnique avec Maria Deraismes, dans le courant protestant avec Ferdinand Buisson, dans le contexte catholique avec Maria Montessori, que dans la tradition juive avec Janusz Korczak.

La Convention internationale des droits de l'enfant : l'aboutissement de toute une histoire

Mais on la trouve aussi au Moyen-Orient, quand, au XIXe siècle, au cours de la Nadha, la « renaissance arabe », les intellectuels musulmans revendiquent – à côté de l'égalité entre les hommes et les femmes, de la liberté d'expression, de la reconnaissance de la valeur scientifique de l'évolutionnisme et de l'instauration d'États laïcs – une

[1] Pierre Leroux (1797-1871), disciple de Charles Fourier, prône la mise en commun des richesses et l'éducation de tous par tous. Il affirme que chaque enfant a le droit de vivre, de développer son corps en bénéficiant de conditions de vie saines, de cultiver son esprit par l'étude et le travail. Il s'insurge contre la toute-puissance des parents qui exercent, à ses yeux, un pouvoir absolu sur les enfants ; il réclame que la société prenne en charge leur protection et leur éducation (cité par Nathalie Brémaud, *Les socialismes et l'enfance*, Presses universitaires de Rennes, 2008).

véritable instruction pour tous les enfants dégagée de l'emprise de l'obscurantisme et « ouverte sur l'Autre », comme le rapporte Samir Kassir. [1]

Ainsi, nourri des apports de grandes figures comme Victor Hugo ou Léon Tolstoï [2] – dont on oublie trop qu'il a été aussi un éducateur hors pair, créateur d'écoles et auteur de manuels scolaires –, le combat pour les droits de l'enfant a été mené aussi bien en Occident par Jules Vallès [3] qu'en Orient par Rabindranath Tagore [4] ou au Moyen-Orient par Khalil Gibran [5]. Il a été relayé obstinément par des médecins, des magistrats, des militants pédagogiques et des hommes et femmes politiques. Ce sont eux qui parviendront, dès 1923, à faire adopter

---

[1] Samir Kassir, intellectuel libanais, arabe, laïc et démocrate, explique qu'avant que ne s'installent au Moyen-Orient, sous la pression des Occidentaux mus par leurs seuls intérêts économiques, des régimes tyranniques, arc-boutés sur une vision intégriste de l'islam, « il y eut un temps, guère lointain, où les Arabes pouvaient se projeter avec optimisme dans l'avenir : la Nadha », un temps où se développait au Moyen-Orient une pensée universaliste en dialogue avec l'Occident (*Considérations sur le malheur arabe*, Actes Sud, 2004). Samir Kassir, après avoir joué un rôle décisif dans le « printemps de Beyrouth », a perdu la vie dans un assassinat à la voiture piégée le 2 juin 2005.

[2] Victor Hugo : 1802-1885 ; Léon Tolstoï : 1828-1910.

[3] 1832-1885. L'écrivain plaide en 1882, dans *Le réveil*, pour « la liberté de l'enfant comme celle de l'homme » et réclame « une ligue pour la protection de ses droits ».

[4] 1861-1941. L'écrivain indien, Prix Nobel de littérature, ne cessera de réclamer le droit à un traitement digne et à une véritable éducation pour tous les enfants, indépendamment de leur appartenance à une caste.

[5] 1883-1931. L'écrivain libanais, chrétien maronite imprégné de culture arabo-musulmane, est surtout connu pour son livre *Le prophète* et son apostrophe célèbre : « Vos enfants ne sont pas vos enfants.

Ils sont les fils et les filles de l'appel de la vie à elle-même.

Ils viennent à travers vous mais non de vous.

Et bien qu'ils soient avec vous, ils ne vous appartiennent pas.

Vous pouvez leur donner votre amour, mais non point vos pensées, car ils ont leurs propres pensées.

Vous pouvez accueillir leurs corps mais pas leurs âmes, car leurs âmes habitent la maison de demain, que vous ne pouvez visiter, pas même dans vos rêves.

Vous pouvez vous efforcer d'être comme eux, mais ne tentez pas de les faire comme vous. » Khalil Gibran entretiendra par ailleurs une superbe correspondance avec l'écrivain May Ziyada, elle-même très militante dans le domaine du droit des femmes et des enfants.

par l'Union internationale de secours aux enfants la première Déclaration sur les droits de l'enfant, qui sera ratifiée par la cinquième session de la Société des Nations à Genève, en 1924. Quoique Korczak la considère comme trop timide, relevant du domaine « de la prière et pas assez de l'exigence » [1], c'est néanmoins un moment fondateur : pour la première fois, un texte de portée internationale considère la protection et l'éducation des enfants comme une priorité.

Ce document sera considérablement enrichi en 1959, quand l'Assemblée générale des Nations Unies, dans le prolongement de la Charte de 1945 et de la Déclaration universelle des droits de l'homme de 1948, adoptera à l'unanimité la Déclaration sur les droits des enfants.

La Convention internationale des droits de l'enfant : un prolongement de la Déclaration universelle des droits de l'homme

En effet, la Déclaration *sur* les droits des enfants est bien une déclinaison de la Déclaration universelle *des* droits de l'homme. Comme en témoigne son préambule, elle ne constitue nullement un texte à part, réservé à une catégorie d'êtres spécifiques qui n'auraient pas accès aux droits universels, mais une application particulière de ces droits universels. L'enfant, parce qu'il est fragile et en devenir, « en raison de son manque de maturité physique et intellectuelle », a droit, jusqu'à dix-huit ans, à « une protection spéciale et des soins spéciaux ». Parce qu'il est un « petit homme », il relève de la Déclaration universelle des droits de l'homme. Parce qu'il est un « petit d'hommes », à qui des adultes ont pris la responsabilité de donner la vie et qui est venu au monde inachevé et

[1] Janusz Korczak, *Comment aimer un enfant*, Robert Laffont, 1998.

démuni, il relève de la Déclaration sur les droits des enfants. Être humain à part entière, l'enfant a besoin d'être accueilli et éduqué : ce sont les conditions de cet accueil et de cette éducation que précise la Déclaration qui le concerne.

Mais une Déclaration ne représente pas un engagement juridique. C'est pourquoi la Convention internationale des droits de l'enfant du 20 novembre 1989 est si importante. Elle fait référence pour tous les enfants du monde, qui « disposent aujourd'hui d'un traité qui définit jusqu'à leur majorité un ensemble de droits civils, politiques, économiques, sociaux et culturels représentant autant de normes juridiques à respecter pour les États qui l'ont ratifié » [1].

Ce long texte comprend cinquante-quatre articles et énonce, en réalité, deux types de droits : les *droits-créances* et les *droits-libertés.* [2]

« Droits à... » et « droits de... », droits-créances et droits-libertés

Les *droits-créances* sont « les droits à... » que toute société doit garantir à ses enfants et qui constituent autant d'obligations pour les adultes : droit à un nom et une nationalité, droit de connaître ses parents, droit à un cadre familial, droit à être correctement nourri et logé, droit d'accès aux soins, droit à une aide adaptée pour les enfants handicapés, droit à l'éducation scolaire, droit à sa vie privée, droit à être protégé contre toute forme de maltraitance et d'exploitation économique, droit de

[1] Annette Jacob, « Présentation », Maria Deraismes, *Les droits de l'enfant*, Mario Mella édition, 1999. Notons que la Somalie n'a ni signé ni ratifié la Convention, et que les États-Unis l'ont signée mais ne l'ont pas ratifiée.

[2] Sur cette distinction, voir Bernard Defrance, « Autorité et institution à l'école », *Eduka 58*, Nevers, CDDP de la Nièvre, 2008. Voir aussi Alain Renaut, *La libération des enfants*, Bayard/Calmann-Lévy, 2002.

bénéficier de toutes les garanties judiciaires requises en cas de suspicion d'infraction à la loi pénale...

Les *droits-libertés*, qui sont énoncés en particulier dans les articles 12 à 15, sont « les droits de... ». Ils reconnaissent la possibilité pour l'enfant d'exercer lui-même diverses libertés civiles : ainsi, il doit pouvoir « exprimer librement son opinion sur toute question l'intéressant », « être entendu dans toute procédure judiciaire ou administrative l'intéressant », bénéficier de « la liberté de rechercher, de recevoir et de répandre des informations ou des idées de toute espèce, sans considération de frontières, sous une forme orale, écrite, imprimée ou artistique ». Plus encore, « les États parties respectent le droit de l'enfant à la liberté de pensée, de conscience et de religion », comme « les droits de l'enfant à la liberté d'association et à la liberté de réunion pacifique ». Mais tout cela est subordonné « à son âge, à sa capacité de discernement et à son degré de maturité ».

Le ministère de la Solidarité et des Affaires sociales a proposé en 1999, à l'occasion du dixième anniversaire de la Convention, un décryptage de ce texte à partir de trois « P » : Protection, Prévention, Participation. Or, dans cette analyse, les deux premiers volets, qui correspondent aux droits-créances, n'y ont absolument pas le même statut que le troisième, qui correspond aux droits-libertés : les enfants sont *objets* de protection et de prévention, mais ils sont *sujets* en matière de participation.

C'est évidemment ce qui fait problème, comme en témoignait déjà, il y a dix ans, une enquête publiée alors par le journal *Le Monde*[1] : les lecteurs interrogés sur les droits fondamentaux de l'enfant mettaient en avant le droit à la nourriture, à la santé, à la protection contre les violences sexuelles ou l'exploitation par le travail, mais ils n'invoquaient les droits-libertés que dans un seul cas, qu'ils plaçaient en septième position : le droit de donner son point de vue en cas de divorce des parents. Et il y a fort à parier que nous obtiendrions les mêmes résultats aujourd'hui ! Car il semble bien que ce sont les « droits de... » qui font question ; c'est sur eux que se cristallisent les débats. Pour le reste, c'est-à-dire les droits-créances – la protection et la prévention de l'enfance –, l'affaire, nous dit-on, serait entendue ![2]

Les droits de l'enfant dans le monde : le scandale continue !

Entendue, mais pas résolue : en 2009, dans le monde, en moyenne, ont lieu chaque jour plus de 26 000 décès d'enfants qui, pour la plupart, auraient pu être évités. Près de 2 milliards d'enfants subsistent tant bien que mal avec moins de 30 euros par mois. Plus de 100 millions vivent dans la rue ;

[1] Le 8 novembre 1999.

[2] Alain Renaut, néanmoins, attire notre attention sur le danger que pourrait représenter la juridicisation excessive des relations entre les adultes et les enfants (an nom du respect obligé de leurs droits-créances) et suggère de compenser les effets pervers de celle-ci par une « éthique de la sollicitude et du soutien moral ». Cette dernière permettrait de penser les relations entre les générations dans une perspective « plus englobante et plus chaleureuse que celle qui s'exprime dans les termes du droit ». Il reprend les analyses d'Onora O'Neill, qui souligne que « des parents ou des enseignants, froids, distants et fanatiques, même s'ils ne violent aucun droit, refusent à l'enfant le "doux jeu de la vie" : ils peuvent gâcher la vie de l'enfant ». (Alain Renaut, *La libération des enfants*, Bayard/Calmann-Lévy, 2002). Je souscris bien volontiers à cette analyse fidèle à l'« insurrection fondatrice » qui a présidé à la construction des droits de l'enfant. Mais tout en considérant que c'est la tension entre les « droits formels » et « l'éthique de la sollicitude » qui est essentielle. Car, comme le dit Stanislas Tomkiewicz, « sans respect des droits, l'amour ne vaut rien : il y a autant d'amours mortifères que d'amours capables de donner la vie » (*L'adolescence volée*, Calmann-Lévy, 1999). Et il peut en être de même pour une sollicitude sans retenue ou un soutien moral qui entretient la dépendance et cultive la dette.

400 millions sont exploités au travail, le plus souvent dans des conditions indignes. La prostitution infantile se développe impunément dans plusieurs pays. En Afrique, plus de 180 millions d'enfants n'ont pas accès à la moindre forme de scolarisation, et ce chiffre est en constante augmentation ! Enfants-soldats, enfants-esclaves, enfants-otages, enfants abandonnés, enfants anémiés et maltraités, enfants victimes des épidémies et des mines antipersonnel..., la liste est longue de nos malfaisances. Régulièrement, les organisations internationales en font le terrible constat et appellent à un sursaut : « La survie des enfants doit être au centre des efforts nationaux et internationaux visant à faire progresser l'humanité », affirme l'Unicef dans son rapport sur la situation de l'enfant dans le monde en 2009. En vain, semble-t-il. Notre espèce continue à s'apitoyer devant les visages émaciés, les membres amputés et les petits cercueils alignés, sans pour autant trouver là la moindre raison d'interrompre ses affaires, de mettre un terme à ses folies guerrières et à ses emportements mortifères. Tout juste consent-on à quelques oboles de temps en temps ! Notre planète aujourd'hui est plus en retard sur cette question que la France de 1850. Et la situation internationale ne laisse guère espérer, malheureusement, d'amélioration prochaine.

La France et les droits de l'enfant : peut (beaucoup) mieux faire !

Face à cette réalité, la situation des pays occidentaux – et du nôtre en particulier – paraît particulièrement privilégiée. Pourtant, à lire les rapports d'organismes indépendants comme Défense des enfants International (DEI) ou le Conseil français des associations pour les droits des enfants (Cofrade), il y a néanmoins lieu de s'inquiéter. Globalement d'abord : si le Conseil d'État a accepté, en 1997, de se fonder sur la Convention et d'invoquer « l'intérêt supérieur de l'enfant » pour censurer un refus de séjour, la Cour de cassation, elle, malgré quelques infléchissements récents, continue de refuser aux justiciables la possibilité d'en invoquer l'application directe. Tout se passe comme si cette Convention, que nous avons pourtant votée et ratifiée, devait être prudemment écartée dès lors qu'elle bouscule certaines de nos habitudes ou contrecarre les intérêts politiciens du moment ! Faut-il rappeler que, dès lors qu'un texte est adopté, il doit s'imposer sans aucune exception et de manière systématique ? Toute exception – a fortiori injustifiée – introduit un arbitraire qui délégitime le texte et lui ôte toute valeur. L'universel ne souffre aucune excuse, au risque de s'effondrer complètement. C'est pourquoi il conviendrait d'adopter enfin la proposition de loi, plusieurs fois évoquée mais jamais vraiment discutée au Parlement, qui « garantirait l'application de la Convention, poserait le principe de l'invocabilité de ce texte par tous les justiciables, fixerait la liste de ses dispositions d'effet direct et poursuivrait la transcription des dispositions de ce texte dans le droit français ». [1] Certes, le 6 mars 2000, le Parlement a voté une loi instituant un « défenseur des enfants » : autorité indépendante qui ne reçoit ses ordres d'aucun ministère ni d'aucune administration [2], elle constitue un véritable progrès. Mais

[1] C'est la proposition faite par Jean-Paul Bret, rapporteur de la commission initiée en 1998 par Laurent Fabius, alors président de l'Assemblée nationale : *Droits de l'enfant : de nouveaux espaces à conquérir*, rapport n° 271, Assemblée nationale, 1998.

[2] Mais le (ou la) titulaire est nommé(e) directement par le président de la République. Claire Brisset fut la première défenseure des enfants. Dominique Versini l'a remplacée en juin 2006.

le rôle du défenseur des enfants pourrait être grandement facilité s'il pouvait s'appuyer sur un texte précisant clairement le statut de référence juridique incontournable de la Convention.

Très concrètement, en effet, les droits-créances des enfants sont violés en France dans plusieurs domaines, à la fois pour ce qui concerne la protection et la prévention.

Des enfants qui échappent aux protections élémentaires

En matière de protection, on ne rappellera jamais assez que nous avons encore, en France, 2 millions d'enfants qui vivent au-dessous du seuil de pauvreté, dans des conditions matérielles qui ne leur permettent pas se développer normalement sur les plans physique et psychique. Par ailleurs, malgré la loi du 11 février 2005 sur le handicap [1], 15 000 enfants handicapés ne sont pas encore pris en charge convenablement pour pouvoir mener une scolarité normale.

Dans bien des établissements scolaires, l'insalubrité des installations sanitaires est une atteinte à la dignité et, souvent, à l'intimité des élèves. Dans certains d'entre eux règne une violence entre pairs, qui va de l'humiliation banalisée à la persécution systématique. [2]

En outre, l'organisation même du calendrier scolaire français est bien peu respectueuse des rythmes des enfants étudiés par les chronobiologistes [3] : journées trop chargées, vacances

[1] Intitulée précisément « loi pour l'égalité des droits et des chances, la participation et la citoyenneté des personnes handicapées ».

[2] En France, 35 % des élèves scolarisés déclarent avoir subi des brimades de leurs pairs au cours des deux derniers mois (contre 15 % en Suède et 38 % au Portugal). Voir Unicef, *Vue d'ensemble du bien-être des enfants dans les pays riches*, Bilan Innocenti n° 7, 2008.

[3] Voir François Testu, *Rythmes de vie et rythmes scolaires*, Masson, 2008,

trop longues, semaines déséquilibrées[1], avec des élèves qui manquent de sommeil et sont parfois extrêmement fatigués.

Et l'on ne peut passer sous silence, bien sûr, la question si vive des mineurs étrangers expulsés.[2] L'article 26 de l'ordonnance de 1945 est pourtant formel : « L'étranger mineur ne peut faire l'objet ni d'un arrêté d'expulsion, ni d'une mesure de reconduite à la frontière. » Le Code de l'éducation précise à la fois que « tout enfant doit pouvoir être accueilli dans une école maternelle ou une classe enfantine le plus près possible de son domicile, si sa famille en fait la demande, dès l'âge de 3 ans » et que « l'instruction est obligatoire pour les enfants des deux sexes, français et étrangers, entre 6 et 16 ans ».

Mais la loi sur la protection de l'enfance du 5 mars 2007 – qui constitue par ailleurs un progrès significatif dans le domaine de la prise en charge et du suivi des enfants victimes de maltraitance – fait totalement l'impasse sur le sort réservé aux mineurs requérants d'asile. On sait que ces derniers peuvent encore être poursuivis, conduits dans des centres de rétention administrative qui ne respectent pas les conditions élémentaires requises pour les accueillir dignement, ne pas être assistés par un administrateur *ad hoc*, pourtant prévu par les textes – ou qui

---

et Hubert Montagner, *L'arbre-enfant*, Odile Jacob, 2006.

[1] Ce déséquilibre a encore été accru en 2008 par la suppression brutale des cours le samedi matin à l'école primaire. Outre la disparition d'une plage de travail propice aux rencontres et activités avec les parents, cela a abouti, très souvent, à une concentration des enseignements sur quatre jours, incompatible avec un bon équilibre de vie.

[2] Question sur laquelle le collectif Réseau éducation sans frontières (RESF) a fait un très gros travail de mobilisation et engagé de nombreuses actions, dont certaines ont été couronnées de succès.

peut arriver une fois l'expulsion effectuée.[1] Une telle situation est évidemment intolérable.

Comme est intolérable, en matière de prévention, l'absence de véritable réflexion collective sur les effets de l'environnement médiatique sur l'équilibre psychique et le développement intellectuel des enfants. Certes, on commence à s'interroger sur l'impact de certains jeux vidéo qui exaltent la violence archaïque et mettent l'enfant sous emprise : des avertissements figurent aujourd'hui sur les coffrets et devraient permettre aux parents d'en réguler l'usage. Certes, on développe des campagnes d'information sur les dangers d'Internet : des systèmes de filtre existent maintenant et, s'ils ne remplacent pas le dialogue avec l'enfant sur ce qu'il trouve et voit sur son ordinateur, ils peuvent permettre néanmoins d'éviter les agressions les plus brutales. Certes, une signalétique est imposée aux chaînes de télévision par le Conseil supérieur de l'audiovisuel et, même si 54 % des enfants en âge scolaire ont la télévision dans leur chambre et accèdent presque complètement librement à tous les programmes, son existence marque symboliquement la présence d'une figure tutélaire de l'adulte qui prévient du danger.

Une prévention à repenser complètement

Mais tout cela reste très insuffisant et bien trop aléatoire : en effet, seuls les enfants qui disposent d'un environnement familial disponible et attentif y trouveront les moyens de résister à la toute-puissance hypnotique des images. Les autres, livrés

[1] Colette Clément-Barthez, magistrat, « Colloque sur les droits des mineurs étrangers isolés » organisé par la défenseure des enfants, Dominique Versini, le 20 juin 2008.

à eux-mêmes et à la pression des pairs pour surenchérir en permanence dans les transgressions, risquent de basculer dans des comportements d'addiction ou dans des passages à l'acte mimétiques. Une réflexion collective s'impose pour en même temps chercher les moyens de contrôler ces phénomènes et outiller tous les parents, afin qu'ils parviennent à en contrebalancer l'influence.

Deux questions vives : le droit aux origines et la justice des mineurs

De même, il faut, de manière urgente, s'interroger sur l'impact de la publicité : est-il bien conforme à la Convention de faire de nos enfants des prescripteurs d'achat pour leurs parents ? Pourquoi ne pas prendre modèle sur certains pays et interdire la publicité sur toutes les chaînes, publiques et privées, dix minutes avant et dix minutes après toutes les émissions à destination du jeune public ? Pourquoi, au nom des droits de l'enfant, ne pas imposer aux chaînes des obligations éducatives, comme la diffusion de journaux télévisés décryptant l'actualité de manière à la rendre lisible et accessible aux jeunes, ou la programmation systématique de films, feuilletons et documentaires en version originale sous-titrée, afin que les enfants apprivoisent progressivement d'autres langues et améliorent, par la lecture des sous-titres, leur niveau en français ? En réalité, nous voyons bien, à travers ces quelques exemples, que nous avons encore beaucoup de chemin à faire pour que les droits de l'enfant ne relèvent plus seulement du secteur associatif ou militant, mais constituent une préoccupation centrale de la société tout entière.

Enfin, et toujours en ce qui concerne les droits-créances, deux questions essentielles font aujourd'hui en France l'objet de débats importants : le droit de l'enfant à connaître ses parents, au titre de l'article 7 de la Convention, et « le droit pour tout enfant suspecté, accusé ou convaincu d'infraction à la loi pénale à un traitement qui soit de nature à favoriser son sens de la dignité et de la valeur personnelle, qui renforce son respect pour les droits de l'homme et les libertés fondamentales d'autrui, et qui tienne compte de son âge ainsi que de la nécessité de faciliter sa réintégration dans la société et de lui faire assumer un rôle constructif au sein de celle-ci » (article 40), ce qui pose le problème du statut de la justice des mineurs.

Le droit à connaître ses origines : un droit décisif

Sur la question du droit de l'enfant à connaître ses origines, nous revenons de loin. Souvenons-nous que Maria Deraismes avait combattu avec une rare obstination l'article 340 du Code civil de 1804 interdisant la recherche de paternité aux enfants naturels. Comme l'explique Annette Jacob [1], il faudra attendre 1912 pour que soit votée une loi autorisant la recherche de paternité, dans des conditions cependant très restrictives. En 1972, ces restrictions seront allégées, mais il reste toujours trois interdits majeurs : on ne peut établir une filiation incestueuse ; en cas de procréation médicalement assistée, la transmission du nom du donneur au receveur est un délit pénal sanctionné ; et la demande de secret par la mère au moment de l'admission en vue d'un accouchement – ce qu'on nomme habituellement « accouchement sous X » – interdit toute recherche judiciaire en maternité...

[1] Annette Jacob, « Présentation », Maria Deraismes, *Les droits de l'enfant*, Mario Mella édition, 1999.

et, donc, en paternité puisqu'on n'accède jamais au père, dans ces cas-là, que par la mère.[1]

De telles dispositions sous des formes aussi radicales n'existent qu'en France et au Luxembourg. À l'opposé, la plupart des pays européens ont adopté, depuis de nombreuses années, des lois d'une tout autre nature : « L'objectif de ce texte, lit-on dans l'exposé des motifs de la loi suédoise du 20 décembre 1984, est de faire en sorte qu'être né par insémination ne soit pas considéré comme une situation inavouable et que cette situation soit pleinement assimilable à celle des parents adoptifs. »

En France, des voix comme celles de Geneviève Delaisi de Parseval et de Pierre Verdier se sont élevées pour dénoncer une situation jugée contraire aux principes de la Convention et à « l'intérêt supérieur de l'enfant »[2] : l'accouchement sous X, expliquent-ils, ne peut pas être considéré comme un droit des femmes. On ne peut en effet s'approprier un droit en privant autrui d'un autre droit fondamental : l'identité. De même, on peut se demander si l'anonymat des donneurs de sperme ne dissimule pas une information dont certains enfants peuvent avoir besoin pour se construire. Les conséquences peuvent en effet, dans certains cas, être très graves, tant sur le plan du sentiment d'identité que sur celui de l'image de soi et de la relation avec l'institution qui, quelque part, détient le secret.

---

[1] Le nombre d'accouchements sous X s'élevait à 10 000 par an, à peu près, dans les années 1970. Il a été de 581 en 2007. À noter que, la même année, il y a eu 542 demandes de recherche de ses origines.

[2] Geneviève Delaisi de Parseval, Pierre Verdier, *Enfant de personne*, Odile Jacob, 1999.

Dès 1998, à la suite du rapport sur les droits de l'enfant demandé par Laurent Fabius, un projet est déposé afin d'autoriser la levée du secret, à la demande d'un enfant majeur, sur les informations concernant sa naissance. Mais, n'ayant pas l'aval du Conseil d'État, le projet reste dans les limbes. De même, Irène Théry, dans son rapport à la ministre de l'Emploi et de la Solidarité et au garde des Sceaux, ministre de la Justice, propose de supprimer l'article 341-1 du Code civil qui autorise l'accouchement sous X et « prive doublement l'enfant de sa filiation paternelle et maternelle ». [1] Mais les choses ne bougent guère ! Aujourd'hui encore, la mère peut simplement laisser – et seulement si elle le désire – son identité sous pli scellé afin que son enfant puisse connaître son nom après son accession à la majorité. [2] Et rien n'est toujours prévu pour les dons de sperme ou d'ovocytes dans les cas d'assistance médicale à la procréation.

Distinguer et lier parentalité biologique et parentalité psychologique

Pourtant, Irène Théry explique bien qu'il convient de ne pas opposer le parent « biologique » et le parent « psychologique » : « Rien n'est plus faux que de prétendre que les jeunes gens qui réclament le droit aux origines veulent "biologiser" la filiation. Ces enfants ne cessent de dire qu'ils ont des parents, qu'ils les aiment et qu'ils ne les mettent nullement

---

[1] Irène Théry, *Couple, filiation et parenté aujourd'hui – Le droit face aux mutations de la famille et de la vie privée*, Odile Jacob / La Documentation française, 1998.

[2] La loi votée le 16 janvier 2009 supprime la fin de non-recevoir opposée aux enfants qui veulent connaître leur origine, mais maintient la possibilité d'accoucher secrètement. Ainsi la secrétaire d'État à la Solidarité a-t-elle pu déclarer, à l'occasion du débat à l'Assemblée nationale sur cette loi, qu'elle ne changeait rien à la situation antérieure. Ce que contestent quand même quelques juristes, qui estiment qu'elle ouvre la porte à la possibilité pour les enfants non adoptés d'intenter une action en justice, à travers leur père, afin d'obliger leur mère à assumer sa maternité. Mais cela resterait néanmoins très difficile et exceptionnel.

en cause. [...] [Il conviendrait] de distinguer et de lier de façon très simple deux statuts complémentaires : celui de donneur d'engendrement et celui de parent pour la filiation. »[1]

En réalité, il s'agit de comprendre que les origines d'un enfant comportent deux éléments : ce qui relève du « commencement génétique » et ce qui relève de la « filiation historique ». Ces deux éléments s'articulent étroitement dans le psychisme enfantin. Ainsi, quand l'enfant demande d'où il vient, cela signifie à la fois : « Quel est le point de départ matériel de mon existence ? » et « Quels sont les adultes dont je peux me revendiquer l'héritier ? » La plupart du temps, ces deux éléments sont confondus et assurés par les mêmes personnes. L'enfant se construit alors en imbriquant étroitement le « donné biologique » et le « reçu social ». Mais qu'un des deux manque, et l'enfant se vit comme amputé d'une partie de ce qui l'a constitué, incapable de se penser comme unité, de retrouver son intégrité, de se construire une identité.

Certes, on peut arguer que des enfants réussissent à vivre en ignorant la vérité sur leurs origines, mais Pierre Verdier souligne que « chaque fois qu'on révèle à un enfant ou à un adulte des éléments jusque-là cachés de son passé (les circonstances de sa conception, de sa naissance, de son abandon ou de son adoption), on voit son visage se recomposer tandis qu'il explique : "Ah oui ! je comprends enfin telle phrase, telle attitude, tel sentiment éprouvé en telle circonstance !" »[2]

---

[1] Irène Théry, « Changer de regard sur la filiation », *Le Monde*, 25-26 janvier 2009.

[2] Conférence de Pierre Verdier, président de la Coordination des actions pour le droit à la connaissance des origines (Cadco) : « La question de l'origine dans l'élaboration de la dette ».

C'est qu'en effet la vie psychique d'un enfant ne se réduit pas à l'identification des messages explicites qu'on lui transmet : il vit dans une configuration relationnelle où tout fait sens et où les silences creusent des interrogations qui peuvent verrouiller l'accès à la conscience de soi et condamner au malheur.

Ainsi Anne da Costa, « femme née sous X » comme elle se nomme, décrit-elle ce qu'elle ressent, à quarante ans, quand on lui explique qu'elle n'a pas à se plaindre d'ignorer son identité puisqu'elle a eu la chance d'être adoptée : « Vous n'avez aucune reconnaissance pour les bienfaits [de cette adoption] et vous réclamez ce qui ne vous revient pas : votre identité. Prenez ce qu'on veut bien vous donner et disparaissez ! Et nous disparaissons, quelquefois même à nos propres yeux, à notre propre vue. Il peut même nous arriver de nous regarder dans la glace et de ne rien voir du tout. Oui, certains jours, je sais qu'il n'y a rien dans le miroir devant lequel je me tiens. Je ne m'en effraie plus. J'ai l'habitude. C'est le signe que j'ai parfaitement obéi à ce qu'on attendait de moi. Je suis comme le nom de ma mère sur mon acte de naissance : effacée. » [1]

Pour que plus aucun enfant ne se vive ainsi comme effacé du monde, il est temps de mettre nos textes législatifs en harmonie avec la Convention internationale des droits de l'enfant. Et pour que ceux qui sont amenés à rechercher leur origine ne soient pas abandonnés face au maquis juridique et administratif, pour qu'ils soient accompagnés

---

[1] Anne da Costa, *On dit que les orchidées…*, Presses de la Renaissance, 2001.

psychologiquement, il est temps de prévoir des dispositifs adaptés. Nous n'avons que trop tardé. [1]

La justice des mineurs : une étrange histoire

Dans un autre domaine, celui de la justice des mineurs, la France connaît aujourd'hui des soubresauts dont on ne sait pas encore quelle en sera l'issue. L'ordonnance de 1945 entendait, selon les termes de son préambule, « protéger efficacement les mineurs et, plus particulièrement, les mineurs délinquants ». « La France, y lisait-on, n'est pas assez riche d'enfants pour qu'elle ait le droit de négliger tout ce qui peut en faire des êtres sains » : priorité, donc, à la prévention et à l'éducation. Les condamnations devaient être motivées par l'échec patent de toutes les tentatives éducatives et par l'impossibilité constatée de trouver un encadrement éducatif approprié.

Néanmoins, à partir des années 1970 et bien avant qu'on envisage de changer les textes, la condamnation, auparavant exceptionnelle, devient la règle. On le regrette officiellement, mais on s'engage dans un mouvement qui semble irréversible : les placements éducatifs deviennent réservés aux mineurs qui reconnaissent leurs fautes et souhaitent s'amender ; les autres sont incarcérés. Ainsi, les éducateurs ne vont plus s'occuper que de ceux qui veulent bien être éduqués, les juges mettant systématiquement les autres en détention.

---

[1] Nous n'abordons pas ici la question dite des « mères porteuses » dans la mesure où la France interdit cette pratique. Mais certains s'inquiètent légitimement que de nouvelles lois l'autorisent. Cela constituerait alors une violation très grave de la Convention internationale des droits de l'enfant. En effet, comme le souligne Sylviane Agacinski (*Corps en miettes*, Flammarion, 2009), à côté de la terrible « aliénation organique » pour la femme, l'enfant devient un « produit biotechnologique », « qui devra assumer d'être né de parents en miettes, mère partielle d'un côté et paillettes congelées de l'autre ».

À partir de 1990, un mineur peut être déclaré responsable à partir de treize ans, même si on considère que sa responsabilité doit être atténuée en fonction de son âge. En 1999, on crée les centres de placement immédiat, puis les centres d'éducation renforcée. En 2002, à l'occasion de l'alternance politique et de l'arrivée de la droite au pouvoir, on affirme clairement ce qui était déjà largement sous-entendu par les mesures précédentes : la valeur sociale et éducative de la détention. [1]

Cette évolution est en réalité complexe et ne se prête guère à une lecture manichéenne. À bien des égards, c'est un vrai progrès que de se dégager de l'alternative entre le répressif et l'éducatif : il n'était ni sain ni conforme aux principes et à l'inspiration de la Convention de séparer systématiquement les mineurs délinquants en deux catégories : ceux qu'on éduquait sans les réprimer et ceux qu'on réprimait sans les éduquer. L'antinomie radicale entre l'éducatif et le répressif conduit en effet, très vite, à une impasse : les mineurs « éduqués » se retrouvent déresponsabilisés (au nom de leur « irresponsabilité pénale »), tandis que les mineurs « réprimés » s'enkystent dans un comportement de délinquants « par nature ». Pour les premiers, on pratique l'excuse systématique en raison de leur histoire personnelle accidentée et de leur environnement social défaillant ; pour les seconds, on suppose qu'ils ont agi en vertu d'un choix délibéré, dont ils assument librement les conséquences.

Sortir de l'opposition caricaturale entre l'éducatif et le répressif

Or, cette partition est précisément inacceptable pour les mineurs : un « enfant » est, en effet, au sens

[1] Ce développement doit beaucoup à Dominique Youf, auteur de *Penser les droits de l'enfant* (PUF, 2000) et de *Juger, éduquer les mineurs délinquants* (Dunod, à paraître, 2009).

de la Convention, un être en cours de développement ayant besoin, à ce titre, « d'une aide et d'une assistance spéciales ». Parce qu'il se construit, le mineur délinquant doit donc toujours être regardé à la fois comme victime de déterminations sociales et comme auteur de ses propres actes, capable de se les imputer progressivement : ce travail avec lui sur l'imputation est une condition nécessaire afin que, selon les objectifs que Korczak lui-même assigne à son « tribunal », « s'il l'a fait par ignorance, il puisse désormais agir en connaissance de cause ; s'il l'a fait involontairement, il essaye, à l'avenir, d'être plus prudent ; s'il l'a fait parce qu'il n'arrive pas à se dégager de ses mauvaises habitudes, il en devienne capable ; s'il l'a fait à l'instigation d'un autre, la prochaine fois, il n'ait pas envie de l'écouter ». [1]

Le problème n'est donc pas d'opposer caricaturalement une vision gentiment compréhensive et une vision purement répressive des mineurs délinquants : il est de considérer l'activité de la justice pénale des enfants comme un travail « éducatif », au vrai sens du terme. Un travail radicalement différent, dans son principe et ses modalités, de ce que la justice fait avec des adultes – qu'on doit évidemment tenter de réinsérer, mais qui ne relèvent plus de l'éducation au sens strict du terme. La vraie ligne de fracture est là, au cœur de la Convention : dans l'exigence – conforme à nos principes constitutionnels – que les mineurs soient jugés par un tribunal différent de celui des majeurs, et avec un projet différent. Non point pour « mettre les gens à leur place », mais pour leur permettre de prendre leur place.

[1] Janusz Korczak, *Comment aimer un enfant*, Robert Laffont, 1998.

Non point en se contentant de garantir l'équité des peines infligées aux personnes en fonction de leurs fautes, mais en s'efforçant de créer des situations leur permettant de devenir progressivement des sujets lucides, autonomes et responsables. [1]

La justice des mineurs, parce qu'elle concerne des êtres dont la dangerosité peut être avérée mais dont l'éducation n'est pas achevée, ne peut renoncer à faire de l'éducation civique, au sens fort de cette expression, un de ses objectifs : une éducation civique qui suppose d'intégrer explicitement dans ses missions l'apprentissage des droits et devoirs du citoyen, la prise de conscience de la loi pénale et de ses conséquences, la recherche de sanctions qui permettent au sujet de se reconstruire et de s'amender, la mise en place de situations où un enfant mineur puisse se sentir appelé à grandir, à changer, à se projeter dans un avenir.

Fonder la justice des mineurs sur les droits des enfants

Au regard de ces missions, la question de l'emprisonnement reste, évidemment, très importante, mais elle n'est pas première : c'est un débat de méthodes. À cet égard, s'il est très grave de banaliser l'enfermement de l'enfant et de l'adolescent – en oubliant qu'il existe un ensemble d'autres mesures possibles, souvent bien moins coûteuses –, il est absurde de s'interdire a priori des modes de sanction-éducation qui passent par la redécouverte des fonctions symboliques de la contrainte. Qu'on doive toujours et systématiquement s'interroger

[1] C'est dans ce sens que s'exprime le Comité des droits de l'enfant des Nations Unies dans son « Observation générale n° 10 » (*Children's rights in juvenile justice*, 2007) : « La protection de l'intérêt supérieur de l'enfant signifie, par exemple, que les objectifs traditionnels de la justice pénale, comme la répression/rétribution, doivent céder la place à des objectifs de réadaptation et de justice réparatrice dans le traitement des enfants délinquants. Cela est conciliable avec le souci d'efficacité dans le domaine de la sécurité publique. »

sur le respect des droits de l'enfant dans les situations d'enfermement ne signifie pas qu'on doive y renoncer. Cela signifie que la dignité de l'enfant doit y être respectée et que la dimension éducative doit y être centrale.

La question première est en effet celle du projet que porte la justice des mineurs : éduquer ou mettre dans des cases ? Accompagner l'évolution possible d'un sujet ou assigner un délinquant à la reproduction de son passé ? C'est pourquoi, si on peut discuter de la pertinence de telle ou telle proposition technique du récent rapport Varinard [1], on doit condamner, comme Dominique Charvet, sa philosophie générale : « La commission Varinard ne veut plus d'enfants, elle supprime donc le mot dans l'appellation des juridictions ouvrant la voie à leur banalisation – ce qui est la vraie condamnation de la justice spécialisée [pour les mineurs]. Elle qui, en 1945, était conçue comme l'avenir de la justice des adultes. [...] Que voulons-nous faire de la société de demain ? [...] Une société séparée entre des majeurs et des mineurs coexistant dans la peur réciproque [...] ou une société dans laquelle il y a des adultes qui se considèrent comme responsables

[1] La commission présidée par André Varinard a remis, le 3 décembre 2008, un rapport sur la refonte de la justice des mineurs et de son texte fondateur, l'ordonnance du 2 février 1945. Ses principales préconisations sont la responsabilité pénale à 12 ans (au lieu de 13 ans aujourd'hui), l'instauration de sanctions éducatives pour les enfants de moins de 12 ans, le maintien de la responsabilité pénale à 18 ans, une réorganisation structurée en échelons, selon la gravité des fautes, pour la justice des mineurs. À partir de 12 ans, un mineur mis en cause pourrait être gardé à vue. L'incarcération serait possible, en fonction de la gravité de la faute, à partir de 12, 13 ou 14 ans ; il ne serait plus prévu de mesures alternatives aux poursuites. Pour consulter le rapport : www.premier-ministre.gouv.fr/chantiers/justice_856/rapport_varinard_sur_reforme_61850.html

d'enfants en devenir d'adultes et des enfants qui se sentent attendus comme les relais de l'avenir ? »[1]

Telle est la vraie question, effectivement. Mais nous en sommes bien loin aujourd'hui dans le débat public. Nous sommes le plus souvent, en effet, dans l'instrumentalisation politique, voire politicienne, de fantasmatiques collectives. Notre société a peur. Notre société n'a pas été capable de se donner des principes authentiquement démocratiques pour faire tenir les hommes ensemble. Notre société préfère chercher des boucs émissaires plutôt que de se remettre en question. Incapable de mettre en œuvre les droits fondamentaux que la Convention impose de donner aux enfants en matière de santé, de logement, d'éducation ou d'insertion, incapable de mettre un frein à l'exploitation des pulsions infantiles et à l'enrôlement des enfants dans la société marchande, elle accuse ceux qui se sont battus pour les droits de l'enfant d'avoir joué avec le feu : ils seraient coupables de notre démission collective et de la montée d'une barbarie juvénile sur laquelle nous n'aurions plus aucun contrôle. Visiblement, la Convention internationale des droits de l'enfant ne fait pas la loi aujourd'hui... Mais ses adversaires accusent les enfants, poussés par des adultes irresponsables, de faire, eux, la loi. Pas pour le meilleur, mais pour le pire !

Les droits accordés à l'enfant ont-ils ruiné notre société ?

[1] Dominique Charvet, ancien directeur de la Protection judiciaire de la jeunesse, « Au revoir les enfants, bonjour les délinquants », *Libération*, 28 décembre 2008.

3

Les droits de l'enfant : imposture ou exigence ?

Tant qu'il s'agit de protéger l'enfant en raison de sa fragilité propre et de lui accorder les « soins spéciaux requis » afin qu'il puisse se développer normalement, tout le monde semble d'accord.

En revanche, sur la manière de concilier les droits de l'enfant avec la nécessité de garantir l'ordre social, le débat est souvent vif : les uns, privilégiant la sécurité publique, considèrent que l'indulgence excessive à l'égard des mineurs est susceptible de la mettre en péril à court terme et d'en miner les fondements à long terme ; les autres affirment, au contraire, qu'il faut parier sur la prévention, privilégier la démarche éducative et accompagner l'enfant, afin qu'il devienne progressivement un citoyen autonome et solidaire ! Néanmoins, il reste possible de trouver une ligne de passage acceptable entre les uns et les autres : en réfléchissant sur les conditions pour qu'une sanction permette à une personne de se constituer comme un sujet qui assume la responsabilité de ses propres actes et peut ainsi retrouver une place dans le groupe.

Mais dès qu'on touche à la question des droits-libertés, la querelle s'enflamme et prend des proportions quasiment mythologiques![1] Comment la Convention peut-elle parler de la « liberté d'expression » de l'enfant et l'encourager à revendiquer le droit de manifester sa religion ou ses convictions, voire de constituer des associations et de « répandre des informations et des idées de toute espèce » ? Ne marche-t-on pas sur la tête ? Ne suppose-t-on pas déjà constitué ce qui ne peut advenir qu'au terme du processus éducatif? Ne s'interdit-on pas, tout simplement, d'éduquer ceux qui viennent au monde au nom d'un prétendu respect ? N'octroie-t-on pas des droits aux enfants pour éviter lâchement d'exiger d'eux qu'ils respectent leurs devoirs ? Pire encore : ces droits ne couvrent-ils pas pudiquement la démission d'adultes qui, n'étant plus certains de ce qu'ils doivent transmettre, se défaussent sur les enfants pour décider de l'avenir du monde ? Dans ce cas, on prendrait deux risques terribles : d'une part, de priver l'enfant de son « droit à l'enfance » – avec la part de nécessaire irresponsabilité qu'elle comprend – et, d'autre part, de le placer dans la posture du tyran, exigeant d'être pris au sérieux pour ses moindres caprices, régentant le monde jusqu'à décider lui-même du sort de ses parents et de ses éducateurs.

Le droit de l'enfant à la liberté d'expression : un déni de l'enfance ?

Ainsi, les défenseurs des droits-libertés des enfants – et les pédagogues qui les soutiennent – seraient-ils tout simplement les alliés objectifs des marchands du temple : à genoux devant

[1] Alain Finkielkraut, « La mystification des droits de l'enfant », *Les droits de l'enfant, actes du colloque européen d'Amiens, 8, 9 et 10 novembre 1990*, Amiens, CRDP, 1991. Voir aussi « La nouvelle statue de Pavel Morozov », *Le Monde*, 9 janvier 1991.

le crétinisme des « cultures jeunes », déniant perpétuellement leur propre autorité en des gymnastiques non directives, laissant les petits caïds et les grands monopoles faire la loi ! À terme, ce serait même la dictature qu'ils nous prépareraient, à l'image des pires récits de science-fiction : manipulés par des dictateurs peu scrupuleux, les enfants seraient sommés, comme dans *1984* de George Orwell, de dénoncer les adultes qui pensent mal, tandis que ces derniers seraient infantilisés, dans des stades ou ailleurs !

Certes, la charge reste le plus souvent dans le registre de la dénonciation abstraite, et se garde bien de regarder de près les pratiques éducatives concrètes de ceux et celles qu'elle cloue au pilori ! [1] Certes, ses zélateurs restent particulièrement avares de propositions précises et ne prennent que très rarement le risque de se frotter aux problèmes éducatifs des enfants et des adolescents les plus accidentés ou les plus difficiles. Mais il faut bien reconnaître que la démonstration ne manque pas de panache et que, pour certains de nos contemporains, en particulier les plus inquiets, elle fait mouche ! Impossible, donc, de l'écarter d'un revers de main. Elle mérite examen. [2]

Mais, pour cela, regardons justement de près ce que dit la Convention dans l'alinéa 1 de son article 12, à tous égards emblématique : « Les États

---

[1] En particulier celles des pédagogues, qui se coltinent au quotidien la rude tâche de faire découvrir aux enfants le caractère fondateur de la loi et la nécessité des règles pour apprendre ensemble. Voir, parmi beaucoup d'autres travaux, le beau livre de Sylvain Connac, *Apprendre avec les pédagogies coopératives – Démarches et outils pour l'école*, ESF éditeur, 2009.

[2] Voir, sur ce point, Philippe Meirieu, *Le pédagogue et les droits de l'enfant : histoire d'un malentendu*, Éditions du Tricorne, 2002.

Une liberté d'expression bien ambiguë... et bien encadrée !

parties garantissent à l'enfant qui est capable de discernement le droit d'exprimer librement son opinion sur toute question l'intéressant, les opinions de l'enfant étant dûment prises en considération eu égard à son âge et à son degré de maturité. » Si on veut bien admettre que cette formulation n'est pas simplement le fruit d'un compromis rédactionnel entre deux sensibilités, elle pose à l'évidence des problèmes particulièrement épineux : comment concilier « le droit d'exprimer librement son opinion » et la réserve majeure concernant la « capacité de discernement » ? Comment décider de prendre en considération l'opinion d'un enfant dès lors qu'on doit tenir compte pour cela de son âge et de son « degré de maturité »... et dès lors que la formulation même du texte laisse entendre qu'à âge égal on peut avoir divers degrés de maturité ? Et, enfin, comment définir les questions « l'intéressant » ? De quoi s'agit-il exactement ? Sont-ce les questions pour lesquelles il manifeste un intérêt, ou les questions qui le concernent ? Et comment spécifier, parmi l'immensité des questions qui le concernent, celles sur lesquelles il peut vraiment avoir un avis qu'il serait utile de prendre en compte ? Faut-il prendre en considération les opinions de nos enfants sur leur équilibre alimentaire ou les disciplines à leur enseigner à l'école ? Faut-il discuter systématiquement avec eux de la moindre activité quotidienne ? Faut-il se justifier et les convaincre du bien-fondé de toute décision qu'on serait amené à prendre pour eux ?

À première vue, la Convention pose, avec de telles formulations, plus de problèmes qu'elle n'en résout. On peut même considérer qu'elle introduit un brouillage préjudiciable à la fois aux enfants et aux adultes. Pour les uns et les autres, en effet, comme pour le fonctionnement de toute société, il est nécessaire de stabiliser une frontière commune, facilement identifiable, entre l'état d'enfance – où la personne est dépendante des adultes qui sont responsables d'elle et reste assujettie à leurs décisions – et l'état d'adulte – où elle peut clairement s'en émanciper. Tous les parents peuvent mesurer à quel point la clarté, dans ce domaine, est génératrice de sérénité et permet d'éviter bien des conflits inutiles : « Quand est-ce que je pourrai partir de la maison, décider d'arrêter mes études, me marier sans autorisation de quiconque, dépenser librement l'argent dont j'ai hérité ? – Quand tu seras majeur(e), tout simplement ! Ce n'est pas moi qui en ai décidé, c'est ainsi ! C'est une règle imposée par la société ! »

La nécessité d'une distinction claire entre l'état d'enfant et l'état d'adulte

Il y a bien évidemment une part d'arbitraire dans le fait de placer ainsi une césure à un âge donné. La preuve en est que d'autres pays ne l'ont pas placée au même endroit. De plus, la loi étant par définition la même pour tous, on ignore les situations singulières et le fait qu'il peut exister, comme le souligne la Convention, des degrés de maturité différents au même âge légal. [1] Mais l'essentiel est que, même discutable, cette frontière existe. Elle constitue un cadre sécurisé qui permet aux enfants et aux parents de « savoir à quoi s'en tenir ». Ils peuvent, bien sûr, discuter de tel ou tel aménagement nécessaire – la loi ne dit pas à quel âge un

[1] La loi prévoit des exceptions et envisage, par exemple, la possibilité de l'émancipation ; mais, même dans ces cas-là, les individus n'entrent jamais dans le cadre de la loi au titre de leur singularité – irréductible et insaisissable par le juridique – mais au titre de leur appartenance à une catégorie, autrement dit « en tant que ».

enfant peut décider de faire de la trompette ou de rentrer après minuit ! –, mais cette discussion est possible justement parce qu'il existe des bornes : pour pouvoir déplacer un curseur, il faut qu'il y ait des repères… et un curseur !

Mais au-delà du point d'appui que représente dans les relations entre les générations la frontière entre la minorité et la majorité, cette distinction est essentielle sur le plan de la philosophie politique, comme l'a bien montré Hannah Arendt[1]. Pour cette dernière, le rôle de l'éducation est simultanément d'introduire l'enfant dans le monde et de garder intact son pouvoir de « renouveler le monde » une fois adulte. Dans ces conditions, il est absurde d'affirmer, par exemple, que les enfants pourraient choisir ce qu'ils doivent apprendre : les enfants doivent apprendre la langue que parlent leurs parents ; ils doivent apprendre les disciplines scolaires que leurs enseignants considèrent comme nécessaires pour leur développement. Ils doivent délibérément « être éduqués » par des adultes qui assument sereinement leur responsabilité. Inutile donc de solliciter l'opinion des enfants sur tout et rien, au risque de ruiner toute véritable éducation.

De plus, « la ligne qui sépare les enfants des adultes, explique Hannah Arendt, devrait signifier qu'on ne peut ni éduquer les adultes, ni traiter les enfants comme des grandes personnes ».[2] Cette ligne est même constitutive de l'existence de toute démocratie : elle garantit qu'on se donne les moyens

---

[1] « La crise de l'éducation », *La crise de la culture*, Gallimard, Folio, 1991.

[2] *Idem.*

de former les citoyens avant qu'ils ne soient reconnus officiellement comme tels et que, contrairement à ce qui se passe dans les régimes totalitaires, on s'interdit d'« éduquer les adultes » : quel adulte en effet, et au nom de quelle investiture, peut s'arroger le droit d'éduquer ses semblables, c'est-à-dire de définir « ce qui est bon pour eux » ? Certes, les adultes doivent continuer à apprendre, mais ils doivent le faire, contrairement aux enfants, en décidant eux-mêmes de ce qu'ils vont apprendre.

Pas de démocratie possible sans une « ligne de partage » entre l'enfant et le citoyen

Effectivement, sur le plan politique, Hannah Arendt a indiscutablement raison. Toute démocratie suppose une frontière à partir de laquelle on considère l'individu en tant que citoyen, donc capable de participer à la vie sociale. Cette frontière est nécessairement arbitraire, fixée à partir d'un âge donné, liée à un rite initiatique particulier ou identifiée à l'entrée dans une activité spécifique, un niveau d'études ou le travail salarié, par exemple.

Peu importe, finalement, ce qui constitue la césure : l'essentiel, c'est qu'à un moment bien repéré on considère qu'un individu peut participer pleinement à la décision collective ; nul n'a le droit, alors, en dehors des instances juridiques compétentes, de récuser la voix de quiconque sous le prétexte qu'il est mal éduqué, qu'il est pas vraiment conscient de ses actes ou qu'il ne serait pas assez mature. On ne peut pas plus renvoyer un adulte dans l'immaturité qu'on ne peut précipiter un enfant dans la responsabilité civique de manière prématurée. C'est pourquoi la frontière entre la minorité et la majorité doit non seulement être maintenue, mais renforcée : il serait même très important, à nos yeux, de la marquer symboliquement de manière forte, comme on commence à le faire, ici ou là, par la remise officielle des cartes d'électeurs, par exemple. Toutes les sociétés ont besoin de rites fondateurs, la nôtre doit en inventer un pour marquer l'entrée dans le statut de citoyen de plein exercice. Tant qu'elle ne l'aura pas fait, il ne faudra pas s'étonner qu'un certain nombre de jeunes adultes ne se perçoivent pas comme participants du « pacte social » démocratique.

Un enfant immature, protégé et éduqué… ou un enfant déjà considéré comme un adulte ?

Dans ces conditions, ne doit-on pas récuser radicalement les termes de la Convention et considérer qu'en prônant la « liberté d'expression » de l'enfant et la nécessité de « prendre son avis en considération », elle relève de l'imposture et témoigne d'une véritable démission des adultes ? D'autant plus que le texte dans son ensemble est tout entier construit sur la nécessité de distinguer l'état d'enfant de l'état d'adulte, afin de définir, en regard des droits des enfants, les devoirs qui incombent aux adultes. Aucun texte ne marque plus fermement l'importance de « la ligne qui sépare les enfants des adultes ». Mais alors, pourquoi octroyer aux enfants des droits qui, justement, relèvent des prérogatives des adultes ? [1] La Convention ne joue-t-elle pas en permanence, comme l'affirme Alain Finkielkraut [2], sur deux registres, « deux principes difficilement conciliables, deux exigences disjointes » : d'un côté, la nécessité de protéger l'enfant pour tenir compte de sa fragilité particulière et, de l'autre côté, sa

[1] Voir l'analyse d'Alain Renaut, qui, tout en reconnaissant le caractère très positif de la Convention, évoque à son sujet un problème de cohérence interne dans la représentation de l'enfant qui la sous-tend (Alain Renaut, *La libération des enfants*, Bayard/Calmann-Lévy, 2002).

[2] Alain Finkielkraut, « La mystification des droits de l'enfant », *Les droits de l'enfant, actes du colloque européen d'Amiens, 8, 9 et 10 novembre 1990*, Amiens, CRDP, 1991.

reconnaissance a priori comme sujet capable de penser par lui-même… ce que, précisément, il n'est pas encore ?

Ainsi, demandent les adversaires de la Convention, n'est-on pas en contradiction quand on prétend respecter la liberté de pensée, d'opinion et d'expression de l'enfant, puis qu'on affirme solennellement dans les articles 28 et 29 le « droit à l'éducation » et qu'on explique même que celle-ci vise à « inculquer à l'enfant le respect de ses parents, de son identité, de sa langue et de ses valeurs culturelles, ainsi que le respect des valeurs nationales du pays dans lequel il vit, du pays duquel il peut être originaire » ? Comment concilier la liberté de conscience et le droit à l'expression, d'un côté, avec l' « inculcation » du respect de l'autorité de sa famille et des traditions de sa culture, d'autre part ? Ne nage-t-on pas en pleine incohérence ? Et au bout du compte, interrogent les partisans du retour aux fondamentaux, ne doit-on pas simplement revenir aux bonnes vieilles évidences : « Un enfant est un enfant et n'a qu'un véritable droit : celui d'être éduqué par des adultes qui exercent sur lui une autorité, dont il ne pourra s'affranchir qu'à sa majorité » ?

Mais les choses, en réalité, ne sont pas aussi simples !

L'éducation, corollaire de la liberté

Il ne faut pas oublier, en effet, que l'enfant qui vient au monde est un être inachevé, incapable de survivre si on ne lui transmet pas les clés de ce monde. Cette dépendance – qui nous assigne bien, comme le dit la Convention, à une forme d'inculcation – n'est pas le contraire de la liberté, mais sa condition. L'animal, à sa naissance, est bien plus déterminé que le petit d'homme – l'abeille est consubstantiellement royaliste : nul n'a jamais vu une abeille démocrate ! –, mais l'enfant, lui, doit apprendre tout ce qui lui permettra de survivre et de vivre avec les autres sans basculer dans le chaos et l'anéantissement réciproque. Et c'est précisément parce que son langage, ses comportements, ses croyances et ses valeurs sont de l'ordre de l'acquis – et non d'un donné dans lequel il resterait enfermé – qu'il pourra s'en émanciper. Pas d'incompatibilité a priori entre l'inculcation et la liberté, mais une profonde solidarité, au contraire. Aucune liberté ne peut émerger du vide ; toute liberté se construit en s'appropriant des données qu'on réussit à mettre à distance et avec lesquelles on construit progressivement une relation de libre adhésion ou de rejet réfléchi.

Le rite de passage : aboutissement d'une maturation

On dira alors que, justement, il faut distinguer fermement le temps de l'inculcation – l'enfance – de celui de l'émancipation – l'accès à la majorité. Mais ce serait ignorer que le développement de la personne, même scandé par des étapes identifiées, reconnues et officielles, reste un continuum qu'il faut accompagner sur la durée : l'existence légitime d'une frontière juridique ne doit pas nous faire oublier la continuité psychologique de l'histoire d'un sujet, ni le fait qu'il devra tout au long de son existence, de sa naissance à sa mort, articuler ce qu'il décide de devenir avec ce qu'il a reçu en héritage. D'autant plus que les capacités et les compétences nécessaires à l'exercice d'une majorité citoyenne ne peuvent apparaître miraculeusement à l'occasion de rites de passage, aussi marqués symboliquement soient-ils.

Seuls les sacrements, dans un cadre strictement religieux, octroient instantanément un pouvoir à ceux et celles qui se soumettent au rite. Mais, même là, on n'exonère jamais vraiment personne d'une préparation souvent longue et laborieuse. Et quand on constate l'importance symbolique d'un événement pour permettre l'accès assumé à un nouveau statut, on ne peut ignorer que c'est tout un cheminement qui y a conduit. L'adoubement ne se pense pas sans la préparation, la mobilisation, l'entraînement et la méditation, dans un long cheminement où seuls les sots croient que le symbole opère une transsubstantiation quand il n'est qu'un signe de reconnaissance et de socialisation de ce qui a requis une lente maturation.

C'est pourquoi la nécessaire distinction entre l'adulte – citoyen de droit – et l'enfant – citoyen en formation – n'abolit pas, mais fonde la nécessité de la formation du citoyen, et cela pour tous les enfants et dès la plus petite enfance. C'est parce qu'il existe une frontière qu'il faut apprendre à la franchir. C'est parce que son franchissement, quelle que soit sa portée symbolique, n'abolit pas la nécessité d'un long cheminement que chaque pas doit déjà constituer une émancipation minuscule, mais essentielle. Et c'est parce que chaque pas nécessite un effort pour mobiliser un *donné* (ce que je suis) dans un *projet* (ce que je veux) en se représentant un *avenir* (ce qui est possible et souhaitable) que l'enfant a tant besoin de nous.

Dix principes pour comprendre ce que signifient « la liberté d'expression » de l'enfant et la formation du citoyen

À partir de là, posons donc, en termes pédagogiques et non plus juridiques, les principes permettant de penser la question du droit qu'a tout enfant à s'exprimer et à voir ses avis pris en considération :

- Principe n° 1 : Toute société détermine l'âge à partir duquel ses enfants sont reconnus comme citoyens à part entière. C'est l'âge de la majorité civile. Cet âge est fixé à dix-huit ans par la Convention internationale des droits de l'enfant.

- Principe n° 2 : L'accès à la majorité civile constitue un sujet comme membre de droit du corps social. Dans un régime démocratique, celui-ci s'inscrit donc, à partir de cet âge-là, dans le « pacte social » au sens donné à ce terme par Jean-Jacques Rousseau : le sujet est libre d'exprimer ses opinions et ses avis, dès lors qu'ils ne sont pas attentatoires à la dignité des personnes ; il participe, sur le principe « un homme, une voix », aux décisions collectives, « mais il est contraint de se soumettre à la règle majoritaire ». En cas de refus, l'État, incarnation de la société de droit, est fondé à le sanctionner.

- Principe n° 3 : Avant son accès à la majorité civile, l'enfant n'est pas un sujet de droit au sens strict du terme. La société peut lui accorder des droits en matière de protection (en particulier contre toutes les formes de mauvais traitements), des droits en matière de possibilités offertes (comme le droit de conduire un engin à moteur ou d'occuper un emploi salarié), mais l'enfant n'est pas partie prenante du collectif démocratique qui statue sur son propre avenir.

- Principe n° 4 : L'accès à la majorité citoyenne représente une promotion déterminante pour un sujet et une césure forte dans son histoire. Cet événement doit donc être identifié très tôt, préparé méthodiquement et marqué symboliquement. Cela suppose non seulement une éducation civique systématique et un enseignement du droit, mais aussi la mise en place d'un véritable rituel d'entrée dans la citoyenneté.

- Principe n° 5 : En amont, et dès sa naissance, l'enfant doit être entendu à travers les différentes manifestations qui lui permettent de s'exprimer. Mais l'entendre ne signifie nullement l'approuver, ni a fortiori lui donner systématiquement satisfaction. L'entendre, c'est le reconnaître comme un sujet en formation, et non comme un objet en fabrication ; c'est se rendre disponible à ses réactions et les ressaisir dans une interaction ou dans une interlocution. L'entendre, c'est lui reconnaître son droit à s'exprimer tout en se réservant le droit de décider. [1]

- Principe n° 6 : Au fur et à mesure qu'il grandit, l'enfant doit être amené à vivre des situations familiales, sociales et scolaires qui requièrent son engagement. Ces situations se caractérisent par le fait qu'elles ne peuvent réussir pleinement que si l'enfant s'y implique et y assume une

[1] Concernant les très jeunes enfants, il faut rappeler ici les propos de Françoise Dolto, trop souvent déformés : « L'enfant a besoin de limites pour se sentir en sécurité. Mais qu'il ne puisse pas faire tout ce qu'il désire n'implique pas qu'il ne puisse pas exprimer ses désirs, ses joies, ses peines. Le langage préexiste à la parole, il est avant la parole, dans les mimiques, les gestes, les activités corporelles et sensorielles, et les passivités, par lesquels des complicités de sens s'établissent entre l'enfant et son entourage. [...] Tout se passe comme s'il y avait une compréhension directe de ce que nous voulons communiquer à l'enfant, dès lors qu'il sent le respect et la considération qu'on lui porte, en lui parlant comme à un égal. [...] C'est en parlant à un bébé comme à un adulte, qui comprend ce que nous lui disons, que nous l'ouvrons au langage parlé. » (*Les étapes majeures de l'enfance*, Folio-Essais, 1998). Et, effectivement, si l'on attendait que les enfants sachent parler pour leur parler, ils ne parleraient jamais !

part de responsabilité. L'adulte est ainsi amené progressivement, non plus seulement à « faire pour », mais aussi à « faire avec ».

- Principe n° 7 : Dans ces situations, il revient à l'adulte de favoriser l'émergence d'une réflexion sur l'action. Pour cela, l'enfant doit être non seulement autorisé, mais aussi encouragé, à s'exprimer. Cette expression doit s'effectuer dans un cadre éducatif qui permette à l'enfant de se dégager de la pure réactivité. Ce n'est pas respecter la parole de l'enfant que de totémiser ses réactions pulsionnelles immédiates. C'est la respecter, en revanche, que de l'aider à surseoir à son impulsivité, de lui donner du temps pour réfléchir, de l'accompagner par une reformulation bienveillante, etc. Le droit de l'enfant à l'expression est inséparable du devoir de l'adulte de créer les conditions pour que cette expression soit portée par une exigence de justesse et de précision, inscrite dans une réflexion, assumée dans un engagement délibéré.

- Principe n° 8 : Au fur et à mesure qu'il grandit et s'implique dans des situations sur lesquelles il est amené à s'exprimer, l'enfant doit avoir prise sur des décisions individuelles et collectives et se former ainsi à l'exercice de citoyenneté. À cet effet, il revient à l'adulte de distinguer précisément ce qui relève de la délibération enfantine de ce qui n'est pas négociable. La formation du citoyen dans une société démocratique impose tout autant de ne pas leurrer les enfants sur des pouvoirs qui relèvent des citoyens de plein exercice que d'identifier des objets et de délimiter des espaces où les enfants peuvent prendre de vraies décisions sous la responsabilité de l'adulte.

- Principe n° 9 : Aider des enfants à prendre des décisions, c'est tout à la fois repérer les domaines dans lequel il existe un choix réel entre des possibles, mettre en place les conditions qui leur permettent de délibérer et les accompagner afin qu'ils puissent tenir leurs décisions dans la durée, assez longuement pour explorer vraiment un scénario, en réexaminant les choses à temps pour ne pas compromettre leur avenir. Parce qu'il doit se former, un enfant doit apprendre à prendre des risques. Parce qu'il reste fragile et inachevé, l'adulte doit lui garantir que ces risques ne le mettent pas en danger.

- Principe n° 10 : Le droit de l'enfant à l'expression et à la prise en compte de ses avis ne signifie en rien la démission de l'adulte. Tout au contraire, permettre à l'enfant de s'exprimer et de s'impliquer dans sa propre histoire est un travail éducatif de tous les instants. Il requiert une attention, une présence, une inventivité et une rigueur persévérantes. Mais former un citoyen pour une société démocratique est à ce prix.

On peut donc, maintenant, reformuler l'idée maîtresse de l'article 12 de la Convention : « Nous devons garantir à l'enfant le droit d'exprimer ses opinions dès lors que nous créons les conditions pour qu'il puisse accéder à la réflexion et à une formulation rigoureuse. Les avis de l'enfant doivent, par ailleurs, être pris en considération dès lors qu'ils concernent un domaine où il peut exercer des choix réfléchis. » Certes, ces formulations ne sont guère

Le « droit à l'expression » et le devoir de créer les conditions de cette expression utilisables sur le plan juridique, et on comprend bien que les rédacteurs de la Convention leur aient préféré un texte au caractère plus général. Mais elles sont sans doute plus opérationnelles pour les éducateurs.

Peut-être certains d'entre eux vont-ils, d'ailleurs, les trouver trop restrictives... Mettre des conditions éducatives à l'expression des enfants, n'est-ce pas bâillonner ceux et celles qui n'auront pas la chance d'être accompagnés ? N'est-ce pas également ouvrir la porte à l'arbitraire et autoriser toute forme de censure, dès lors qu'on pourra arguer que l'expression des enfants n'est ni assez réfléchie, ni assez rigoureuse ? Certes, si on s'inscrit dans une vision juridique étroite et qu'on s'en tient à statuer sur l'existant. Mais les droits de l'enfant n'ont pas seulement pour vocation de définir l'acceptable ; ils ont aussi pour projet de nous inviter à préparer l'avenir. Ils ne sont légitimes que parce qu'ils nous interpellent et nous mobilisent !

Le droit de l'enfant à l'expression en famille

Mobilisons-nous donc pour que, dans la famille, l'enfant puisse accéder à l'expression réfléchie à travers toutes les occasions de la vie quotidienne : c'est le cas chaque fois qu'on s'efforce de « faire ensemble », chaque fois qu'on quitte le face-à-face pour s'atteler en commun à une tâche, pour communiquer à partir de ces médiations infiniment précieuses que sont aussi bien la lecture d'un album de littérature de jeunesse que la préparation d'un gâteau au chocolat ou la recherche d'un itinéraire de vacances sur Internet...

Mobilisons-nous aussi pour qu'en classe, les élèves puissent réfléchir systématiquement aux meilleures conditions pour travailler et apprendre ensemble. En lieu et place des caricatures de « démocratie » – où l'on octroie généreusement aux délégués d'élèves le droit de réfléchir à l'emplacement des bancs dans la cour ou au règlement du garage à vélos –, imaginons de vrais temps de concertation, où puissent être discutées les méthodes pédagogiques : vaut-il mieux plus de travail individuel ou de travail de groupe ? Faut-il introduire plus d'exercices d'application, mieux stabiliser les définitions, donner plus d'exemples, consacrer plus de temps à la mémorisation ? Quelle place pour la recherche documentaire ? Comment organiser les emplois du temps et les évaluations ? Quelles règles sont-elles nécessaires pour permettre un bon fonctionnement de la classe au travail ?

Le droit de l'enfant à l'expression à l'école

Car, si la définition des finalités de l'école appartient aux citoyens et le choix des programmes à l'État, la manière d'apprendre et de travailler, comme la réflexion sur les exigences qui permettent de garantir l'expression de chacun et la réussite de tous, doit s'effectuer dans des cadres où les élèves – les premiers concernés – puissent s'exprimer et s'impliquer. C'est possible dès l'école maternelle et cela doit être poursuivi tout au long de la scolarité. À condition, bien sûr, que les objets sur lesquels débattre soient clairement identifiés, la méthode du débat stabilisée et la responsabilité de la décision précisée d'emblée : rien ne serait plus générateur de confusions que d'entretenir des doutes sur ce qui peut être débattu et décidé collectivement…[1]

[1] C'est dans ce sens qu'il faudrait revoir absolument le rôle des délégués d'élèves et des conseils de la vie lycéenne (CVL), pour qu'ils organisent une

Le droit de l'enfant à l'expression dans ses choix d'orientation

Travaillons aussi, inlassablement, pour que les choix d'orientation s'effectuent de la manière la plus informée possible : à partir d'une vraie connaissance des secteurs disciplinaires et professionnels, en pesant les chances et les risques, en imaginant divers scénarios, en envisageant les recours possibles en cas d'échec ou de difficulté.

Aujourd'hui, nous vivons un étrange paradoxe : les élèves les plus en difficulté et les moins armés sont contraints bien plus tôt que les autres d'effectuer des choix d'orientation, parfois irréversibles. Dans certains cas, ils les effectuent à l'aveuglette, sans aucune représentation claire de ce qui les attend ; parfois même, la décision leur échappe complètement et leur sort est entièrement scellé par des opportunités institutionnelles.

Cette situation est non seulement contraire à la Convention [1], mais aussi génératrice d'injustices, de rancœurs et de vies gâchées. C'est pourquoi il est si important d'introduire, tout au long de la scolarité, une véritable « éducation au choix ».

Il faut permettre à l'élève d'effectuer régulièrement des choix réfléchis (entre deux exercices, plusieurs méthodes de travail, diverses démarches d'apprentissage, différents enseignements, etc.) afin

vraie réflexion sur les modalités de la scolarité avec l'ensemble des élèves et s'impliquent dans un dialogue constructif avec les professeurs et les cadres éducatifs de l'établissement. Quant à la représentation des élèves par les délégués dans les conseils de classe qui décident du sort de chacun, elle relève d'un « droit » mal compris : un mineur ne peut avoir délégation sans mandat pour décider du sort de ses pairs. En revanche, il serait absolument nécessaire que tout élève puisse assister et s'exprimer sur son propre cas au conseil de classe, au nom du « droit à l'expression sur toute question le concernant », mais dès lors, bien sûr, que ce droit ferait l'objet d'une formation et d'une préparation appropriée.

[1] La Convention affirme, dans son article 28, la nécessité de garantir l'accès de tous les enfants « à l'information et à l'orientation scolaire et professionnelle ».

qu'il puisse s'interroger sur les raisons de ses décisions, évaluer leur pertinence et apprendre à rectifier sa trajectoire.

Il faut aussi, avant chaque choix important, lui permettre de véritables rencontres avec les différents éléments entre lesquels il aura à choisir : les « classes de détermination », comme la classe de seconde au début du lycée, doivent pour cela retrouver leur vocation première et être véritablement des classes de découverte. Une scolarité où l'on ne choisit que dans le cadre de paliers d'orientation qui arrivent comme des couperets, sans jamais avoir appris à choisir avant, ne remplit pas sa mission de formation. Elle n'offre à l'élève qu'une pseudoliberté qu'il est incapable d'assumer. Elle le prive de l'accès à la véritable liberté : celle qui consiste à délibérer en connaissance de cause pour pouvoir s'engager avec la conscience des enjeux.

Le droit de l'enfant à l'expression dans les instances juridiques

Travaillons, enfin, pour que, dans toutes les instances où l'on est amené à solliciter l'avis des enfants, en particulier dans le domaine juridique, on s'assure que du temps a été pris pour éviter la réaction pulsionnelle, qu'un adulte a pu être là pour entendre, apaiser, permettre une reformulation distanciée ou une interlocution sereine. Clarifions aussi les choses, obstinément : quand des parents se séparent, le juge a l'obligation aujourd'hui d'entendre tout enfant mineur qui souhaite s'exprimer sur la question de sa résidence, mais il n'est aucunement contraint de se ranger à l'avis de l'enfant. C'est le juge qui décide. [1] Et il est bon qu'il en soit ainsi : cela ne constitue en rien une limitation de la liberté

[1] Aux termes de la loi, un enfant mineur ne peut jamais décider de lui-même avec quel parent il va vivre (c'est là une règle fondamentale que la justice met en

d'expression de l'enfant, mais bien au contraire, c'est cela qui l'autorise. Et c'est cela qui permet à l'enfant de comprendre et d'intégrer ce qu'est le fonctionnement démocratique d'une société.

Ainsi la Convention internationale des droits de l'enfant articule-t-elle très étroitement l'affirmation d'une frontière décisive entre l'enfant et l'adulte avec l'impératif d'une écoute construite de l'enfant et de sa formation citoyenne. La mise en œuvre des droits de l'enfant devient, dans ces conditions, une exigence fondatrice de la démocratie.

œuvre au nom de l'« intérêt supérieur de l'enfant »), mais le juge doit entendre l'enfant qui le souhaite, quel que soit son âge, en lui permettant de bénéficier, le cas échéant, d'un avocat désigné par le bâtonnier et de l'aide juridictionnelle à 100 % (c'est là une règle fondamentale que la justice met en œuvre au nom du « droit de l'enfant à l'expression sur toute affaire le concernant »). Le juge doit parvenir à décider en gérant au mieux cette tension.

4

Dépister ou éduquer ?

Nous voici sans doute revenus au temps des grandes peurs. Peut-être, en réalité, ne nous ont-elles jamais vraiment quittés ? Peut-être même l'inquiétude ne nous a-t-elle jamais abandonnés depuis les temps lointains où nous craignions que nos enfants, séduits par quelques imposteurs habiles, ne saccagent notre héritage et mettent le monde cul par dessus tête, avant de courir immanquablement à leur perte ? Les croisés de 1212, les bandes de « sans aveu » du XVIIe siècle, les gangs d'Apaches du début du XXe siècle, les « blousons noirs » plus récemment, les « lascars », voire « la racaille » aujourd'hui, témoignent à travers notre histoire de cette permanence d'une forme de sédition enfantine qui semble résister à toutes nos entreprises de domestication, caritative, policière ou scolaire. Comme si toutes nos velléités de contrôle buttaient sur un noyau dur d'insubordonnés. Comme si nous étions condamnés à nous protéger, pour survivre, d'une partie de notre progéniture.

Les êtres que nous créons nous menacent toujours

Dans un autre registre, tout aussi significatif, la littérature ne cesse de nous rappeler à quel point ceux et celles que nous créons et croyons contrôler représentent toujours pour nous une terrible menace.

La tradition juive évoque le personnage étrange du Golem : serviteur chargé des basses besognes, il ne reste docile que peu de temps... Dès qu'il commence à grandir, il devient un monstre que son maître ne peut plus contrôler : il faut alors le détruire, au risque qu'il détruise le monde.

Le docteur Frankenstein fera, lui, la terrible expérience d'une créature désespérément en quête d'identité et qui finit par se retourner contre son créateur. Scénario indéfiniment repris dans toutes les œuvres de science-fiction, de *L'île du docteur Moreau* d'H.-G. Wells à *Robocop* (un film réalisé par Paul Verhoeven en 1987) ou *Blade Runner* de Ridley Scott, en 1982, jusqu'à la multitude de sagas de toutes sortes, qu'elles relèvent des comics américains, des mangas japonais ou de la grande mythologie hollywoodienne, comme *Star Wars.*

Et, chaque fois, c'est la même histoire : alors que les créateurs croient assujettir des êtres dévolus à pérenniser leur œuvre, ils se trouvent confrontés à des monstres qui n'ont de cesse de les anéantir. Alors qu'ils imaginent pouvoir programmer leur progéniture et leur interdire à jamais de les dominer, ils doivent faire face à des adversaires sans pitié, prêts à tout pour les précipiter, avec toutes leurs œuvres, dans le chaos de la barbarie. Comme si la rivalité, la trahison et la mort nous attendaient en embuscade au bout de toutes nos tentatives de « reproduction ». Comme si nous étions condamnés par ceux-là mêmes à qui nous voulons confier notre avenir. [1]

[1] Voir Philippe Meirieu, *Frankenstein pédagogue*, ESF éditeur, nouvelle édition 2007.

Mais il est une autre histoire où l'insubordination de la créature, sans être de tout repos, nous laisse entrevoir quelque espérance, une histoire célèbre s'il en est : *Pinocchio*. On se souvient que le pantin le plus célèbre du monde n'est, à l'origine, qu'une bûche arrivée par hasard, un soir d'hiver, dans l'atelier d'un menuisier, Maître Cerise. Ce dernier veut en faire un pied de table, mais abandonne vite son projet quand, au premier coup de hache, il entend une étrange petite voix : « Mais d'où a bien pu sortir cette petite voix qui dit aïe ? Ce n'est tout de même pas ce morceau de bois qui aurait appris à pleurer et à se plaindre comme un enfant ? »

« Pinocchio », un grand roman d'éducation

Partisan du moindre risque, Maître Cerise se débarrasse vite de l'encombrante bûche auprès de son compère Geppetto, qui venait précisément lui demander de quoi faire un pantin : « J'ai imaginé de me fabriquer, de mes propres mains, un beau pantin de bois ; mais un pantin merveilleux, qui saurait danser, manier l'épée et faire le saut périlleux. Je ferai le tour du monde avec ce pantin pour gagner mon quignon de pain et mon verre de vin. » Invraisemblable, ce Geppetto ! Il veut construire un bonhomme articulé qui lui obéisse au doigt et à l'œil, qui exécute scrupuleusement les exercices qu'il lui prescrit, dont il puise exhiber les résultats aux yeux du monde... et qui lui permette de gagner sa vie ! A-t-on jamais vu pareil projet ? Tellement extravagant que Geppetto va devoir subir, pendant toute la fabrication de Pinocchio, les pires avanies, jusqu'à la déception fatale : « Pinocchio avait les jambes engourdies et ne savait pas s'en servir, aussi Geppetto le tenait-il par la main et le guidait-il pour lui apprendre à mettre un pied devant l'autre. Quand ses jambes se furent bien dégourdies, Pinocchio commença à marcher tout seul et à courir à travers la pièce ; et, brusquement, il prit la porte, bondit dans la rue et s'enfuit... »

S'ouvre alors une histoire extraordinaire, où se côtoient des êtres étranges sortis d'un bestiaire fabuleux, des personnages de la commedia dell'arte et de modestes paysans de Toscane. Le pantin rebelle imaginé par Collodi commence par faire jeter Geppetto en prison : « Fils indigne, s'écrie l'homme ! Et dire que j'ai pris tant de peine à faire de toi un bon pantin ! Mais je n'ai à m'en prendre qu'à moi ! Il fallait réfléchir avant qu'il ne soit trop tard ! » Vraie plainte et faux regrets : on souffre toujours de l'ingratitude de sa progéniture, mais on reste quand même secrètement fier de l'avoir mise au monde !

Pinocchio aura droit, bien sûr, aux leçons de morale du Grillon parlant [1] : « Malheur à ces enfants qui se rebellent contre leurs parents ! » Bien mal acquis ne profite jamais. L'oisiveté est mère de tous les vices. Personne ne croit plus le menteur, même quand il dit la vérité... Il faut évidemment laisser le Grillon parlant faire la leçon. Même si ses formules, frappées au coin du bon sens, ne suscitent que la raillerie des garnements. Car les hommes ont besoin de transmettre ces formules rituelles, tant pour se rassurer eux-mêmes que pour laisser une empreinte aux générations qui viennent. Il faut bien s'accrocher à quelques principes qui permettent de ne pas complètement se laisser emporter dans la tourmente des arrangements quotidiens. Quelques

---

[1] Il faut se référer, évidemment, à la version originale du texte, et non à l'adaptation de Walt Disney, qui a considérablement affadi les personnages et banalisé le récit.

principes qu'on caresse du regard comme de vieux objets de collection, bien à l'abri dans une vitrine. Des principes qui nous sont chers, dit-on. Et qu'on léguera à nos enfants pour qu'ils les conservent et, avec un brin de nostalgie, les contemplent et les transmettent à leur tour pour se consoler de ne pas les avoir appliqués.

Les leçons de morale ne servent pas à grand-chose

Mais les leçons du Grillon parlant n'ont pas beaucoup d'effets éducatifs immédiats, ni sur Pinocchio, ni sur quiconque ! D'ailleurs, le Grillon lui-même l'avoue naïvement : « Tu comprendras quand tu seras grand ! » Mais il insiste malgré tout : « Il vaut mieux que tu saches que, si tu ne suis pas mes conseils, tu finiras à l'hôpital ou en prison ! » Peine perdue : Pinocchio, fou de rage, lui lance un marteau à la tête. « Peut-être ne pensait-il pas même le toucher, mais, par malheur, le coup l'atteignit, si bien que le pauvre Grillon eut à peine la force de faire cri-cri, et puis resta là tout raide, collé au mur. » Avec une telle racaille, les leçons de morale ne portent guère ! Du moins, pas tout de suite !

Pinocchio se lance alors dans d'extravagantes aventures. Il découvre très vite que les caprices ne se réalisent pas par la simple magie de la volonté, fût-elle tout entière tendue vers un objet de convoitise. Deuil nécessaire pour tout enfant : il n'est pas un magicien et il a beau fermer les yeux et penser très fort à quelque chose, il ne parvient pas à le faire apparaître. Mais deuil difficile et nostalgie qui sans cesse affleure dès qu'on touche de près à la difficulté des tâches humaines. Pinocchio voudrait bien pouvoir se nourrir sans avoir à gagner sa vie, s'amuser sans jamais travailler, demander et obtenir tout, tout le temps... Pas étonnant, dans ces conditions, qu'il écoute plus volontiers les propositions du Renard et du Chat que les conseils du Grillon parlant. Même l'affection de la petite fille aux cheveux bleus ne parvient pas à le décourager de partir pour le Pays des jouets, lieu de cocagne où, comme le lui explique Lumignon, « l'enfant le plus paresseux et le plus indocile de toute l'école », on passe « ses journées à s'amuser du matin au soir, [...] où les vacances commencent le 1er janvier et finissent le 31 décembre, [...] où les enfants ne sont jamais obligés de travailler » !

Transformé en âne, embauché par un cirque, blessé et jeté à la mer, Pinocchio ressuscitera en petit pantin. Mais ce ne sont pas encore ces épreuves qui lui permettront de devenir un vrai petit garçon. Pour cela, il faudra qu'il rejoigne son père, prisonnier dans le ventre du grand requin.

Devenir grand : une longue histoire

Geppetto est là, à bout de forces. Les vivres et les chandelles laissées par un navire englouti s'épuisent. Il ne sait pas nager et désespère de pouvoir sortir de l'antre du monstre. Pinocchio, alors, prend la bougie et, passant devant pour éclairer, dit à son père : « Suivez-moi et n'ayez pas peur. » Puis : « Montez à cheval sur mes épaules et tenez-moi bien fort. Je me charge du reste [...] Dès que Geppetto se fut bien installé sur les épaules de son enfant, Pinocchio, sûr de son fait, se jeta à l'eau et se mit à nager. »

C'est la fin du parcours initiatique. Le Renard et le Chat ont définitivement perdu. Le Pays des jouets a perdu toute attirance. Pinocchio a, enfin, accédé à la liberté. Il n'est plus un pantin qui se met à pleurer ou à crier en face d'une difficulté. Il ne tape pas des pieds pour exiger qu'un miracle le tire d'une mauvaise passe. Il n'incrimine personne, ne s'apitoie plus sur lui-même en s'accusant, comme tant de fois, d'être un « mauvais garçon ». Il décide. Sereinement. Il se met en jeu, enfin. Comme on se met sur son trente et un ! Pour entrer dans la vie et s'inscrire dans la chaîne des générations.

Le parcours de Pinocchio est exemplaire. On voudrait bien qu'il soit celui de nos enfants aujourd'hui. Mais voilà : le Chat et le Renard sont plus que jamais en embuscade, démultipliés à l'infini, à tout promettre, à tort et à travers. Ils susurrent en permanence à l'oreille de nos enfants : « Exige, demande, fais ton caprice ! Tes pulsions sont des ordres ! » Il n'est plus nécessaire d'attendre la voiture tirée par vingt-quatre ânons chaussés de bottines blanches, avec ses grelots et sa sonnerie de trompette, pour accéder au Pays des jouets. Il est là, en permanence, à portée de télécommande, de joystick ou de clavier...

Le Pays des jouets à portée de main de tous les enfants d'aujourd'hui

L'ami Lumignon, le tentateur de Pinocchio, a amélioré ses techniques et n'hésite pas à utiliser le chantage – quand ce n'est pas la violence – pour entraîner avec lui les réfractaires. Il n'y a plus d'oreilles d'âne qui poussent sur la tête des enfants désobéissants, mais tous sont branchés en direct sur les « antennes ouvertes » des radios jeunes, qui distillent en permanence la dérision et le mépris d'autrui. Plus de théâtres de marionnettes à tous les coins de rue, mais des théâtres d'ombres sur tous les écrans qui renvoient en permanence l'illusion d'un bonheur à portée de caprice, d'une réussite à paillettes accessible aux vrais gagneurs... Plus de Champ des miracles, où se multiplient spontanément les pièces d'or, mais une infinité de jeux de la bêtise et du hasard qui piègent jusqu'aux plus sages de nos enfants... Plus d'auberge de l'Écrevisse rouge, où l'on rêve que tout est à portée de main, mais une multitude de gadgets électroniques, de réseaux de communication en « temps réel » qui permettent de se croire en prise immédiate sur le monde et sur les autres… Plus de requin géant qui absorbe hommes et navires, mais un chaos permanent ou s'agitent et s'entrechoquent des êtres humains qui ne trouvent plus guère le temps de se demander où ils vont : « Où me conduis-tu ? demanda Geppetto. – Venez avec moi et n'ayez pas peur, mon père. »

Qu'avons-nous fait de nos enfants ?

Pas étonnant alors que nos enfants nous inquiètent plus que jamais. Certes, il ne faut pas céder à l'obsession sécuritaire, ni être dupes des manipulations médiatiques qui montent en épingle quelques actes particulièrement odieux et relativement isolés. Fort heureusement, nous n'avons pas affaire tous les jours à des faits-divers aussi terribles que la tuerie de Colombine, en 1999, racontée dans le film *Elephant*[1]… Mais elle a bien existé néanmoins et s'est reproduite depuis. De plus, on ne peut guère nier l'ampleur des délits de toutes sortes chez les jeunes : vandalisme, vols, rackets, violences physiques, agressions sexuelles, toxicomanies, injures racistes…[2] Même si les dernières statistiques publiées en octobre 2008 par le ministère de la Justice semblent marquer un tassement

[1] Film de Gus Van Sant, sorti en 2003.

[2] Sur cette question, on lira avec beaucoup d'intérêt l'analyse nuancée d'Olivier Guéniat, chef de la police judiciaire du canton de Neuchâtel, *La délinquance des jeunes* (Presses polytechniques et universitaires romandes, 2007) : il montre, tout à la fois l'ampleur de ce phénomène, mais aussi son instrumentalisation par les médias et les politiques ; il pointe très justement les responsabilités sociales et politiques et note l'insuffisance d'un véritable travail de prévention.

du nombre d'affaires concernant les mineurs[1], la situation reste infiniment préoccupante.

Il faut donc se méfier d'un traitement de l'information qui conduit à relater davantage les excès des jeunes qu'à mettre en avant la générosité et la lucidité de beaucoup d'entre eux. Néanmoins, la frontière qui séparait clairement jadis les comportements « normaux » des comportements délictueux a tendance à s'estomper : malgré les rappels à l'ordre répétés, beaucoup de jeunes ne considèrent pas comme un délit, ni même une faute, de pirater de la musique ou des films sur Internet, de frauder dans les transports en commun ou de fumer du cannabis. L'absentéisme scolaire s'accroît dangereusement. Les fugues et les errances, la boulimie et l'anorexie se développent. Des addictions de toutes sortes se banalisent. Des pratiques jadis très exceptionnelles, comme la scarification, se diffusent, à l'insu, le plus souvent, des adultes.[2]

« Nous avons tous perdu nos enfants, écrit le romancier américain Russell Banks. Pour nous, c'est comme si tous les enfants d'Amérique étaient morts. Regardez-les, bon Dieu ! Violents dans les rues, comateux dans les centres commerciaux, hypnotisés devant la télé. Dans le courant de mon existence, il s'est passé quelque chose de terrible, qui nous a ravi nos enfants. J'ignore quelles sont les causes et

[1] Le nombre d'affaires répréhensibles impliquant des mineurs s'est stabilisé en 2007 ; le nombre de dossiers de mineurs délinquants dont le juge des enfants a été saisi en 2007 était en diminution de 5 % par rapport à 2006 : 81 081. À comparer avec le nombre de cas de mineurs en danger dont la justice a été saisie sur la même période : 96 744. (*Les chiffres-clés de la justice*, ministère de la Justice, 2008).

[2] Voir le livre de David Le Breton, *En souffrance – Adolescence et entrée dans la vie*, Métailié, 2007.

quels sont les effets, mais les enfants que je connaissais ont disparu, ça, je le sais. Et le mieux que nous puissions faire pour eux – et pour nous –, c'est de rager contre tout ce qui les a pris. Même si nous ne savons pas à quoi cela ressemblera quand la fumée se dissipera. Nous savons que cette rage pour le meilleur et pour le pire engendre un avenir. »[1]

Et si « le pire n'est pas toujours sûr »[2], nous ne pouvons pas complètement l'exclure. Souvenons-nous : en septembre 2005, le très sérieux Inserm publie un rapport qui préconise le dépistage précoce des « troubles des conduites » : le texte insiste sur la possibilité d'identifier des facteurs de risque qui permettent, dès les trois premières années de la vie, de pronostiquer des comportements déviants ; il propose de repérer « les facteurs prénataux et périnataux, génétiques, environnementaux et liés au tempérament » susceptibles de permettre de prédire des troubles futurs ; il évoque « des traits de caractère tels que la froideur affective, la tendance à la manipulation, le cynisme » ; il suggère de bien observer, afin de pouvoir intervenir le plus tôt possible, tout ce qui relève de « l'indocilité, l'hétéroagressivité, le faible contrôle des émotions, l'impulsivité, l'indice de moralité bas, etc. ».

La tentation du dressage

Un mouvement de protestation s'organise. Des médecins, des travailleurs sociaux, des éducateurs, des scientifiques, des citoyens de toutes sortes se regroupent au sein du collectif « Pas de 0 de conduite pour les enfants de 3 ans ! »[3] Ils mettent

---

[1] Russell Banks, *De beaux lendemains*, Actes Sud, 1999.

[2] Cette formule est le sous-titre de la pièce de Paul Claudel, *Le soulier de satin*.

[3] Voir les deux ouvrages issus de ce collectif : *Pas de 0 de conduite pour les*

en cause aussi bien le caractère scientifique des travaux de l'Inserm que leur utilisation pour justifier des mesures visant à dépister et à traiter de manière spécifique, soit par la camisole chimique, soit par un contrôle social et judiciaire accru, les enfants dont le comportement aura été identifié comme potentiellement dangereux.

Un clivage idéologique fondamental

Mais, au-delà du cas précis de cette polémique, on voit apparaître, de plus en plus clairement en France, une ligne de clivage idéologique décisive : d'un côté, on propose de construire le rapport de la société à son enfance sur le principe « dépister, contenir, normaliser ». De l'autre, on s'efforce de construire un rapport des adultes aux enfants sur un autre triptyque : « repérer, inventer, émanciper ». [1] Tentons de comprendre cette opposition et ses enjeux.

Qu'il s'agisse du dépistage des « troubles de conduite », des « troubles du déficit d'attention et de l'hyperactivité » (TDAH) ou, plus généralement, de toute forme de dysfonctionnements psychiques et intellectuels [2], nous nous trouvons toujours devant

enfants de 3 ans ! (Érès, 2006) et *Enfants turbulents : l'enfer est-il pavé de bonnes préventions ?* (Érès, 2008).

[1] Voir Philippe Meirieu, *Pédagogie : le devoir de résister*, ESF éditeur, nouvelle édition 2008.

[2] Ces troubles sont recensés, au niveau international, par les DSM (manuels diagnostiques et statistiques des troubles mentaux). En 1968, le DSM II recensait 145 pathologies ; en 1980, le DSM III en recensait 230 ; et en 1994, le DSM IV (le plus récent, toujours en vigueur) en recensait 410. À quoi attribuer cette augmentation vertigineuse ? Peut-être au fait que nous sommes de plus en plus malades mentalement, en raison de nos modes de vie. Sans doute au fait que certains troubles sont aujourd'hui mieux connus et que l'on distingue différentes pathologies là où, antérieurement, l'on n'en voyait qu'une. Sans doute aussi à notre capacité à repérer des symptômes jusque-là inaperçus ou banalisés. Et peut-être, enfin, parce que nous avons élaboré des traitements chimiques ou comportementaux et que leur seule existence invite à rechercher les personnes que l'on pourrait traiter avec.

trois confusions majeures : la confusion entre *prédisposition* et *prédiction*, entre *identification* et *compréhension* et, enfin, entre *remédiation* et *invention*.

Prédispositions ou prédictions ?

Nous ne sommes pas naïfs : nous savons bien que, chez tout individu, il existe des *prédispositions* liées à la manière dont s'est déroulée la grossesse de sa mère et à la façon dont s'est passée sa naissance, déterminées par les premières expériences de sa vie et la nature de son environnement matériel, familial et social. Nous savons bien que certains enfants viennent au monde et commencent leur existence avec des handicaps significatifs. Mais nous savons aussi que, parmi eux, certains vont pouvoir échapper à un destin qui paraissait, pourtant, scellé.

Certes, a posteriori, un enfant délinquant ou hyperactif peut apparaître comme le produit de causes bien identifiables. Mais c'est une illusion rétrospective : nous transformons la corrélation en causalité, quand nous devrions simplement constater qu'aucun facteur imprévu n'est venu remettre en question une configuration défavorable. Ce n'est pas parce qu'un enfant a pâti d'une fragilité biologique ou psychologique, ou qu'il a été confronté à des situations sociales difficiles, qu'il est automatiquement condamné à des comportements anomiques ou à des difficultés inéluctables. Il ne l'est que pour autant que les adultes ne sont pas intervenus pour enrichir ses expériences, équilibrer son développement, l'aider à modifier sa trajectoire...

La prédisposition n'est une *prédiction* que si on renonce à l'éducation. Et, de plus, rien n'est plus anti-éducatif que la prédiction. Elle fait, en effet, arriver ce qu'elle prédit, selon le principe de l'« effet

Pygmalion », ou « effet d'attente »[1] : les enfants se font toujours un devoir de réaliser les prophéties des adultes à leur sujet ; ils intériorisent les étiquettes qu'on leur colle et s'acharnent à développer les comportements qui les justifient ! Trop d'élèves ne restent cancres que par respect pour l'opinion que leurs professeurs ont d'eux. Et, a contrario, comme l'analyse Marcel Pagnol à propos d'un de ses camarades tiré d'une situation délicate grâce à l'aide de toute la classe : « Dès que les professeurs commencèrent à le traiter en bon élève, il le devint véritablement : pour que les gens méritent notre confiance, il faut commencer par la leur donner. »[2]

Identification ou compréhension ?

Refuser d'enfermer quiconque dans un destin au nom de ses prédispositions est donc un impérieux devoir d'éducation. Faire mentir toute forme de déterminisme est notre tâche quotidienne. Mais, pour cela, nous devons renoncer à investir toute notre énergie dans la quête insensée du bon diagnostic. Comme si l'*identification* formelle d'un trouble permettait, à elle seule, la *compréhension* de la situation ! Plus exactement, nous devons accepter que, comme l'explique bien Pierre Delion, toute forme de trouble est « le fruit d'une rencontre entre la part personnelle de l'enfant (son équipement neurobiologique, génétique, psychologique, cognitif...) et son histoire relationnelle,

[1] Voir *Pygmalion à l'école* (R. Rosenthal et L. Jacobson, Casterman, 1973) : les auteurs font état d'une expérience dans laquelle, après avoir fait subir des tests d'intelligence à des élèves, ils ont désigné par tirage au sort ceux qui étaient censés avoir eu les meilleurs résultats... et ils les ont fait connaître aux professeurs. Pour la plupart d'entre eux, ces élèves sont effectivement devenus les meilleurs élèves de leur classe.

[2] Marcel Pagnol, « La tragédie de Lagneau », *Le temps des amours*, Éditions de Fallois, 1988.

ainsi que de son groupe familial et socioculturel. »[1] Il n'y a donc jamais un seul facteur qui est en cause, mais un ensemble de facteurs différents et hétérogènes.

Pas question, dans ces conditions, de se contenter d'une contention chimique censée venir rétablir, à elle seule, tous les déséquilibres. Mais pas question, non plus, de renoncer à intervenir sous prétexte que la situation serait trop complexe ! Justement, c'est parce que l'enfant se développe en s'appropriant un ensemble de ressources et de contraintes que nous pouvons, en jouant sur cet ensemble, lui permettre de se développer plus harmonieusement. À nous donc de chercher non pas seulement à identifier la nature de son trouble, mais à comprendre les situations qu'il a vécues et celles qui seraient propices à son équilibre. À nous de ne négliger aucune des possibilités offertes par le travail en partenariat : les parents, l'environnement familial et social, les thérapeutes, les travailleurs sociaux, les enseignants comme le tissu associatif, sportif et culturel, doivent ici faire preuve d'imagination pour proposer de nouvelles alliances et offrir des étayages inédits.

C'est ainsi qu'on découvrira peut-être que la pratique du judo ou du théâtre, associée à une psychothérapie familiale, peut s'avérer déterminante pour traiter les comportements hyperactifs de tel ou tel enfant. Ou bien qu'une meilleure insertion culturelle dans le quartier et une aide au travail scolaire par un étudiant bénévole peuvent, ensemble, permettre à un autre de se dégager de

[1] Pierre Delion, *Tout ne se joue pas avant trois ans*, Albin Michel, 2008.

comportements violents. Ou encore que des activités intergénérationnelles entre des adolescents et des seniors, associées à une exigence culturelle forte, peuvent permettre à un adolescent de ne pas basculer dans la délinquance.

Mais on ne le découvrira que si on se dégage de l'obsession des dysfonctionnements qui est à l'œuvre aujourd'hui dans notre travail avec les enfants ! Qu'on regarde, en effet, les tests utilisés actuellement pour mettre en œuvre l'ensemble des dispositifs d'aide, et on observera qu'ils sont tous entièrement négatifs : catalogues de troubles et de perturbations, ils ne permettent jamais de faire apparaître un point d'appui pour une évolution. Ainsi trouve-t-on, dans les fameux tests de Conners, permettant de dépister l'hyperactivité, des items comme « est effronté », « se lève quand on lui demande d'être assis », « oublie ce qu'il a appris », « porte trop d'attention aux détails », « ne sait pas comment se faire des amis », « se laisse distraire par des événements extérieurs » et une multitude d'autres « observations » du même type. Rien qui ressemble à : « parvient à se concentrer sur une bande dessinée », « s'occupe avec attention d'un animal », « réussit à entrer en relation avec des enfants plus petits ou plus âgés », « peut raconter un film qu'il a vu », « aime dessiner », etc. Rien qui permette d'aider l'enfant à s'exhausser au-dessus de ses difficultés. Aucune prise, ni pour lui ni pour ses éducateurs ! Pas étonnant, dans ces conditions, qu'on s'en tienne au principe « dépister, contenir, normaliser ».

D'autant plus qu'on entretient une troisième confusion entre *remédiation* et *invention*. C'est là, en effet, la conséquence d'une fâcheuse tendance à ériger en absolu le modèle médico-pharmaceutique très largement dominant dans nos sociétés occidentales : tout dysfonctionnement d'un individu renvoie à un trouble strictement individuel ; ce trouble correspond à une maladie et à une seule ; la maladie est identifiable à des symptômes parfaitement univoques ; ces symptômes disparaîtront dès lors qu'on aura trouvé le bon remède ; ce remède est, en quelque sorte, contenu dans les causes de la maladie contre laquelle il doit lutter… comme la noix dans sa coquille. Bref, la connaissance des causes permet l'intervention et garantit, quand elle est possible, la guérison !

Il n'est pas vraiment certain que ce modèle soit parfaitement pertinent au sein de la médecine elle-même : beaucoup de médecins, en effet, évoquent aujourd'hui l'interaction permanente entre le somatique et le psychique, entre les évolutions internes et les effets de contexte. Mais, à supposer qu'il garde une validité intrinsèque dans le champ médical – au moins pour contribuer aux avancées de la recherche –, il n'est en rien approprié au domaine éducatif.

En éducation, en effet, la connaissance des causes, aussi poussée soit-elle, ne suffit jamais pour identifier le « remède ». Ainsi, je peux très bien connaître les causes qui font qu'un élève est incapable d'attention en classe sans disposer des moyens pédagogiques pour lui permettre d'apprendre à se concentrer. Je peux parfaitement identifier les raisons de la phobie scolaire d'un enfant sans être capable d'imaginer une école où il ait envie d'aller. Je peux savoir où et pourquoi un élève bloque sur une explication sans disposer du bon exemple, de la bonne situation qui vont permettre de lever ce blocage…

C'est qu'en éducation, nous sommes assignés à l'invention ! Nous sommes contraints d'explorer sans cesse nos ressources culturelles et notre panoplie méthodologique pour trouver de nouvelles entrées. Nous sommes obligés d'inventer et d'avancer progressivement en ajustant nos propositions en fonction des réactions de l'autre : « Tiens, si nous tentions de lire ce livre ensemble, de nous atteler à la réalisation d'une maquette, de faire de la musique ou de rédiger un journal ? »

C'est pourquoi il faut préférer au principe « dépister, contenir, normaliser » le triptyque « repérer, inventer, émanciper ».

Repérer, inventer, émanciper

Repérer : identifier les difficultés qui, pour un enfant, à un moment donné de son histoire, entravent son développement personnel et social, affectif et cognitif… Mais chercher, en même temps, ce qui peut constituer pour lui des points d'appui : une capacité ou une compétence déjà stabilisées, une connaissance déjà acquise, un projet à peine ébauché, une progression à sa portée et qui constitue un enjeu ou un défi possibles, un « déjà-là » sur lequel engrener de nouvelles dynamiques. Repérer pour accompagner et non dépister pour enfermer.

Inventer : chercher sans cesse de nouvelles situations, de nouvelles médiations, de nouvelles occasions, pour permettre à l'enfant de se désenkyster, de se dégager de tout ce qui entrave son développement, de tout ce qui l'assigne à reproduire son passé. Imaginer des configurations originales ou de nouvelles rencontres, personnelles et culturelles, qui lui ouvriront des horizons jusque-là insoupçonnés. Créer les conditions de l'étonnement et du dépassement. Inventer pour mobiliser et non contenir pour se protéger.

Émanciper : permettre à l'enfant de « se faire œuvre de lui-même » en articulant ce qu'il est – et qui relève de la contingence [1] –, avec ce que les adultes qui l'entourent lui ont transmis, mais aussi avec les situations qu'il a été amené à vivre et les ressources qu'il a découvertes et s'est approprié lui-même. Émanciper en favorisant autant que possible l'accès à la pensée. Se dégager progressivement du chaos intérieur des forces archaïques pour tracer des « lignes d'erre », comme disait Fernand Deligny [2] : une manière d'habiter le monde, d'y prendre une place et d'y laisser une trace, à distance de toute violence. Émanciper pour promouvoir un sujet libre et solidaire et non normaliser pour produire des consommateurs standardisés.

---

[1] Ainsi, explique Marcel Gauchet, « nous devenons individus, nous devenons véritablement des individus au sens psychique du terme, en assumant la contingence qui préside à notre existence. Exister, c'est n'avoir pas choisi d'exister – intéressante limite à l'individualisme. Je me choisis, mais je n'ai pas choisi de pouvoir choisir. Je n'ai pas choisi, évidemment, les parents dont je suis né, je n'ai pas choisi le moment où je suis né, je n'ai pas choisi la tête que j'ai – c'est très important dans la vie –, je n'ai pas choisi les aptitudes et les inaptitudes qui me sont échues en lot et avec lesquelles j'aurai à me dépêtrer. Être un individu, devenir un individu, accéder à la puissance de l'individu, c'est prendre en charge cette contingence dans la singularité et la solitude qui s'y attachent » (*L'impossible entrée dans la vie*, Yapaka, 2008).

[2] 1913-1996. Éducateur spécialisé, Fernand Deligny s'occupe, après la Libération, d'enfants et d'adolescents « cas sociaux ». Plus tard, il se retire dans les Cévennes, où il accompagne des enfants autistes. Là, il développe une « pédagogie ascétique » fondée sur une présence quasi « granitique » de l'adulte : les enfants tracent sur le sol, par leurs allées et venues, des « lignes d'erre », langage d'avant le langage qui dit, plus que tous les discours du monde, l'« humaine condition ». Voir Fernand Deligny, *Œuvres*, L'Arachnéen, 2007.

Rien d'évident dans tout cela. Car, si notre responsabilité première au regard des droits de l'enfant est de leur permettre de devenir des sujets et de subvertir toutes nos classifications, il n'est pas certain que nous puissions nous passer complètement de ces dernières. Difficile d'agir, dans la moindre institution, sans mobiliser des classifications. Sortir du chaos ne se conçoit pas sans une forme de triage. L'agglutinement indifférencié des humains ne se combat qu'en affectant des places, même à nos enfants : catégories, groupes et clubs, classes et typologies, appartenances et pathologies, classements et hiérarchies. Classer sans enfermer ?

Notre problème devient donc : comment avoir prise sur des individus en les affectant dans des structures capables de les prendre en charge, sans évacuer la singularité de leur histoire et la radicale improbabilité de leur destin ? Comment faire avec des diagnostics dont nous connaissons le caractère éminemment précaire et dangereux, mais qui, d'une manière ou d'une autre, sont toujours là « avant », dans le simple fait d'accueillir quelqu'un, de l'identifier, de lui parler ?

Il en résulte quelques exigences essentielles : que les impératifs des fonctionnements institutionnels ne nous fassent jamais oublier la radicale imprévisibilité de l'histoire singulière de chaque enfant. Que tout classement soit provisoire et révisable. Que nous acceptions d'avoir tort dans nos prophéties. Que nous restions disponibles à la divergence. Et, surtout, que nous travaillions sans relâche à offrir à chaque enfant toutes les occasions possibles de s'immiscer dans les fissures de la fatalité.[1] Car c'est là son droit fondamental.

* * *

Finalement, les droits de l'enfant nous ont entraînés au cœur des questions vives de l'éducation, à la rencontre de l'enfant, à la rencontre d'un sujet déjà pleinement « sujet » et qu'il est pourtant impossible, avant qu'il ait accédé à la majorité, de considérer comme un « citoyen ». Déjà sujet et pleinement sujet : sujet qui existe et résiste au pouvoir que je cherche à exercer sur lui ; sujet qui peut seul se mobiliser sur des apprentissages et décider de grandir, résister à toutes les formes d'emprise et accéder à la pensée critique... Mais un sujet qui ne peut faire seul que ce que nous décidons de faire avec lui, dans des conditions que nous élaborons, dans des situations éducatives dont nous assumons la pleine et entière responsabilité. L'autorité de l'adulte, ici, n'est pas abolie, bien au contraire ; elle est au cœur du dispositif : quand l'autorité remplit vraiment sa fonction, qu'elle autorise... Elle autorise l'autre à grandir et à se revendiquer, un jour, de plein droit, citoyen.

« Tout enfant a droit à un nom »

Et peut-être, à cet égard, les droits de l'enfant sont-ils particulièrement bien résumés par l'article 7 de la Convention ? On y lit que « tout enfant a droit à un nom ». Rien de plus banal et, pourtant, rien de plus décisif. La littérature elle-même nous montre

[1] Voir Philippe Meirieu, « Dépister ou éduquer : faut-il choisir ? Entre "management des différences" et pédagogie du sujet », *Troubles des conduites*, Controverse – Quarto, 2008.

bien, à travers par exemple l'histoire de Perceval [1], qu'avoir un nom n'est pas chose facile : Perceval ne sait en effet, au début de l'histoire, ni qui il est, ni comment il se nomme. Et, à l'issue de la quête du Graal, la seule chose qu'il aura découverte, c'est précisément son propre nom. Il peut alors dire d'où il vient, qui il est. Il peut dire « je ».

Aujourd'hui, chacun de nos enfants a droit à un nom et à un prénom. Et cette association tresse, en quelque sorte, l'identité avec l'altérité, le droit à la ressemblance avec le droit à la différence. Elle donne la possibilité d'être soi sans avoir besoin de s'auto-engendrer, comme elle donne la possibilité d'appartenir à une histoire commune sans être assigné au mimétisme.

Ainsi, le prénom et le nom permettent de sortir de la confusion et de l'anonymat. Ils permettent, tout à la fois, de s'inscrire dans une histoire, de se donner un présent et, peut-être, de laisser une trace dans le futur. Ils permettent de nouer tout ce qui vient des autres avec tout ce qui vient de soi pour, progressivement, devenir capable de s'imputer ses propres actes, de les signer.

Fondamentalement, les droits de l'enfant n'ont pas d'autre signification : ils témoignent de l'engagement des adultes pour que chaque enfant puisse, un jour, signer sa propre vie.

---

[1] Voir Philippe Meirieu, « Perceval ou de la difficulté de grandir », *Des enfants et des hommes*, ESF éditeur, 1999.

Troisième partie

À quoi éduquer nos enfants ?

1

Une révolution copernicienne en éducation

Les temps d'incertitude ne doivent pas être des temps de renoncement. Et c'est bien là notre problème. Ce n'est pas parce que nous ignorons de quoi demain sera fait que nous devons abdiquer toute ambition éducative. Bien au contraire ! Mais – et nous n'avons pas encore vraiment mesuré l'ampleur du changement que cela constitue – éduquer devient infiniment plus difficile dans un monde qui, selon la formule de Milan Kundera, « s'avance dans le vide ». [1] À bien des égards, même, l'acte éducatif change de sens : alors qu'il se nourrissait traditionnellement d'un passé qu'il s'agissait de prolonger, il doit aujourd'hui s'inspirer d'un futur que nous ne sommes pas capables d'anticiper.

Que transmettre à nos enfants face à un avenir aussi incertain ?

Certes, nous sommes tous convaincus que la transmission des œuvres et des outils élaborés par les hommes tout au long de leur histoire est encore – et même plus que jamais – nécessaire pour affronter l'avenir. Mais que choisir dans ce réservoir immense dès lors que l'exhaustivité est devenue radicalement inaccessible ? Comment identifier ce qui sera indispensable demain dès lors que nous ne

[1] Milan Kundera, *L'insoutenable légèreté de l'être*, Gallimard, 1987.

sommes plus d'accord entre nous sur la manière de concevoir le futur ? Comment définir « ce qu'il n'est pas permis d'ignorer »[1] dès lors que nous n'avons qu'une très vague idée de ce qui sera requis, dans dix, vingt ou trente ans, pour réussir sa vie personnelle et professionnelle ? Les débats sans fin sur les programmes scolaires, les affrontements autour du « socle commun de connaissances et de compétences »[2], l'accélération des réformes et l'empilement des dispositifs d'apprentissage de toutes sortes[3], tout cela témoigne de notre immense perplexité collective en matière éducative.

Comment faire face à des problèmes éducatifs entièrement nouveaux ?

Dans le domaine de l'éducation familiale, nous sommes aussi très démunis : il n'y a pas si longtemps encore, les parents, quand un problème surgissait avec leurs enfants, se demandaient simplement ce que leurs propres parents avaient fait, ou auraient fait, avec eux en pareille circonstance. Ainsi devenait-on parent avec, dans son

[1] C'est une formule d'Octave Gréard (1828-1904), grand professeur et administrateur de l'école de la République.

[2] Le « socle commun », apparu avec la loi d'orientation sur l'école de 2005, s'efforce d'identifier ce que tout élève doit maîtriser à la fin de la scolarité obligatoire. On y a ajouté in fine, et sous la pression de ceux et celles qui dénonçaient son caractère strictement utilitariste, un « pilier » consacré à la culture humaniste qui n'existait pas initialement. Mais l'éducation artistique et sportive n'y figure toujours pas explicitement, contrairement à l'informatique et à « la maîtrise élémentaire d'une langue vivante étrangère »… Choix discutables évidemment, comme sont éminemment discutables les programmes de 2008 de l'école primaire qui ont écarté nombre d'activités prévues par les programmes de 2002 (comme la pratique du débat argumenté ou l'utilisation systématique d'œuvres littéraires en classe), au profit d'un retour aux fondamentaux conçus comme des apprentissages mécaniques.

[3] Cet empilement rend d'ailleurs aujourd'hui le système éducatif totalement illisible : qui peut s'y retrouver dans le foisonnement de dispositifs comme l'aide individualisée, l'accompagnement éducatif, l'accompagnement à la scolarité, les programmes personnalisés de réussite éducative (PPRE), qui s'effectuent dans l'institution scolaire et sous sa responsabilité, les programmes de réussite éducative (PRE), qui relèvent de la politique de la ville et des collectivités territoriales, les études surveillées, l'aide aux devoirs, le soutien, les stages de remise à niveau pendant les vacances, etc. ?

bagage, le souvenir de situations éducatives vécues et des bénéfices qu'on en avait tirés. Ce n'était pas toujours suffisant, mais cela constituait un viatique somme toute acceptable et qui permettait de s'en tirer tant bien que mal.

Les choses ont changé. Très vite et radicalement. Les parents d'aujourd'hui ne peuvent pas se retourner sur leur propre enfance pour trouver les réponses à des questions devenues aussi banales que : « À quel âge acheter un téléphone portable à son fils ou à sa fille et avec quel forfait ? », « Que faire quand un adolescent passe cinq heures par nuit devant Internet ? », « Faut-il censurer certains jeux vidéo ? », « Comment réagir quand sa fille, à huit ans, veut s'habiller comme une lolita ? », « Doit-on craindre un diagnostic d'hyperactivité dès qu'un élève est identifié comme agité à l'école ? »...

Technologies nouvelles, sollicitations nouvelles, pathologies nouvelles : aucune solution ne préexiste à ces nouveautés-là, aux inquiétudes qu'elles suscitent, aux problèmes qu'elles posent. Nous sommes assignés à l'improvisation. Talonnés par l'urgence. Solitaires dans nos réflexions. Coupables de ne pas savoir faire ce que nul n'a jamais su faire !

En fait, la modernité a rendu caduc le corps de traditions éducatives qui, bon an, mal an, permettait aux générations successives de préparer leur progéniture à affronter la vie. On peut le regretter, déplorer de n'avoir plus de recettes toutes prêtes et d'être condamnés à tâtonner sans jamais être certain de bien faire. Mais on peut aussi se réjouir de n'être plus assignés à reproduire notre propre éducation, de devoir inventer d'autres manières d'accueillir et d'élever nos enfants pour que, selon le vœu d'Hannah Arendt, ils « renouvellent le monde »[1]. On peut se lamenter de voir s'effondrer ce qu'on prend pour de l'autorité et qui n'était, en réalité, qu'un pouvoir de normalisation sociale, délégué de génération en génération. On peut nourrir quelque nostalgie pour l'époque bénie où les enfants n'avaient d'autre choix que d'être soumis ou proscrits. Mais on peut aussi se demander si nous ne pouvons pas en profiter pour leur permettre de tracer leur propre voie. De créer une société capable de définir l'intérêt général dans une délibération exigeante. Une société de sujets qui tentent ensemble l'aventure d'une véritable démocratie. Une démocratie où rien n'est écrit à l'avance. Où le monde est constamment à remettre en chantier.

Former des sujets capables de construire le futur

On mesure le renversement : l'éducation ne consiste plus à adapter ceux et celles qui arrivent à un univers donné, postulé comme à peu près constant, et dans lequel la vérité a été dite une bonne fois pour toutes. Elle consiste à créer les conditions pour rendre nos enfants capables de créer ensemble un monde nouveau et habitable, un monde démocratique et solidaire. Véritable révolution copernicienne[2] : il ne s'agit plus d'adapter des individus au monde, mais de former des

---

[1] « La crise de l'éducation », *La crise de la culture*, Gallimard, Folio, 1991.

[2] Édouard Claparède (1873-1940), psychologue, philosophe et pédagogue genevois, a utilisé, en 1912, l'expression de « révolution copernicienne en pédagogie » pour désigner le changement radical de posture qui consiste à passer d'un enfant à instruire et à élever par une action directe sur lui à un enfant qui se développe grâce aux situations créées par l'éducateur et « selon les lois de sa propre nature ». Nous dévoyons ici la formule de Claparède pour exprimer le passage d'une éducation-conformisation à un monde déjà là à une éducation-préparation à un monde à naître.

sujets capables de recréer le monde. Des sujets, c'est-à-dire des êtres, en mesure de surseoir à leurs impulsions et de construire des relations sans violence avec les autres. Des êtres en mesure de faire des choix personnels réfléchis et de participer à des projets collectifs. Des êtres en mesure d'assumer leur histoire singulière comme leur inscription dans une culture spécifique, mais sans jamais renoncer à lutter contre tout ce qui abîme et sépare les hommes, sans jamais perdre de vue, non plus, l'horizon d'un universel possible où s'accorderaient enfin les volontés individuelles dans la perspective d'un « bien commun ».

Je sais bien à quel point tout cela peut apparaître infiniment naïf et terriblement utopique. Je vois bien que l'agitation des hommes s'exaspère de jour en jour, nous plongeant toujours davantage dans le chaos. Macbeth, « gorgé d'horreur », a plus que jamais raison : « La vie est une ombre qui passe, une histoire racontée par un idiot, pleine de bruit et de fureur. » [1] Tout est possible. Surtout le pire. Tout s'effondre. En particulier les codes, les rites et les traditions, qui contenaient le débordement des pulsions archaïques. Mais ne peut-on imaginer que nos enfants puissent un jour reconstruire les cadres d'un « vivre ensemble » démocratique ? Et que pouvons-nous espérer d'autre, si nous ne voulons basculer dans les régressions intégristes ou la contention sécuritaire ?

L'éducation, notre seul espoir ?

Pestalozzi, décidément visionnaire, écrivait en 1819 : « Un jour, lorsque nos temps seront passés,

[1] Shakespeare, *La tragédie de Macbeth*. « Le bruit et la fureur » évoqués ici fourniront le titre du célèbre roman de William Faulkner.

lorsque, après un demi-siècle, une nouvelle génération nous aura remplacés, lorsque l'Europe sera tellement menacée par la répétition des mêmes fautes, par la misère croissante du peuple et par ses dures conséquences que tous les appuis sociaux en seront ébranlés, alors, oh ! alors peut-être, on accueillera la leçon de mes expériences, et les plus éclairés en viendront à comprendre que c'est seulement en ennoblissant les hommes qu'on peut mettre des limites à la misère et aux fermentations des peuples, ainsi qu'aux abus du despotisme de la part soit des princes, soit des multitudes. » Et Michel Soëtard, spécialiste de Pestalozzi, traducteur et commentateur de ses œuvres, suggère : « La sagesse de Pestalozzi est celle d'un homme qui a pris son parti de l'effondrement moral, spirituel et politique de ce monde, mais qui voit dans cet effondrement, dès lors qu'il en articule le constat avec une foi sauvegardée de l'homme en son sens, la chance de l'éducation, la chance de la formation à l'humanité, la chance de la formation de l'homme. [...]

Pestalozzi, c'est, en définitive, un monde qui bascule. Dans l'éducation. Le nôtre ? » [1]

---

[1] Michel Soëtard, conclusion de la traduction de l'œuvre de Pestalozzi : *Mes recherches sur la marche de la nature dans l'évolution du genre humain*, Payot, 1995.

2

Différer

Nos enfants sont pétris de pulsions. Ils naissent avec la faim, le froid, la peur d'être abandonnés et le besoin d'être choyés. Ils viennent au monde en s'installant au centre du monde. Tout entiers tendus vers la satisfaction immédiate. Qu'elle tarde à venir, que la soif les taraude ou que l'inconfort s'installe et ils manifestent bruyamment leur mécontentement. Rien d'étonnant à cela : ils sont encore dans l'« égocentrisme initial », comme disent les psychologues [1], ou dans le « narcissisme infantile » dont parlent les psychanalystes [2].

Apaiser le tyran en soi

L'éducation doit donc leur apprendre à attendre. Question de rites et de rythmes. Processus de dégagement progressif. Découverte des vertus de la séparation… Il y a un temps pour chaque chose. Un temps où les parents ne sont plus là, taillables et corvéables à merci. Un temps pour ruminer sa colère et calmer son impatience. Un temps pour savourer le plaisir après l'attente. Il y a aussi des

[1] Ce concept a été particulièrement développé par Jean Piaget (1896-1980) : l'enfant croit que tout ce qui se passe autour de lui a un rapport direct avec lui ; il ramène donc systématiquement tout à lui et interprète tous les événements en fonction de ses propres conceptions et désirs.

[2] Inspiré du mythe de Narcisse, qui tombe amoureux de sa propre image, ce concept décrit un moment nécessaire de l'évolution de l'enfant, quand il découvre et expérimente la réalité de son moi. Il s'imagine alors que sa pensée peut avoir un pouvoir direct sur le monde.

espaces dédiés, des situations qui appellent des attitudes particulières : on ne se comporte pas de la même manière dans son bain, pendant le jeu et au moment du repas. Impossible de s'installer tout le temps et partout en terrain conquis pour y exaucer tous ses caprices ! Il faut apprendre la retenue. [1]

Et l'on y arrive petit à petit. Pour peu que l'enfant découvre qu'un départ n'est pas un abandon, que la promesse du retour sera tenue et que les frustrations inévitables ne sont pas des trahisons, il parvient à apaiser en lui le tyran. L'emballement pulsionnel se détend. Le temps se déploie, l'espace se structure, des régularités se construisent. [2] La patience creuse sa niche. L'enfant apprend à s'y lover. À apprivoiser ses angoisses... La conscience s'immisce peu à peu dans les alternances imposées par la vie sociale. L'individu se dégage de la toute-puissance, il ne trépigne plus à la moindre frustration. Il apprend à se contrôler. Il passe progressivement d'une situation où ses parents exerçaient sur lui un contrôle externe à la capacité de se contrôler lui-même de l'intérieur. C'est le début de l'accès à l'autonomie. [3]

---

[1] Voir Philippe Meirieu, *Repères pour un monde sans repères* (Desclée de Brouwer, 2002) et *Le monde n'est pas un jouet* (Desclée de Brouwer, 2004).

[2] Le psychologue Jacques Lautrey a bien montré l'importance, dans la structuration de l'enfant, de régularités négociables, à mi-chemin entre des situations totalement rigides (où la réflexion n'émerge jamais puisque personne n'a prise sur les règles imposées) et des situations complètement aléatoires (où la réflexion n'émerge pas non plus, puisque rien n'est jamais prévisible). Les régularités structurent dès lors qu'elles autorisent la réflexion. *Classes sociales, milieu familial, intelligence*, PUF, 1990.

[3] Francis Imbert, pédagogue et psychanalyste, parle des « enfants bolides » qui, justement, sont toujours dans le passage à l'acte. Il « partent au quart de tour » et, dès que quelque chose les ennuie ou les contrarie, basculent dans la violence. Ces enfants n'on pas accès au symbolique, ils ne parviennent pas à surseoir à l'acte pour entrer dans la parole. *Enfants en souffrance, élèves en échec*, ESF éditeur, 2004.

Mais les pulsions n'en sont pas abolies pour autant. Elles se diversifient et se déploient en un réseau complexe où s'imbriquent de terribles craintes et d'étranges espoirs. « Et si ceux qui m'aiment, à force de me serrer si fort dans leurs bras, finissaient par m'étouffer ? À moins qu'ils ne se lassent de moi, ou alors m'abandonnent pour me punir de ne pas avoir été à la hauteur de leurs attentes ? Et si, faute de pouvoir commander aux autres, je pouvais imposer ma volonté aux choses, les faire disparaître ou apparaître au gré de ma volonté, par le seul pouvoir de ma pensée ? » Ainsi l'univers mental de l'enfant se peuple-t-il d'ogres et de sorciers, de vampires et de fées. [1]

Composer avec le chaos des pulsions archaïques

À l'origine, tout cela est profondément chaotique, à l'image du monde d'avant le monde. Du monde d'avant la naissance des anciens dieux, de ceux qui permirent aux Grecs de nommer les pulsions qui les hantaient [2] : la terreur de ne pouvoir exister quand l'accouplement sans fin de la mère et du père – Gaia et Ouranos – interdit l'émergence du fruit de leur amour ; la volonté de se venger du père assassin qui, tel Cronos, dévore ses enfants pour qu'ils ne le détrônent point ; la haine des frères qui se ressemblent trop et se déchirent pour la même femme, à l'image d'Arès et d'Héphaïstos ; la passion dévorante de qui veut obtenir, quel qu'en soit le prix, les faveurs d'Aphrodite ; le courage cher payé

---

[1] Il ne faut pas s'étonner du formidable succès d'*Harry Potter* chez les jeunes lecteurs : la figure de l'enfant puis de l'adolescent magicien est en effet un pôle d'identification très fort dans un monde où les jeunes cherchent leur place et peuvent imaginer que la toute-puissance du sorcier leur permettrait de l'obtenir plus facilement.

[2] Voir Victor Caniato et Philippe Meirieu, *De l'autre côté du monde – Figures et légendes de la mythologie grecque*, Stéphane Bachès éditeur, 2002.

de Prométhée qui se lève contre les tyrans et livre la terre aux mortels pour qu'ils tentent d'y vivre avec la peur au ventre mais le feu des dieux au cœur…

Chez nos enfants, comme au fond des âges, tout cela émerge d'abord sans visage et sans nom. Tout cela bouillonne dans un univers aux contours indéfinis. Tout cela occupe l'espace psychique sans que le sujet en formation parvienne à identifier ce qui se passe en lui ni sache comment le contrôler.

Soumises aujourd'hui à la surchauffe publicitaire et à la prodigieuse accélération de nos rythmes de vie qui en augmentent la pression, les pulsions, indistinctes et insaisissables, habitent plus que jamais le psychisme enfantin, en dépit de tous les efforts du dressage social… Ainsi, même sage comme une image, l'enfant n'en reste pas moins, selon la formule de Freud, un « pervers polymorphe », porteur de multiples fantasmes, capable de fomenter intérieurement les crimes les plus monstrueux. Et de devenir, peut-être, un de ces bourreaux mélomanes, cultivés et raffinés jusqu'au bout des ongles, capables pourtant des pires atrocités, comme on en a vu à l'œuvre dans les convulsions barbares du xxe siècle.

Entre la pulsion et l'acte, installer la « boîte noire »

Mais on ne saurait pour autant décréter l'abolition des pulsions, ni faire de leur éradication l'objet de l'éducation. Sans pulsion, plus d'énergie. Un psychisme réduit à des réflexes conditionnés. Une régression végétative… Nos pulsions alimentent notre vie intérieure et il est bien qu'il en soit ainsi. Ce qui est dangereux, c'est quand elles la gouvernent.

Ainsi, sauf à se couvrir de ridicule, nul ne saurait proscrire définitivement la pulsion de mort, qu'elle soit tournée vers soi-même ou vers autrui. Il n'est pas interdit d'avoir envie de tuer quelqu'un... C'est même plutôt le signe, dit-on, d'une bonne santé mentale ! [1] En revanche, il est évidemment interdit de tuer quelqu'un. Cette distinction, en dépit de sa trivialité, pointe l'enjeu éducatif majeur : installer entre la pulsion et l'acte une « boîte noire », où la pulsion soit passée au crible de la conscience et puisse se faire désir, désir amoureux, désir d'échange, désir de savoir, désir de créer. Et qu'importe, après tout, le nom qu'on donne à cette « boîte noire », qu'on la nomme l'âme, la raison critique ou le surmoi. L'important, du point de vue éducatif, c'est de dessouder le vécu pulsionnel intérieur du passage à l'acte extérieur : Un moment ! Pas tout de suite ! Laisser le temps adoucir la frénésie pulsionnelle ; attendre que la colère se tasse ; y penser un peu ; en parler quand c'est possible ; différer... Voilà l'essentiel.

Séparations et divorces sans rupture de la cohérence éducative

Mais les nouvelles configurations sociales et familiales ne facilitent guère un tel comportement : tout va de plus en plus vite et chaque sollicitation médiatique, publicitaire ou technologique appelle des réponses dans l'instant. Par ailleurs, les séparations, les divorces et les familles recomposées, s'ils ne constituent nullement en eux-mêmes des situations dramatiques sur le plan éducatif, peuvent néanmoins ouvrir à de préoccupantes dérives : que les parents ou les beaux-parents s'engagent dans une rivalité pour être celui ou celle qui sera « le plus aimé » de l'enfant, et c'est le début d'une

[1] En particulier au moment du complexe d'Œdipe (ou du complexe d'Électre pour les filles), quand l'enfant vit la présence du parent du même sexe comme une concurrence insupportable et souhaite sa disparition... au moins symbolique !

surenchère qui peut avoir des conséquences catastrophiques : l'enfant comprend très vite qu'il peut tout obtenir ainsi, faire sauter toutes les barrières et tous les interdits, satisfaire toutes ses pulsions. Et supposer qu'il saura spontanément renoncer à ces formidables avantages pulsionnels, c'est supposer l'éducation déjà faite... et réussie ! C'est pourquoi il est si important que les séparations n'entraînent pas une rupture du cadre éducatif et de la cohérence des exigences parentales. Afin que l'enfant puisse continuer à grandir et poursuivre sereinement son travail d'apprentissage du sursis.

Mais rien n'est plus difficile, rien n'est moins spontané pour un enfant que de surseoir à la satisfaction d'une pulsion qui l'emporte. Et rien n'est plus inquiétant qu'un enfant engagé dans une quête insatiable de jouissance immédiate et de satisfaction totale. Rien n'est plus grave qu'un être qui fait corps avec la violence qui l'habite, tout entier identifié à ses propres débordements pulsionnels, prêt à tout dévaster pour obtenir satisfaction. C'est pourquoi nous n'avons d'autre possibilité que d'imposer le sursis à la pulsion, de poser des butées, de marquer l'interdit. Non pas l'interdit de la pulsion, mais l'interdit du passage à l'acte. Et c'est là, évidemment, ce qui fait toute la différence.

« Tu as le droit d'avoir des pulsions. Il serait d'ailleurs absurde pour moi de tenter de légiférer là-dessus. Simplement, je suis là pour te contraindre – et il faut sereinement assumer, ici, la légitimité de cette contrainte – à prendre de la distance, à te décoller de ces pulsions qui te conduisent vers l'anéantissement de toi et des autres. Je suis là pour t'autoriser à différer. D'abord, pour que tu puisses échapper à la tyrannie de ce qui t'envahit à un moment donné de ton histoire et que tu dois pouvoir dépasser. Ensuite, pour que tu puisses réfléchir sur le bien-fondé et les conséquences de tes actes. Je t'interdis le passage à l'acte pulsionnel pour t'offrir l'accès à une intentionnalité maîtrisée. » C'est d'ailleurs cela qui va permettre à l'enfant d'entrer dans de véritables relations sociales.

Regardons avec Françoise Dolto, qui prenait souvent cet exemple, ce petit garçon qui arrive à la crèche : il rêve de jouer avec le beau camion rouge qui lui plaît tant ; mais voilà que le camion est déjà pris ! Il se précipite alors pour chasser l'intrus et s'en emparer. L'éducateur, évidemment, ne peut le laisser faire : il doit intervenir pour lui demander d'attendre son tour... Mais il peut aussi lui proposer de solliciter l'enfant qui a le camion pour jouer avec lui. L'adulte assume ainsi clairement l'interdit du passage à l'acte, mais c'est un interdit qui autorise, une exigence de sursis qui permet au sujet de se construire et de découvrir de nouveaux horizons.

Des rituels pédagogiques pour fixer son attention et construire son intentionnalité

Les pédagogues ont depuis longtemps assumé cet impératif éducatif. Déjà, Pestalozzi imposait aux orphelins de Stans des petits exercices très ritualisés afin de leur apprendre à fixer leur attention, à se dégager de leur impulsivité et à prendre le temps de penser.

Beaucoup ensuite ont insisté sur l'importance de l'expression artistique sous toutes ses formes : le théâtre, la calligraphie, le chant, la danse ou le modelage permettent en effet de ressaisir son intentionnalité, de passer de la dispersion à la concentration, de la gesticulation au geste. Parce que le cadre favorise la focalisation, parce que l'objet requiert une véritable mobilisation mentale et un investissement complet du sujet, l'expression artistique est une remarquable école de maîtrise de soi : on y découvre progressivement que surseoir à ses impulsions permet d'accéder à des formes de satisfaction et de plaisir bien supérieures à la frustration engendrée par le renoncement au passage à l'acte immédiat.

Germaine Tortel [1], fondatrice de la « pédagogie de l'initiation », a ainsi mis en place pour les élèves de maternelle une méthode de travail fondée sur le dessin : d'abord individuel puis collectif, construit en alternant des temps de réflexion et de création, il favorise la mise à distance des émotions et aboutit à des œuvres qui permettent de se reconnaître et de se dépasser en même temps.

Les pédagogues ont aussi été très sensibles à tout ce qui, dans l'organisation de l'espace et du temps, permet à l'enfant de se mobiliser intellectuellement sur une activité. Loin de tout idéalisme, ils savent en effet que l'accès à la réflexion n'est nullement spontané : il requiert des conditions précises, une organisation matérielle rigoureuse et des transitions bien gérées. S'ils ont parfois récusé des rituels qu'ils jugeaient obsolètes – comme les rangs, ou les quelques instants passés debout en silence à côté de son banc avant de s'asseoir –, ils n'ont jamais cru qu'il suffisait de réunir des enfants n'importe où et n'importe comment pour que l'apprentissage survienne par le seul effet de l'injonction d'un adulte, fût-elle bienveillante et affectueuse. Ils ont

[1] 1896-1975.

toujours tenté d'élaborer des cadres susceptibles d'étayer leurs consignes et d'amener le sujet à la disponibilité et à la posture mentales requises par les objectifs d'apprentissage : disposition du mobilier et installation des outils de travail, signaux et « maîtres-mots », règles de fonctionnement clairement établies et assumées dans la durée...

Bien sûr, ces dispositifs sont d'autant plus pertinents qu'ils renvoient aux exigences de la discipline enseignée et associent une dimension individuelle avec une dimension sociale, un objectif d'apprentissage avec un objectif de formation du sujet.

Ainsi, moi-même, professeur de lettres dans un collège où il était difficile d'obtenir le calme en début de cours et de mettre les élèves au travail, j'avais établi un rituel qui s'est révélé fort efficace : je ne faisais entrer les élèves qu'un par un, en les saluant, dans une salle minutieusement rangée et où j'avais fait figurer au tableau une brève citation. Chaque élève, arrivé à son bureau, devait en silence apprendre la citation par cœur puis la noter sur un carnet destiné spécialement à cet effet. À partir du deuxième trimestre, je demandais à chacun, à tour de rôle, de rentrer avant ses camarades et d'inscrire lui-même au tableau une citation qu'il avait trouvée.

Les objectifs : passer psychologiquement du grand angle au zoom, fixer son attention, entraîner sa mémoire, permettre l'appropriation de structures syntaxiques, stimuler la curiosité, accompagner la transition du chaos pulsionnel à la disponibilité mentale nécessaire pour accéder à une véritable réflexion. Car, comme le dit si justement la philosophe Simone Weil, « la formation de la faculté d'attention est le but véritable et presque l'unique intérêt des études ».[1] Mais encore faut-il, dans ce domaine comme dans tant d'autres, sortir de la pensée magique et inventer des dispositifs capables d'instituer, au quotidien et avec des élèves concrets, ce qui ne peut être installé par la seule vertu de nos injonctions, aussi vigoureuses soient-elles !

Des rituels pédagogiques pour apprendre à surseoir

Et ce qui est nécessaire à l'école doit, en fait, être mis en place dans l'ensemble de la vie sociale de l'enfant : des rituels doivent scander sa journée afin de créer les conditions nécessaires pour qu'il échappe à l'aspiration pulsionnelle et à l'activisme permanent. À nous de mettre en place des espaces et des temps suffisamment construits et sereins pour soutenir son attention. Pour l'aider à mettre en jeu son intentionnalité, à « se mettre en je ».

En réalité, toute l'histoire de la pédagogie témoigne de l'extrême importance de ce qui est devenu aujourd'hui, dans la société du zapping généralisé et de la pulsion d'achat totémisée, une absolue priorité : apprendre à différer. Qu'il s'agisse des tout-petits, dont Maria Montessori montre bien qu'ils ont besoin d'apprendre la retenue pour accéder à une véritable « intériorité »[2], ou des plus grands, auxquels Korczak propose l'ingénieux dispositif de la boîte aux lettres : « La boîte aux lettres permet de remettre à plus tard une décision : "Écris-le moi et nous verrons." [...] Les enfants apprennent grâce à cela : 1) à attendre une réponse au lieu de l'exiger sur-le-champ et à n'importe quel

[1] Simone Weil (1901-1943), *Œuvres*, Gallimard, Quarto, 1997.

[2] Ainsi Maria Montessori donne-t-elle, dans sa pédagogie, une grande place au silence et à ces temps où l'on suspend les activités pour permettre à l'enfant de se concentrer et de « prendre possession de soi » par la méditation.

moment ; 2) à faire la part des choses : distinguer, parmi leurs vœux, leurs peines, leurs doutes, ce qui est important de ce qui l'est moins ; 3) à réfléchir, à motiver une action, une décision ; 4) à avoir de la volonté.

– Écris-le, tu pourras mettre ton mot dans la boîte.

– Je ne sais pas écrire.

– Alors, fais-toi aider par quelqu'un qui sait. » [1]

Fabuleuse trouvaille pédagogique, qui met hors-la-loi le passage à l'acte violent à l'égard des pairs comme le parasitisme permanent à l'égard des adultes. Formidable dispositif d'éducation civique qui apprend à argumenter et à engager avec autrui un échange exigeant. Merveilleux outil d'apprentissage de l'écriture et de sa fonction de communication différée et réfléchie. Bel exemple d'une pédagogie du sursis qui permet l'émergence du sujet.

Dans la même perspective, le « conseil de coopérative » proposé par Célestin Freinet, parce qu'il se déroule à des jours fixes, qu'il est préparé par une collecte minutieuse des remarques et des suggestions de chacun, qu'il obéit à un rituel rigoureux, joue un rôle essentiel dans l'apprentissage de la délibération individuelle et collective. [2] Fernand Oury, héritier de Célestin Freinet et sensible aux apports de la psychanalyse, l'a parfaitement formalisé : « Tu n'es pas content du comportement de ton voisin ou de l'exercice que je te demande de faire. Tu

[1] Janusz Korczak, *Comment aimer un enfant*, Robert Laffont, 1998.

[2] Célestin Freinet, *Œuvres pédagogiques*, deux tomes, Seuil, 1992. Voir aussi de Jean Le Gal, *Coopérer pour développer la citoyenneté*, Hatier, 2001.

en as parfaitement le droit. Note-le. Tu en parleras au conseil. Plus tard. À son heure. Et nous y réfléchirons sereinement. »[1]

Plus tard : tout est là ! En situation scolaire comme en famille, demain est un autre jour. Un jour où la pulsion sera peut-être retombée. Un jour où les choses apparaîtront différemment. Un jour où l'on se donnera une chance de parler et de penser.

Entendre et différer

L'éducation du sujet commence là. Ne jamais refuser d'entendre, au risque de laisser la pulsion monter en charge dans le délire et susciter une surenchère de passages à l'acte : l'enfant installé dans le règne de la jouissance immédiate cherchera sans relâche à briser notre indifférence. Jusqu'à embraser notre propre violence. Jusqu'à des corps-à-corps infernaux et terriblement dangereux, comme dans nos pires cauchemars. Jusqu'au désir de mort réciproque... Mais ne jamais, pour autant, laisser jaillir la pulsion dans la fureur de l'instant. Ne pas tolérer l'insulte. Ne pas accepter les coups. Ne pas céder aux caprices. Demander toujours un sursis. L'exiger s'il le faut. Reporter à plus tard. Passer par l'écriture. Inscrire la parole dans un rituel maîtrisé. Aider l'enfant à entrer ainsi dans le cercle de l'humain, à s'installer autour de la « table ronde » pour devenir progressivement capable d'échanges sereins.

---

[1] Fernand Oury (1920-1996) est une des grandes figures pédagogiques de la seconde moitié du XXe siècle. Son travail sur le rapport du développement, des apprentissages et de la construction de la loi est plus que jamais d'actualité. Voir, en particulier, Fernand Oury et Aïda Vasquez, *De la classe coopérative à la pédagogie institutionnelle*, Matrice, 2001. Et sur l'œuvre de Fernand Oury, sous la direction de Lucien Martin, Philippe Meirieu et Jacques Pain, *La pédagogie institutionnelle de Fernand Oury*, Matrice, 2009.

« Pour commencer, explique l'anthropologue Marcel Mauss dans un superbe texte paru en 1925, il fallut d'abord poser les lances. C'est ainsi que le clan, la tribu, les peuples ont su – et c'est ainsi que, demain, dans notre monde dit civilisé, les classes, les nations et aussi les individus doivent savoir – s'opposer sans se massacrer et se donner sans se sacrifier les uns aux autres. [...] Les *chroniques d'Arthur* racontent comment le roi Arthur, avec l'aide d'un charpentier de Cornouailles, inventa cette merveille de sa cour : la Table ronde miraculeuse, autour de laquelle les chevaliers ne se battirent plus. Il est inutile d'aller chercher bien loin quel est le bien et le bonheur. Il est là, dans la paix imposée, dans le travail bien rythmé, en commun et solitaire alternativement, dans la richesse amassée puis redistribuée, dans le respect mutuel et la générosité réciproque que l'éducation enseigne. » [1] Certes, le charpentier de Cornouailles n'est plus et nous avons perdu le secret de fabrication de la Table ronde. Elle n'apparaîtra plus miraculeusement sur l'injonction d'un monarque, fût-il infiniment éclairé. Mais raison de plus pour s'obstiner au quotidien à l'instituer dans des rituels, même minuscules. C'est ainsi que nous aurons une chance que nos enfants la fassent exister un jour.

[1] Marcel Mauss, « Essai sur le don », *Sociologie et anthropologie*, PUF, 1993.

3

Entrer dans le symbolique et dans la culture

Au début, il faut simplement pallier l'absence. Rendre supportable l'insupportable : la privation de l'être à qui l'on doit tout. Il faut pouvoir traverser la nuit sans effroi : en espérant le jour. Il faut garder en soi une trace de l'aurore qui évite de se laisser envahir complètement par les ténèbres.

C'est pourquoi le petit enfant a besoin de se représenter sa mère quand il se retrouve seul. Il a besoin d'un substitut qui lui permette d'attendre plus sereinement son retour. Dans un texte célèbre de Freud, publié en 1920, on voit un bébé de dix-huit mois jouer avec une bobine attachée à une ficelle qu'il lance à l'extérieur de son lit avant de la rattraper, tout en prononçant deux syllabes : *fort* (en allemand, « loin » ou « parti ») et *da* (en allemand, « là »).[1] Freud explique que « le grand effort que l'enfant s'imposait lui permettait de supporter sans protestation le départ et l'absence de la mère. L'enfant se dédommageait pour ainsi dire de ce départ et de cette absence, en reproduisant, avec les objets qu'il avait sous la main, la scène de la disparition et de la réapparition ». De plus, il assumait

Rendre présent ce qui est absent

[1] Sigmund Freud, « Au-delà du principe de plaisir », *Essais de psychanalyse*, Payot, 2001.

là « un rôle actif, en reproduisant [un événement désagréable] sous la forme d'un jeu ».

Ainsi, en cherchant à rendre présente l'absence pour pouvoir la manipuler psychiquement, l'enfant entre dans le symbolique. Ainsi devient-il progressivement de moins en moins tributaire de son environnement direct et des événements qu'il vit au présent. Ainsi peut-il commencer à se construire un univers mental qui lui permettra de développer son intelligence. Ce processus se poursuivra par l'accès au langage, puis par l'utilisation explicite de symboles dans les échanges sociaux, avant de rendre possible l'élaboration des concepts.

Il s'agit toujours, en effet, de la même démarche : faire exister mentalement ce qui n'est pas de l'ordre de l'immédiatement observable et, pour cela, l'associer à un objet, une image, un mot, un texte, un modèle.

Soutenir l'accès au symbolique par des médiations culturelles

À cet égard, le symbolique n'est pas, à proprement parler, contenu dans la réalité : la mère du bébé n'évoque pas spontanément une bobine de fil... Pas plus que le mot « train » ne ressemble à un ensemble de wagons tirés par une locomotive... Pas plus que la tristesse ne dicte mécaniquement à Baudelaire l'écriture de « Spleen »... Pas plus que le physicien ne se contente de lire le monde quand il élabore la théorie quantique ou la relativité générale.

L'accès au symbolique est un véritable travail et requiert un investissement du sujet : il faut affronter un monde qui ne dit jamais rien d'emblée, une réalité toujours opaque, souvent chaotique. Il faut entrer en relation avec cette réalité, l'apprivoiser petit à petit, associer des phénomènes que rien ne rapproche, identifier des constantes, faire émerger des lignes de force, se donner les moyens de s'approprier mentalement ce qu'on a découvert. Incessants allers-retours entre la conscience et le monde pour construire de la pensée.

En réalité, passé les premiers jeux spontanés de l'enfance, nous n'y parviendrions pas si nous ne pouvions puiser dans le formidable réservoir de symboles que la culture dans laquelle nous vivons met à notre disposition. Avant nous, d'autres hommes ont déjà laissé des traces. Une multitude de signes de toutes sortes existent bien avant notre arrivée sur terre : les gestes fondateurs du salut, de la tendresse, de la soumission ou de la révolte sont déjà là, sédimentés dans l'histoire d'un peuple, voire de l'humanité. Nous avons aussi à notre disposition un ensemble de langages élaborés qui, aussi bien par la parole que par la musique ou les mathématiques, nous permettent de dire le monde. Nous disposons, enfin, d'une infinité d'œuvres de toutes sortes, qui constituent une fantastique mémoire collective. Tout cela est disponible pour permettre l'inscription de l'enfant dans l'ordre du symbolique.

C'est pourquoi, sauf à le condamner à refaire à lui seul l'histoire du monde, nous devons permettre à l'enfant de se saisir de ce que ses prédécesseurs ont patiemment construit. Il peut ainsi, tout à la fois, sortir de la solitude et entrer dans la culture. Il n'erre plus tout seul dans un monde hostile, menacé perpétuellement d'être dévoré par ses propres pulsions. Il peut nommer ce qui l'habite, donner un visage familier à ses angoisses, partager ses espérances.

La culture pour relier ce que chacun a de plus intime avec ce qu'il y a de plus universel

« Le père et la mère les menèrent dans l'endroit de la forêt le plus épais et le plus obscur et, dès qu'ils y furent, ils gagnèrent un faux-fuyant et les laissèrent là. »[1] Qui n'a imaginé être ainsi, un jour, abandonné par ses parents ? Qui n'a ressenti cette frayeur qui vous prend tout à coup, quand vos parents vous lâchent la main pour vous laisser seul, dans votre chambre, chez des amis, dans un lieu public… ou à l'école ?[2] « Ils avaient affaire au plus cruel des Ogres qui, bien loin d'avoir pitié, les dévorait déjà des yeux et disait à sa femme que ce serait là de friands morceaux lorsqu'elle leur aurait fait une bonne sauce. Il alla prendre un grand couteau et, en approchant de ces pauvres enfants, il l'aiguisait sur une longue pierre qu'il tenait à sa main gauche. »[3] Ici, on entend le frottement du couteau sur la pierre. Nos yeux courent, affolés, de la lame au visage de l'ogre. Le cœur cogne fort dans la poitrine. On n'ose même pas pleurer. On a le souffle coupé. On préférerait que le monde s'écroule. On perd pied…

Comme chaque fois, en réalité, qu'on entrevoit l'ogre au coin du bois et que, tout à coup, la panique nous prend : et si les bras de la mère qui réchauffent et protègent ne se rouvraient plus et

[1] Charles Perrault, « Le Petit Poucet », *Les contes de Perrault dans tous leurs états*, Omnibus, 2007.

[2] Andrea Canevaro, dans son livre *Enfants perdus, enfants exclus* (ESF éditeur, 1992), reprend le conte du Petit Poucet – *Pollicilo* en italien – et l'utilise pour décrire la manière dont beaucoup de jeunes enfants sont perdus en classe : « À l'école, chacun possède dans sa poche des cailloux ou des miettes de pain, dans l'espoir de se repérer. […] Mais il y a une terrible injustice entre ceux qui ont des cailloux et ceux qui ont des miettes. Et certains se perdent trop facilement. Ils sont projetés dans une culture étrangère où ils apprennent peut-être quelque chose, mais où ils ont énormément de difficultés à faire le lien avec leur propre culture, leur propre maison. Ils sont alors condamnés à vivre sans mémoire et sont incapables de marquer leurs parcours d'une trace pérenne. »

[3] *Idem.*

nous ramenaient pour toujours dans la nuit d'avant la naissance ? Et si la main du père qui aide à gravir le sentier ne se desserrait pas à temps quand on veut s'arrêter ou choisir une autre voie ? Et si l'ami proche, confident de tous les instants, finissait par me vampiriser complètement ? Et si l'être aimé, un jour, laissait l'ogre se réveiller en lui, épiant mes moindres faits et gestes, pénétrant mes pensées les plus secrètes, me reprochant muettement la moindre distance, m'assignant à résidence auprès de lui pour toujours ? Dans le ventre de l'ogre.

Il faut donc raconter *Le Petit Poucet* aux enfants. Il faut lire avec eux des albums de littérature de jeunesse. Il faut, dès l'école élémentaire, entrer dans les grands textes, comme *L'Iliade* ou *Don Quichotte*. Il faut aider les adolescents à découvrir la poésie pour qu'elle leur permette de reconnaître et d'assumer leurs propres sentiments. Il faut aller à la rencontre de Goya pour ressentir le frisson devant la folie meurtrière des hommes. Il faut écouter Mozart pour entendre tout ce que la légèreté peut porter de gravité. Il faut entrer dans la saline d'Arc-et-Senans [1] pour mesurer à quel point les paradis architecturaux sont proches de l'enfer. Il faut se confronter aux dialogues de Platon pour savoir combien l'interrogation pertinente permet d'accéder à la joie de comprendre. Il faut suivre Copernic et Galilée dans leurs aventures scientifiques et théologiques pour voir comment s'imbriquent et se désimbriquent le savoir et le croire. Il faut voyager avec Hérodote, lire Aristote avec Averroès, se frotter aux lois de l'optique avec Descartes, approcher Pascal et sa colonne

[1] Architecture utopique circulaire conçue par Nicolas Ledoux (1736-1806) : tout y est parfaitement conçu pour favoriser le travail et le bien-être des ouvriers, sous la surveillance du directeur qui en occupe le centre.

de mercure, naviguer avec Darwin aux Galápagos, tenter de d'imaginer ce qui a bien pu se passer dans la tête d'Einstein ou dans celle des maîtres zen japonais du XIIIe siècle ![1]

Car les œuvres humaines donnent forme à ce qui nous hante dans tous les domaines. Elles sont le théâtre de notre conscience. Quand l'enfant les rencontre, il comprend qu'il n'est pas seul. Que d'autres, avant lui et autour de lui, ont été, et sont encore, confrontés aux mêmes questions. Il peut ainsi nommer ce qui l'inquiète, se construire des images pour apprivoiser ses peurs, mettre des visages sur les fantômes de sa conscience. Il peut alors manipuler ses pulsions et ne pas être condamné à être manipulé par elles.

La culture pour agrandir le champ du possible

C'est pourquoi il est si important de raconter des histoires aux enfants et aux adolescents. Des histoires qui entrent en résonance avec eux et leur permettent, tout à la fois, de symboliser ce qu'ils vivent et de découvrir de nouveaux horizons. *Le Petit Poucet* aide à comprendre qu'on n'est pas tout seul à avoir peur d'être abandonné par ses parents. En l'écoutant, on sait aussi que d'autres que soi sont terrorisés devant la figure de l'ogre. Mais l'histoire permet également de découvrir la différence entre une piste marquée par des cailloux et une autre marquée par des miettes de pain. Elle montre, enfin, qu'on peut renverser sa faiblesse en force et que la ruse des petits peut parfois mettre en échec la méchanceté des grands.

[1] Sur toutes ces aventures fabuleuses de la connaissance, voir en particulier le beau livre de Daniel Boorstin, *Les découvreurs* (Robert Laffont, Bouquins, 1998).

Infinie richesse du récit où l'on se retrouve et l'on se dépasse à la fois.[1] Ressources immenses de la culture, qui relie ce que chacun a de plus intime avec ce qui est le plus universel. Qui fait écho aux questions anthropologiques les plus fondamentales – que nous partageons tous – et explore les réponses possibles sans nous interdire d'en inventer d'autres. Formidable pouvoir de la culture qui, en nous entraînant dans l'aventure de l'humain, nous libère de la solitude, nous délivre de l'obscurité et déverrouille la fatalité. Fantastique ouverture vers l'altérité, puisque nous nous découvrons ainsi fils et filles des mêmes questions, reliés par nos interrogations fondatrices, en deçà même des réponses qui nous séparent... Et qui ne voit à quel point il est important aujourd'hui que, sans être contraints de renier leurs cultures spécifiques, les hommes et les femmes de notre temps apprennent à reconnaître que leurs questions peuvent les réunir et que ce sont elles qui les inscrivent ensemble, comme des semblables et des frères, dans l'« humaine condition » ?[2]

Tant que nous ne saurons pas faire partager à nos enfants cette histoire vivante d'une quête commune de sens, tant que nous ne parviendrons pas à

---

[1] « Tout indique que la manière la plus naturelle et la plus précoce dont nous organisons nos expériences et nos connaissances prend une forme narrative », explique le psychologue Jérôme Bruner. Et il décline ce qu'il nomme les « universaux des réalités narratives » : le récit est une structure où le temps fait sens ; il renvoie à des genres narratifs (la comédie, le burlesque, la tragédie, la romance...) qui modèlent en grande partie nos histoires vécues et les rendent intelligibles ; il suscite la réflexion en nous amenant à nous interroger sur les intentions des acteurs ; il ouvre à des interprétations multiples et reste toujours ouvert au questionnement. Voir *L'éducation, entrée dans la culture*, Retz, 1996, et aussi *Pourquoi nous racontons-nous des histoires ?*, Retz, 2002.

[2] Ce sont précisément ces questions qu'explore Edgar Morin quand il présente *Les sept savoirs nécessaires à l'éducation du futur* (Seuil, 2000).

les faire vibrer à tout ce qui a permis à l'homme de s'exhausser par les œuvres de culture au-dessus du chaos pulsionnel qui l'habite, nous ne leur permettrons pas d'entrer dans un univers symbolique, où la perspective d'un échange sans violence devient possible.

Et c'est pourquoi, enfin, il est si important que les savoirs qui leur sont enseignés ne soient pas simplement des résultats fossilisés disposés sur sa route en un mystérieux parcours du combattant. Paulo Freire a parfaitement décrit cette « pédagogie bancaire », où les connaissances sont coupées de tout ce qui permet de comprendre le sens de leur émergence, présentées comme des produits dans un échange marchand qui place l'élève en position de stratège ou de spéculateur, en recherche permanente du meilleur rapport qualité/prix, c'est-à-dire le professeur qui donne le moins de travail et met les meilleures notes ! Certes, l'école reste une institution sociale, où il est normal que les efforts fournis soient récompensés et les mérites reconnus, mais cette école a aussi pour fonction d'enseigner ce qui permet aux hommes de se dégager de la violence primaire, de métaboliser leurs pulsions et d'accéder à une culture qui leur permette de se parler sans s'agresser, de se rencontrer sans se dévorer. « Qu'est ce qui vaut la peine d'être enseigné ? » demande Olivier Reboul. Et il répond : « Ce qui unit et ce qui libère. »[1]

Enseigner les savoirs comme culture

Et pour que les savoirs scolaires libèrent et unissent, ils doivent être enseignés comme culture.

---

[1] Olivier Reboul, *Qu'est-ce qu'apprendre ?*, PUF, 1993. Voir aussi, du même auteur, *Philosophie de l'éducation*, PUF, Que sais-je ?, 2001.

Réinscrits dans leur genèse. Réinvestis par chacun dans le mouvement même par lequel ils ont été construits. À quoi sert la géographie et pourquoi les hommes ont-ils fabriqué des cartes ? Que cherchait Pythagore quand il a élaboré son fameux théorème ? Que nous dit Rabelais de sa quête intérieure et des conflits de son temps en nous racontant l'histoire de Gargantua et de Pantagruel ? Quelles étaient les conceptions dominantes en physique à l'époque de Newton et qu'est-ce qui a permis de les remettre en question ? Quel était le projet de Marx quand il écrivit *Le Capital* ? Qu'est-ce que Paul Valéry nous donne à comprendre de l'amour et de l'attente quand il compose « Les pas » ?

D'autant plus qu'enseigner les savoirs scolaires comme culture, les situer dans une histoire où l'interrogation de chacun côtoie la préoccupation de tous, ce n'est en aucun cas basculer dans le relativisme ou mélanger les connaissances objectives avec les fruits de l'imagination. Tout au contraire, c'est aider l'enfant à accéder très précisément au statut de vérité des savoirs scolaires : on ne comprend la différence entre la loi de Joule et « Le lac » de Lamartine que si on est entré dans le processus de leur élaboration. Sinon, toutes ces connaissances ne sont qu'utilités scolaires, apprises en vrac et récitées plus ou moins par cœur pour obtenir une bonne note, faire plaisir à ses parents, passer en classe supérieure ou prouver qu'on est meilleur que sa sœur.

Plus grave encore, peut-être : pour beaucoup d'élèves, la présentation des savoirs scolaires comme des « essences éternelles et immuables », selon la formule de Descartes, leur en interdit l'accès. Enfermés dans une relation utilitaire aux savoirs, ils imaginent qu'il leur suffit d'effectuer mécaniquement quelques exercices, de mémoriser quelques formules et de justifier d'un travail fait pour répondre aux attentes du professeur. Ils sont ainsi très vite bloqués dès qu'il est fait appel à un effort de compréhension de leur part. Leur rapport au savoir [1] s'est construit dans l'obsession de la réalisation de la tâche, du « faire parce qu'il faut faire », sans jamais vraiment s'ouvrir à la question du sens : « Comment se fait-il ? Comment ça marche ? Qu'est-ce que cela m'apprend ? »

C'est pourquoi les éducateurs – enseignants, mais aussi parents et animateurs – doivent sans cesse interroger les enfants en distinguant vigoureusement ce qu'ils ont fait de ce qu'ils ont appris. « Tu me dis que tu as fait un exercice de grammaire, un schéma, une visite de musée, un mime... Mais qu'as-tu appris vraiment dans ces activités ? Qu'en as-tu retiré que tu puisses réutiliser ? En quoi es-tu maintenant plus intelligent et autonome ? »

Et la réponse n'est jamais simple. Elle ne s'offre pas spontanément. Elle se construit dans le rapport éducatif. « J'ai appris quand utiliser le conditionnel, comment fonctionne une écluse, ce qu'est l'impressionnisme, de quelle manière je peux, par un geste simple et maîtrisé, exprimer mon inquiétude ou mon étonnement. » L'enfant a besoin, pour grandir, d'extraire ainsi ce qu'il sait de ce qu'il a fait. Parce que cela lui permet de comprendre ce qu'est apprendre et comment on apprend. Parce que cela

---

[1] Cette question a été travaillée par l'équipe Escol de Paris-8 - Saint-Denis, qui souligne à quel point la focalisation sur la tâche au détriment de l'exercice de l'intelligence est une cause majeure de l'échec scolaire très fortement corrélé aux inégalités sociales (voir l'ouvrage récent de Stéphane Bonnery, *La construction des différences et des inégalités scolaires*, La Dispute, 2007).

donne la possibilité de mentaliser et de formaliser des acquis. Parce que cela libère ses apprentissages des conditions dans lesquelles ils ont été effectués. Parce que cela lui permet de les utiliser ailleurs et de sa propre initiative. Parce que savoir qu'on sait, c'est bien plus que savoir : c'est inscrire son savoir dans une culture.

La culture ou le « capitalisme pulsionnel » ?

L'entrée de tous les enfants dans le symbolique et la culture est donc un enjeu scolaire et sociétal essentiel. La culture ne peut être réduite à un supplément d'âme qui viendrait couronner l'acquisition de compétences de base. La culture est à la base ou, plus précisément, à la source. Les parents, les enseignants, tous les acteurs du tissu associatif et culturel doivent devenir des « passeurs de culture ».[1] Si nous démissionnons dans ce domaine, il ne faudra pas nous étonner que les joueurs de flûte de la société marchande, tous les VRP du « capitalisme pulsionnel », trouvent la voie libre pour entraîner nos enfants vers les cavernes de la barbarie.

Fernand Deligny écrivait en 1949, dans l'introduction d'un livre étrange où il faisait parler les objets et les personnages les plus hétéroclites : « Si l'éducateur, sous prétexte de ne pas perdre de temps, refuse de raconter des histoires aux enfants, il y aura toujours des commerçants prêts à le faire et la surenchère commerciale saura jouer de toutes les attirances, les mélanger pour ne pas manquer la vente [...]. Les gosses se précipitent sur ce brouet pendant que des éducateurs maladroits ou insuffisants négligent de satisfaire un des besoins initiaux

[1] Voir Jean-Michel Zakhartchouk, *L'enseignant, passeur de culture*, ESF éditeur, 1999.

des enfants de notre temps. [...] Trente enfants t'écoutent. Qu'attendent-ils de toi ? Que ta voix, que le récit que tu vas faire vienne au devant de leur expérience. [...] Parle. L'histoire, bulle imaginaire gonflée par trente souffles, va s'orner par instants d'arcs-en-ciel fugaces posés là par la lumière solaire, tout étonnée d'avoir livré, sans calculs et sans appareils, ses composantes. » [1]

Et il ajoutait : « L'envie d'histoires est la première manifestation de l'esprit d'aventure et d'enquête. À toi de lui apprendre à se satisfaire pleinement, de telle façon que, par la suite, l'esprit d'aventure ne mène pas leurs auteurs au suicide social et l'enquête à la manie de l'accumulation de connaissances ou au scrupule stérile. » [2]

[1] Fernand Deligny, « Les enfants ont des oreilles », *Œuvres*, L'Arachnéen, 2007.

[2] *Idem.*

4

Parler et penser juste

Pas facile de se faire entendre quand on vient au monde. Les adultes parlent une langue étrange qu'on ne comprend guère. Tout juste perçoit-on, au ton de leur voix, s'ils sont affectueux ou indifférents, attentifs ou agacés. On voudrait leur faire savoir qu'on a besoin d'eux, qu'on a mal aux dents, qu'on aimerait bien qu'ils jouent avec nous ou qu'ils pensent à nous changer. Mais, souvent, ils sont trop occupés. Alors, on manifeste comme on peut ses envies et ses chagrins, on braille et on piaffe... Ce qui est bien, c'est quand les grandes personnes tentent de comprendre ce qu'on veut et, surtout, quand elles nous l'expliquent avec leurs mots, doucement, pour que, petit à petit, on s'habitue à leur langage. Parce que, bien sûr, si elles attendaient qu'on sache parler pour nous parler, nous ne parlerions jamais.

Parler aux enfants pour leur apprendre à parler

Effectivement, éduquer, c'est toujours, d'une manière ou d'une autre, anticiper sur l'évolution de l'autre, le supposer capable de faire ce qu'il ne sait pas encore faire pour lui apprendre à le faire. C'est s'adresser en lui à ce qui n'existe pas encore pour le faire advenir... C'est pourquoi il ne faut pas trop se complaire dans le mignotage. Certes, cajoler et dorloter l'enfant lui apportent un sentiment de sécurité infiniment précieux pour son développement. L'affection dont il est l'objet lui donne le courage nécessaire pour affronter des situations opaques ou hostiles. Mais il ne faut pas s'attarder indéfiniment dans ce monde de jouissance fusionnelle. Il faut qu'une parole vienne d'ailleurs. Il faut qu'un signe brise l'enfermement, qu'une échancrure s'ouvre dans le cocon familial par où puisse s'immiscer, en même temps, la culture et l'inquiétude : un langage stabilisé pour pouvoir entrer en relation avec les autres, une parole qui se cherche pour pouvoir dire au mieux ce qui vient de soi seul. Ainsi l'enfant prend-il pied dans le monde : en empruntant à un langage commun de quoi exprimer une parole singulière.

Reformuler sans cesse

Apprentissage de la parole qui commence dès la naissance et se poursuit longtemps, jusqu'au terme de notre existence sans doute. Affaire d'échanges patiemment tricotés, de réajustements souvent laborieux, de recherches sans cesse renouvelées et de trouvailles parfois jubilatoires. Avec toujours, pour l'interlocuteur, une formule maîtresse : « Si j'ai bien compris... ». « Si j'ai bien compris, voilà ce que tu voudrais ou voulais dire... Voilà ce qui est important pour toi... Voilà ce que tu cherches à expliquer... Voilà ce que tu as identifié ou trouvé... ». Un « si j'ai bien compris... » sans la moindre dérision ni condescendance, sérieux et serein. [1] Avec un rien de roublardise quand même : on va toujours

[1] Carl Rogers (1902-1987), connu pour ce qu'on a nommé (à tort) la « pédagogie non directive », a développé longuement les vertus de la reformulation et identifié les trois conditions de l'efficacité de celle-ci dans le développement du sujet : l'empathie (la capacité pour l'interlocuteur de se mettre le plus possible à la place de l'autre pour bien saisir ce qu'il veut dire « de l'intérieur »), la congruence (la capacité pour l'interlocuteur d'être authentique et de ne pas se renier lui-même en des simagrées d'effacement permanent) et la considération

un peu plus loin que l'enfant, et on sait bien qu'il va faire semblant de se reconnaître dans ce que, en réalité, nous lui avons soufflé ! En s'astreignant à des reformulations systématiques : entre le rejet et l'extase, on ouvre ainsi la possibilité d'une amélioration, même minuscule, de l'expression. Avec des reprises exigeantes : car on transmet alors, dans l'interlocution elle-même, le souci de la précision, de la justesse et de la rigueur. Sans s'interdire des débordements féconds : car, en fournissant un mot nouveau, une expression originale, un exemple imprévu, on permet à l'autre d'affiner et d'enrichir sa pensée. En de perpétuels ricochets : l'échange permet ainsi à l'interlocuteur de rebondir, d'explorer de nouvelles perspectives, d'aller vers de nouveaux horizons... Dialogues sans fin avec nos enfants et nos élèves. Dialogues par lesquels, dans le même mouvement, ils s'approprient la langue et se construisent comme sujets. Ils s'appuient sur ce qui vient d'eux pour découvrir ce qui existe au dehors, et sur ce qui existe au dehors pour enrichir ce qui se passe en eux.

« Très tôt dans son apprentissage, l'enfant pose cette question : "Comment transmettre sa pensée avec des mots ?" [...] Ce défi, un enfant ne pourra le relever tout seul : il aura besoin de médiateurs, qui lui rappelleront sans cesse qu'au jeu du langage, c'est l'étranger qui est son partenaire privilégié et l'étrange son sujet d'élection », explique Alain Bentolila. [1] Car l'étranger et l'étrange imposent de

---

positive inconditionnelle (la capacité pour l'interlocuteur de positiver systématiquement le propos d'autrui et de débusquer en lui ce qui est le plus pertinent et intelligent). Voir *Le développement de la personne*, Dunod, 2005.

[1] Alain Bentolila, *Le verbe contre la barbarie – Apprendre à nos enfants à vivre ensemble*, Odile Jacob, 2007.

sortir de sa coquille et des seules relations affectives avec ses proches, où la connivence suffit parfois pour coexister sans trop de heurts. L'étranger et l'étrange imposent, pour communiquer avec eux, de stabiliser des formes d'expression dégagées du présent immédiat et du vécu strictement personnel. Des formes qui permettent de rendre saisissables par autrui ce que je vois, ressens, comprends et veux transmettre. Ainsi s'acquiert, progressivement et simultanément, la capacité de parler et de penser juste. Ainsi le sujet accède-t-il en même temps au langage et à la parole.

La parole entre le signal et le délire

C'est que parler ne consiste pas à envoyer des signaux. Certes, les signaux sont utiles : ils permettent de communiquer rapidement une information simple. C'est ce que font les animaux pour se prévenir de l'imminence d'un danger. C'est ce que faisaient nos grands-parents et nos parents grâce aux télégrammes. C'est ce que nous pratiquons en envoyant des textos ou des messages électroniques qui n'ont d'autre ambition que de fixer un rendez-vous ou de communiquer un ordre du jour. Nous ne pourrions pas vivre sans utiliser une multitude de signaux dans notre quotidien.

Mais ce qui caractérise les signaux, c'est que leur impact s'abolit avec leur énonciation et qu'ils se dissolvent dès qu'ils ont été utilisés : « C'est, explique Paul Valéry, une langue presque informe qui meurt à peine née ; elle se perd sur-le-champ, par l'usage même. Aussitôt, elle est transformée dans le pain qu'on demande, dans le chemin qu'on indique, dans la colère de celui que frappe l'injure. »[1]

---

[1] Paul Valéry, « Eupalinos ou L'architecte », *Œuvres*, tome 2, Gallimard, La Pléiade, 1960.

L'enfant a besoin d'apprendre et de comprendre un certain nombre de signaux, qui lui permettront de réagir à des stimulations précises : il perdra ainsi moins de temps à décoder certaines situations, pourra adapter son comportement aux différents contextes et échanger des informations factuelles. Mais cet usage, aussi nécessaire soit-il, ne suffit pas pour développer une véritable parole ni s'engager dans le travail de la pensée.

Pour autant, parler et penser ne consistent pas à se perdre dans une interprétation permanente et systématique de tout ce qui nous entoure et de tout ce qui nous arrive. Et c'est là, justement, une difficulté que rencontre l'enfant : parce qu'il vient au monde en occupant spontanément le centre du monde, il lui est difficile d'imaginer que certains événements n'ont aucun rapport avec lui. Ainsi n'est-il pas rare qu'un élève de cinq ans considère que, quand la maîtresse le regarde, c'est pour l'espionner et le prendre en défaut… tandis que quand elle ne le regarde pas, c'est parce qu'il ne l'intéresse plus ou qu'elle le déteste !

Dans une nouvelle de la romancière américaine Kressman Taylor, on voit une mère donner à son fils inquiet une véritable « leçon de choses », en lui expliquant « la leçon des choses » : « C'est très important de connaître les choses comme elles sont. Pas comment tu as peur qu'elles soient, ou comment tu voudrais qu'elles soient. Ni l'un ni l'autre. Comme elles sont. Tu dois découvrir que le monde ne pense pas à toi, qu'il ne rôde pas en attendant de pouvoir te faire mal, même s'il y a beaucoup de gens, surtout des enfants, qui pensent ça et qui ont peur. Le monde n'essaie pas, non plus, de te faire plaisir. »[1] Difficile d'accéder à cette objectalité[2] du monde. Difficile de renoncer à tout relire, à tout réinterpréter, à tout ramener à soi ! C'est un vrai travail : il faut accepter l'antériorité et l'extériorité du monde. Il faut être capable de distinguer les situations où l'on est directement en jeu de celles qui s'imposent à nous. Il faut disposer d'éléments assez stables pour ne pas s'enfermer dans la spirale de notre subjectivité.[3]

Le langage doit donc se construire en échappant tout à la fois à l'échange de signaux et au délire interprétatif. Il faut se dégager de la simple juxtaposition de mots, d'onomatopées, d'ordres, d'injonctions ou d'injures. Comme de la période sans fin, du discours flottant, sans queue ni tête, de quelqu'un qui au bout du compte n'a aucun autre référent que lui-même. Car le langage s'abolit aussi bien quand il se prend pour une collection de signaux-objets que quand il se déploie dans les méandres d'une subjectivité que plus rien ne vient réguler. En revanche, il s'élabore progressivement à travers la construction d'unités de sens. Et, dans notre langue, ces unités sont des phrases. Des phrases : ni des mots isolés, ni des textes désarticulés. Des phrases avec un sujet – ce dont on parle et qui constitue un point fixe – et

---

[1] Kressman Taylor, *Ainsi mentent les hommes*, Autrement, 2006.

[2] L'objectalité n'est pas ici l'objectivité : elle renvoie à l'existence de réalités indépendantes du moi du sujet.

[3] Emmanuelle Yanni a travaillé avec moi sur les élèves en échec par « excès de sens » : ceux qui ne parviennent pas à entrer dans les savoirs scolaires parce qu'ils les réinterprètent constamment en fonction de leurs affects. Un exemple typique est celui de l'élève qui refuse de traduire en anglais la phrase « la voiture rouge de mon père » en arguant qu'il n'a pas vu son père depuis longtemps. Tout un travail pédagogique est nécessaire pour décontextualiser l'exemple, rassurer l'élève qui s'est senti agressé, et construire des concepts qui lui permettront de manipuler les mêmes savoirs grammaticaux en les mettant à distance. Voir Emmanuelle Yanni, *Comprendre et aider les élèves en échec*, ESF éditeur, 2001.

un prédicat – ce qu'on en dit et dont on assume la responsabilité.

« De quoi parles-tu ? Que veux-tu en dire ? » Voilà la matrice. Voilà ce qui structure progressivement une parole. Voilà ce qui permet d'enraciner cette dernière dans le réel et autorise une personne à se mettre en jeu à partir et à propos de quelque chose. Voilà ce qui s'élabore chaque fois que nous prenons le temps de parler avec nos enfants. De parler vraiment, s'entend. C'est-à-dire de parler de quelque chose : d'une émission de télévision vue en commun, d'un événement de la vie familiale, d'un projet ou d'une activité qui nous réunit, d'une histoire racontée ou d'un livre lu ensemble. On n'apprend à parler qu'en « parlant de » : sur des médiations qui viennent réguler des affrontements de points de vue qui, sinon, dégénéreraient en d'interminables parties de bras de fer.

Le sujet se construit dans l'interaction avec l'objet

C'est tout simple, et ça fait toute la différence. C'est un des principes pédagogiques que le Prix Nobel Georges Charpak a voulu mettre en œuvre en proposant le programme « La main à la pâte » [1]. Outre la volonté de lutter contre l'illettrisme scientifique et de développer la méthode expérimentale, il s'agit pour lui de dépasser les conflits d'opinion par le recours à l'arbitrage des objets. En effet, quand il s'agit de brancher trois ampoules à une pile, celui qui a raison n'est pas celui qui crie le plus fort, mais celui qui branche les fils de telle manière que les ampoules s'allument. Les choses arbitrent ici entre nous bien plus efficacement que n'importe quel

[1] Voir Georges Charpak, *La main à la pâte*, Flammarion, 1998.

argument d'autorité ! Et, a fortiori, que n'importe quel coup de gueule !

L'intelligence commence ainsi : dans l'effort pour articuler la pensée et le réel grâce au langage. Tout continue ensuite en intériorisant progressivement, dans le rapport que nous entretenons avec le monde et les autres, l'exigence de justesse, de précision et, pour aller jusqu'au bout, de vérité. Parler et penser juste supposent en effet que la parole et la pensée restent toujours habitées par l'inquiétude, et que, même aux rares moments de certitude, elles s'exposent plus qu'elles ne s'imposent. Afin de rester ouvertes à l'interlocution d'autrui et de nous permettre de continuer à cheminer.

La parole authentique est toujours habitée par l'inquiétude

Et c'est cela, surtout, que nous devons transmettre à nos enfants : l'exigence. Que nous soyons parents, enseignants, éducateurs, quels que soient les contenus de nos échanges et de nos leçons – notre langue, notre histoire, nos outils pour comprendre le monde et agir sur lui, nos soucis et nos espérances –, nous devons leur parler avec l'exigence d'être, en permanence, au plus près du plus juste. Ce rapport intérieur à notre propre parole et à notre propre pensée se manifeste alors par une retenue presque invisible, par quelques hésitations ténues, par la manière de laisser transparaître un peu de fragilité, par une pointe d'humour modeste... qui désamorcent tout dogmatisme normatif et autorisent l'autre à entrer lui-même dans la parole.

C'est, pour reprendre les formules de Vladimir Jankélévitch, un « je-ne-sais-quoi » ou un « presque rien » qui fait toute la différence.[1] Et c'est ainsi que se transmet le véritable secret de l'humain : par une parole qui s'adresse à quelqu'un et l'interpelle pour qu'il parle à son tour. Parce que des hommes partagent une langue et des référents communs. Mais aussi parce qu'aucun d'entre eux n'a jamais tout dit et que chacun invite l'autre à prolonger sans fin la quête commune. C'est dire que nul, jamais, ne peut prétendre avoir le dernier mot. Le dernier mot brise la parole. Le dernier mot, c'est la violence et la mort.

Parler, en revanche, c'est opposer la liberté et la finitude d'un sujet à la violence originelle des choses, c'est humaniser le monde. Ainsi faut-il comprendre cette phrase si lumineuse rapportée par Freud : une petite fille aux prises avec ses terreurs nocturnes demande à sa tante de continuer à lui parler dans le noir depuis la pièce d'à-côté, parce que, dit-elle, « quand quelqu'un parle, il fait jour »[2].

Parler, en effet, permet de sortir de la nuit. Petit à petit, on distingue des formes dans les ténèbres. On les identifie. On les nomme. C'est un long processus : on aperçoit d'abord des contours, puis on discerne quelque chose : on l'isole progressivement de son contexte, on le sépare et on le compare, on tente de le caractériser pour pouvoir le différencier, on l'oppose à autre chose, on se hasarde à le définir et à le nommer… avant de découvrir que ce qu'on a cru saisir nous échappe, se décompose

Apprendre à penser, c'est distinguer sans cesse

[1] Voir Vladimir Jankélévitch, *Le je-ne-sais-quoi et le presque rien*, trois tomes, Points-Seuil, 1998.

[2] Sigmund Freud, *Leçons d'introduction à la psychanalyse*, XXVe leçon, 1933. Cette phrase sert par ailleurs de titre au livre d'Abraham Bengio, *Quand quelqu'un parle, il fait jour – Une autobiographie linguistique*, La Passe du Vent, 2007.

sous nos yeux, se multiplie et se métamorphose. Il faut analyser, scinder, dissocier, préciser, distinguer. Distinguer sans cesse : « Ce n'est pas vraiment la même chose... » ; « Là où je croyais voir un phénomène, il y en a, en réalité, plusieurs... » ; « Alors que je pensais pouvoir enfermer quelque chose dans une définition – définitive, comme l'est, par définition, une définition ! –, je me trouve contraint de distinguer et de distinguer encore... ».

L'enfant apprend ainsi à distinguer des temps et des espaces, des moments et des lieux, des formes et des sons, des personnes et des situations.

À l'école, il apprendra à distinguer le nord et le sud, les triangles et les quadrilatères, les noms et les verbes, le conditionnel et le subjonctif, le vivant et l'inerte, la dictature et la démocratie...

Dans sa vie, il découvrira petit à petit que l'amitié n'est pas l'amour, que la tendresse n'est pas la compassion, que la fascination n'est pas l'admiration et que la charité n'est pas la justice.

Plus tard, il exercera son intelligence, en s'efforçant de lever les confusions qui rendent le monde opaque, qui désarment toute pensée et découragent toute action. S'il veut contribuer à faire progresser la recherche, il décortiquera obstinément ce que le bon sens prend pour une entité indivisible : dans le noyau de l'atome, il y a des neutrons et des protons, et dans les neutrons eux-mêmes, il y a des quarks... Le symbolisme de Baudelaire n'est pas celui de Mallarmé, ni celui de Verlaine... Un élève en difficulté, ce n'est pas la même chose qu'un élève en échec, et il faut distinguer plusieurs types de difficultés et d'échecs... Ce qu'on met derrière le diagnostic d'hyperactivité renvoie à des réalités complexes, à des origines et à des comportements différents…

On n'en finit pas de distinguer, au point qu'on peut se demander si la distinction n'est pas l'activité fondamentale de l'intelligence.

La pensée et le langage travaillent encore ici de concert, se fécondant réciproquement. Et l'éducation, comme l'explique John Dewey [1], doit « faire du langage l'outil intellectuel par excellence » : il faut, explique-t-il, enrichir le vocabulaire de l'enfant et l'aider à se l'approprier par des usages de plus en plus minutieux, car « l'imprécision de la pensée accompagne un vocabulaire limité ». Il faut aussi entraîner l'élève à ce qu'il nomme un « discours enchaîné », et non le cantonner à quelques courtes phrases en réponse à des interrogations désordonnées. [2]

Au risque d'apparaître simplificateur, disons que l'impératif éducatif majeur pour favoriser le développement et l'exercice de l'intelligence de nos enfants consiste à exiger d'eux une expression orale et écrite rigoureuse, et cela dans toutes les occasions de la vie et dans toutes les disciplines scolaires. [3] C'est en effet à travers cette expression rigoureuse,

---

[1] Philosophe et pédagogue, John Dewey (1859-1952) est un promoteur de l'« apprentissage par l'action » *(learning by doing)* ; mais loin de tout spontanéisme, il revendique une action rigoureuse de l'éducateur pour accompagner le développement de l'intelligence de l'enfant.

[2] John Dewey, *Comment nous pensons*, traduction d'Ovide Decroly, Éditions Les empêcheurs de penser en rond, 2004.

[3] Cette hypothèse s'appuie largement sur les travaux de psychologues, de linguistes et même de sociologues comme le britannique Basil Bernstein (1924-2000), qui montre l'importante différence existant – aussi bien en termes de réussite scolaire que de réussite sociale – entre les enfants qui maîtrisent simplement un « code restreint » et ceux qui maîtrisent un « code élaboré ». Basil Bernstein, *Langage et classes sociales – Codes sociolinguistiques et contrôle social*, Éditions de Minuit, 1975.

et avec notre aide, qu'ils parviendront petit à petit à opérer les distinctions fondamentales.

Désimbriquer le savoir et le croire

Distinction entre le savoir et le croire : on ne fera entendre l'impératif démocratique de la séparation entre la sphère privée et la sphère publique que si, sur tous les sujets, on s'efforce de distinguer la vérité qui s'impose à tous de ce qui appartient au domaine des convictions de chacun. Rien de plus fragile, de plus difficile et, pourtant, rien de plus essentiel que cette distinction : apprendre à lire, déjà, c'est se soumettre à ce que dit un texte (un passé est un passé, un singulier n'est pas un pluriel, un mot ne peut être substitué à un autre) ; mais c'est en même temps en investir les interstices, imaginer ce qui n'est pas explicite et se forger un jugement sur le propos. De même qu'on accède souvent au savoir en passant le croire au crible de la critique rationnelle, de même le savoir ne discrédite pas le croire, mais, au contraire, lui donne la possibilité de se développer dans sa sphère propre. La théorie scientifique du big-bang n'interdit ni de méditer sur les leçons de la Genèse, ni de goûter la poésie et la force des premières pages des *Métamorphoses* d'Ovide…

Gardons-nous de cette vision chimérique de la laïcité, qui discréditerait a priori le croire au profit du seul savoir. Elle amputerait l'homme d'une de ses dimensions essentielles et fabriquerait, sous prétexte d'« objectivité laïque », un univers totalitaire qui n'aurait rien à envier aux pires anticipations de la science-fiction.

Travaillons en revanche avec nos enfants à expliciter en permanence le statut de ce qu'ils disent, à désimbriquer, autant que faire se peut, dans ce qu'ils entendent, lisent et colportent, les faits et les opinions, les informations et la propagande, les droits de l'imagination et l'imposture de la publicité. À l'ère d'Internet et de l'accès immédiat à une fantastique quantité de données, rien n'est plus important que d'aiguiser chez eux la capacité à interroger, à examiner, à discriminer. À comprendre ce qui se joue dans ce qui se dit.

Comprendre plutôt que réussir tout de suite

Comprendre : un projet qu'on pourrait croire très largement partagé par tous les enfants. Ne dit-on pas en effet qu'ils sont tous spontanément et infiniment curieux, porteurs d'un immense désir de savoir, d'une volonté de percer tous les mystères du monde et des hommes ? Peut-être ! Mais on va un peu vite en besogne quand on assimile désir de savoir et désir de comprendre. A fortiori quand on croit que le désir de savoir déclenche automatiquement le désir d'apprendre, d'entrer dans la complexité des choses, de s'approprier des concepts et d'élaborer des modèles... En réalité, ce que voudraient nos enfants – ce à quoi les encourage tout le progrès technologique –, c'est savoir sans apprendre, ou, mieux encore, réussir sans comprendre. [1]

Ainsi, il y a quelques années encore, il était indispensable, pour obtenir une photographie parfaitement nette, d'avoir une représentation sommaire des lois de l'optique, de connaître le rapport entre le diaphragme et la profondeur de champ, voire de faire quelques calculs. Aujourd'hui, des programmes entièrement automatisés permettent de

[1] *Réussir et comprendre* est le titre d'un des derniers ouvrages de Jean Piaget (PUF, 1992) : il y étudie les rapports complexes entre ces deux démarches.

réussir parfaitement sans apprendre ni comprendre. Bien sûr, ces programmes peuvent constituer des tremplins précieux pour aller plus loin dans la compréhension et la maîtrise des phénomènes, mais encore faut-il que les enfants soient encouragés à faire preuve de curiosité et à chercher « comment ça marche ». Or, la société ne les y encourage guère : elle les découragerait plutôt en les soumettant très tôt à une obligation de résultat, qui les incite à aller systématiquement au plus efficace : obtenir partout les meilleures notes en fournissant le moins d'efforts possible !

Dans ces conditions, le travail de l'éducateur est bien d'aider l'enfant à déplacer sa satisfaction de la réussite immédiate à la recherche de ce qui lui permet de comprendre, quitte à perdre du temps, à tâtonner, à chercher des informations peu accessibles, à affronter l'angoisse de l'inconnu et à paraître prendre du retard sur ceux et celles qui ne se soucient que d'exhiber au plus vite des résultats attestant de leur virilité mentale.[1] Apprendre, c'est donc surseoir, assumer l'incertitude, s'engager dans une aventure largement imprévisible.[2] C'est prendre du plaisir à faire jouer son intelligence avec le monde grâce au langage. Apprendre, c'est jouir de l'exigence du comprendre.

Dans un livre étrange, tout à la fois road movie et méditation philosophique, descente

---

[1] Il serait intéressant d'étudier à ce sujet les différences d'attitude entre les garçons et les filles : sans préjuger des causes qui expliquent leur comportement, il est certain qu'aujourd'hui les filles sont, globalement, bien plus capables que les garçons d'opérer ce « transfert de jouissance » du réussir au comprendre.

[2] Voir le beau livre de Michel Serres, *Le tiers instruit*, Julliard, 1994.

dans les enfers de la folie et exploration des arcanes de la paternité, Robert Persing souligne à quel point l'exigence de qualité, dans chacune de nos actions, est porteuse de dépassement : « Contrairement à ce que pensent la plupart des gens, l'entretien des motocyclettes est un exercice éminemment rationnel. [...] Un moteur de motocyclette obéit point par point aux lois de la raison ; et une étude de l'art de l'entretien des motocyclettes, c'est, en miniature, une étude de l'art du raisonnement. »[1]

Toujours et partout : l'exigence

À cet égard, en deçà et au-delà de la nature des objets et des supports qu'elle mobilise, l'intelligence est d'abord une démarche, un effort pour aller le plus loin possible dans ce que nous pouvons dire et savoir des êtres et des choses, une tension vers la perfection du propos, du geste, de la démonstration ou de la théorie dans lesquels on se risque. Nous connaissons tous cette vibration étrange, ce moment où nous approchons de quelque chose, où nous retenons notre souffle, où une forme émerge qui nous semble exprimer exactement ce que nous voulions dire. Instant fugace, le plus souvent. Qui disparaît parfois très vite, nous laissant sans voix, avec le sentiment d'avoir approché l'essentiel... et de l'avoir perdu ! Sans doute les artistes, les écrivains et les chercheurs ont-ils, dans ce domaine, plus d'expérience que nous : même si l'inquiétude, voire l'angoisse, ne les quitte guère, ils ont, avec ce qu'il faut bien appeler la vérité, un peu plus de familiarité que nous. Mais, néanmoins, nous avons tous besoin de cette expérience pour nourrir notre vie

[1] Robert M. Persing, *Traité du zen et de l'entretien des motocyclettes*, Seuil, 1998.

intellectuelle : c'est l'horizon qui nous permet de ne pas nous enkyster et de rester sujet de notre propre histoire.

C'est pourquoi il est si essentiel que nous accompagnions nos enfants sur le chemin de l'exigence : « Amener à la perfection les choses, même les plus insignifiantes, que les enfants apprennent » est un principe fondateur de l'activité pédagogique, explique Pestalozzi, aux prises avec les « enfants de la fange », dans *La lettre de Stans* [1]. Il a raison : même les choses les plus insignifiantes apparemment sont d'extraordinaires objets de formation et d'« élévation spirituelle » [2], dès lors qu'on s'efforce de les investir pour donner le meilleur de soi-même.

La probité, vertu cardinale

L'élève de maternelle s'élève autant en traçant soigneusement une lettre « avec toute son âme » [3] que l'élève de terminale en cherchant la solution d'un problème de mathématiques ou en rédigeant une dissertation de philosophie. L'enfant de sept ans qui apprend et récite un poème en s'efforçant d'en transmettre toute l'émotion progresse de la même manière que l'adolescent qui se coltine la fabrication minutieuse de la maquette d'un avion, la préparation d'un exposé sur Verlaine, ou tente de parvenir à la parfaite maîtrise de l'expression corporelle et verbale à travers le hip-hop, le rap ou le slam. Tous sont impliqués dans une démarche où l'intentionnalité du sujet tente de ne faire qu'un avec la perfection du projet. Tous peuvent ainsi identifier le point de fuite qui les aidera à structurer durablement leur pensée.

---

[1] Voir le texte complet de la lettre : www.meirieu.com/PATRIMOINE/lettredestans.pdf

[2] *Idem.*

[3] *Idem.*

« Travaillons à bien penser, voilà le principe de la morale », écrit Pascal dans *Les pensées*. Et, effectivement, bien penser n'est pas seulement une exigence intellectuelle, une nécessité scolaire et professionnelle, c'est aussi le gage d'échanges pacifiés entre les hommes.

En témoigne Édouard Claparède, le pédagogue genevois de l'« école sur mesure », qui fut aussi un homme d'un rare courage politique. En février 1939, à la veille de la Seconde Guerre mondiale et alors que la Suisse proclamait une hypocrite neutralité, il prononça une conférence qu'il intitula « Morale et politique, ou les vacances de la probité ». Il y affirmait que « ce qui n'est pas admissible, si l'on a choisi l'Esprit, c'est de pratiquer une politique qui le renie. Cette trahison s'appelle une défaillance de la probité » [1].

Et de définir la probité comme la détermination à mettre en œuvre quelques principes fondamentaux. Le principe de non infaillibilité, d'abord : c'est « le principe de tout homme qui réfléchit, qui sait que la vérité est une fin difficile à atteindre (à supposer qu'on y puisse jamais parvenir), et que nous sommes enclins à de multiples erreurs ». Le principe de non opportunisme, qui nous interdit de changer d'avis simplement en raison des commodités du moment. Le principe d'impartialité, qui consiste à « employer la même balance pour peser les actes de ses amis et de ses adversaires ». Le principe d'information intégrale, qui nous interdit de dissimuler délibérément une partie de la vérité. Le principe de

---

[1] Édouard Claparède, *Morale et politique, ou les vacances de la probité*, Éditions de la Baconnière, 1947 (il s'agit de l'édition définitive, qui n'avait pu paraître avant en raison de la censure).

fermeté, selon lequel « les fautes que peuvent commettre nos adversaires ne nous dispensent pas de nos devoirs intellectuels et moraux ».

Et Claparède concluait : « J'aime à me figurer une République où, pour atténuer l'inévitable heurt des opinions, qui risque toujours de dégénérer en antipathies entre les personnes, chacun profiterait de toutes les occasions de tendre la main à l'adversaire. » [1]

Que peut-on espérer de mieux pour nos enfants ? Et comment les y préparer plus efficacement qu'en les entraînant à parler et à penser juste, en cette exigence à la fois intellectuelle, sociale et morale qui leur permettra, toujours selon Claparède, d'être des « agents formateurs de cette humanité civilisée, enfin délivrée de la tentation de la barbarie » [2] ?

---

[1] *Idem.*

[2] *Idem.*

5

Habiter le monde

Cela commence par un vague sentiment d'étrangeté. Vous regardez vos parents et, petit à petit, vous avez le sentiment qu'ils s'éloignent de vous et appartiennent maintenant à un autre monde. Certes, ils sont gentils, disponibles et attentionnés. Ils font même parfois des efforts désespérés pour ne pas vous paraître trop intrusifs : ils ne vous demandent plus systématiquement où vous étiez entre le collège et la maison ; ils n'exigent plus le nom et les coordonnées de la jeune fille avec laquelle les voisins vous ont aperçu la semaine dernière ; ils évitent même de vous interroger chaque jour sur vos résultats scolaires ! Pour votre anniversaire, ils vous ont acheté le baladeur que vous vouliez, avec les haut-parleurs qui vous permettent de faire retentir votre musique dans toute la maison. Vous avez aussi la console de jeux et l'ordinateur. Ou bien vous allez les avoir. Ça ne saurait tarder... Le soir, dans votre chambre, ils vous laissent tranquille, respectant le panneau de sens interdit que vous avez mis sur votre porte. À vrai dire, vous n'avez pas grand-chose à leur reprocher, et c'est peut-être cela qui vous ennuie le plus !

L'adolescence pour se mettre à distance

Ça vous ennuie, car vous voudriez bien avoir de bonnes raisons pour les mettre à distance. Rien de plus normal, d'ailleurs : vous êtes en pleine mutation. En deux, trois ou quatre ans, votre corps change de stature, votre sexualité s'affirme. Vous allez devenir capable non seulement de faire l'amour, mais aussi de faire des enfants. Vous changez de place dans la configuration des générations. En effet, même si vous restez « le fils ou la fille de... », vous pouvez maintenant engager des relations amoureuses en dehors du cercle familial, et dans la réciprocité. Rien à voir avec l'affection qui vous liait, jusque-là, à ceux qui vous ont mis au monde et élevé. Vous devenez capable d'assumer une horizontalité affective entrevue, depuis quelques années, dans vos amitiés d'enfance, mais qui restaient, le plus souvent, sous le regard de vos parents. Plus encore : même si vous en retardez le moment ou envisagez votre vie sans cela, vous savez que vous pouvez, à votre tour, devenir père ou mère. Donc, vous inscrire dans une verticalité qu'il vous revient d'endosser.

Rien d'étonnant, dans ces conditions, que vous souhaitiez marquer fortement votre différence. Bien sûr, vous savez parfaitement que vous n'êtes pas encore prêt à assumer les conséquences d'une autonomie psychologique et matérielle. Mais cette dépendance, nécessaire et obligée à la fois, vous pèse. En réalité, vous voudriez pouvoir profiter encore de l'aide des adultes, mais sans avoir à le reconnaître... Secrètement, vous gardez une certaine considération pour eux. Subrepticement, vous vous emparez même, parfois, de quelques-uns des conseils qu'ils vous rabâchent à longueur de journée et que vous faites mine de ne pas entendre... Mais qu'ils ne comptent pas sur vous pour le moindre remerciement. Et cessent de caresser le fol espoir de vous entendre leur confier un jour : « Vous savez, je ne suis pas facile au quotidien, mais je comprends bien que vous vous inquiétiez pour mon avenir. C'est pourquoi vos rappels à l'ordre me sont particulièrement utiles. En fait, derrière vos questions agaçantes et vos remarques infantilisantes, je vois bien que vous me donnez des repères essentiels. Je comprends que mon comportement puisse vous agacer, mais je vous assure que, malgré les apparences, je tire parti de ce que vous me dites et que je m'en souviendrai plus tard. »

Disons-le sans ambages : un adolescent qui s'adresserait ainsi à ses parents et à ses professeurs susciterait légitimement chez eux plus d'inquiétude que de satisfaction ! Car les adultes ne sont ni totalement ignorants, ni totalement naïfs : ils savent que votre interjection fétiche – « J'en ai rien à foutre ! » – n'est que le signe d'une métamorphose que vous vivez dans la difficulté.

Une crise d'adolescence qui pâtit de l'absence de modèles alternatifs

En réalité, les adultes commencent même à comprendre que la « crise d'adolescence », si souvent décrite depuis un siècle, est en train de prendre un tour nouveau : l'individualisme contemporain et la faillite des grands modèles, sociaux, idéologiques et religieux rendent particulièrement difficile la métamorphose de l'adolescence. [1] Car, sans modèle disponible, il n'y a guère de point d'appui possible pour penser son propre devenir. Sans représentation alternative saisissable par rapport à la norme familiale, il existe un vrai risque de désagrégation du

[1] François de Singly, dans *Les adonaissants* (Armand Colin, 2006), souligne que les jeunes adolescents sont aujourd'hui amenés à trouver des formes nouvelles d'individualisation, plus négociées avec les adultes qu'autrefois, et qui passent par les choix de vêtements, de loisirs, de modes de vie, etc. Peut-être l'auteur sous-estime-t-il trop, néanmoins, la manière dont la société marchande instrumentalise les processus d'individualisation des adolescents au détriment d'autres formes possibles ?

moi, de fuite dans la violence contre soi ou contre les autres. Sans figures identificatoires à portée de main, il devient impossible de nommer sa différence, de trouver des justifications pour se mettre à distance, de transformer sa quête identitaire en révolte identifiable, saisissable dans des rapports sociaux, porteuse de dynamiques nouvelles.

Ainsi l'individualisme social place-t-il l'adolescent dans une situation largement inédite. Car, pour rompre avec les adultes, il faut trouver des modèles capables d'étayer cette rupture. Or, les modèles qui venaient jadis soutenir le dégagement des adolescents par rapport à leur famille appartenaient, en général, au monde idéalisé des héros positifs de l'histoire des hommes. Reléguées au rang de posters nostalgiques, ces icônes n'offrent plus aujourd'hui de costume possible pour habiller l'adolescent. Exit Jésus-Christ, Che Guevara et Luther King. Dépassés Antoine de Saint-Exupéry et Albert Camus ! Mais par qui ? Par les vedettes du showbiz, les mannequins et les acteurs, les présentateurs de télévision et les héros improbables des feuilletons people.

Certes, il ne faut pas pécher par généralisation hâtive : il existe des jeunes militants porteurs d'idéaux politiques, religieux ou écologiques, qui s'appuient sur une vision d'avenir de la société pour récuser le conservatisme – réel ou supposé – de leurs parents. Certes, il existe encore des adolescents qui vivent leur métamorphose sans se croire obligés de répudier la culture scolaire – voire la culture tout court – et en trouvant même dans cette dernière de quoi exprimer leur malaise et leur mal-être, leurs inquiétudes et leurs angoisses... Mais ces adolescents restent, malheureusement, bien minoritaires, aussi peu relayés par la machinerie médiatique que soutenus par les pouvoirs publics.[1]

Nous voyons ainsi s'opérer sous nos yeux une inversion radicale : l'adolescent des années 1960 lisait Rimbaud et contestait la société de consommation. L'adolescent d'aujourd'hui veut son lecteur MP3, passe des heures devant YouTube, et trouve profondément ridicule – surtout s'il est un garçon – de manifester le moindre intérêt pour les savoirs scolaires. L'adolescent des années 1960 conjuguait acceptation de la culture scolaire et refus de la culture sociale. Il pouvait ainsi, dans sa révolte même, rencontrer l'assentiment de ses maîtres et, au moins, un peu de compréhension, voire d'estime, de la part de ses parents. L'adolescent d'aujourd'hui – fabriqué par les industries de programmes en tous genres – associe la dévotion envers la culture sociale au refus de la culture scolaire : il ne peut donc que rencontrer l'hostilité de ses professeurs et susciter l'incompréhension de ses parents.[2]

On comprend mieux ainsi l'importance de plus en plus grande, pour les adolescents, des groupes fusionnels, des bandes et tribus, où l'on vient se réfugier pour se sentir moins seul. On comprend mieux aussi le caractère obsessionnel, chez certains d'entre eux, des marques : marques de vêtements

---

[1] Les collectivités territoriales font aujourd'hui des efforts significatifs pour soutenir les initiatives des adolescents et des jeunes adultes. Mais cela ne suffit pas à compenser l'important désengagement de l'État à l'égard des mouvements d'éducation populaire, la disparition de nombreux crédits dans la cadre de la politique de la ville et, plus globalement, la désertion des adultes dans l'univers des jeunes.

[2] Voir Philippe Meirieu, « Adolescent à l'école : est-ce possible ? », David Le Breton (dirigé par), *Cultures adolescentes – Entre turbulence et construction de soi*, Autrement, 2008.

et de chaussures, mais aussi marques sur le corps – piercings et tatouages – ou encore marques à travers des comportements codés ou des formules stéréotypées. Car les marques permettent de se démarquer des adultes et de se faire remarquer par ses pairs ; elles fonctionnent comme ersatz de modèles et signes de reconnaissance ; elles permettent de se retrouver quand aucun projet commun ne rassemble !

L'attraction du groupe fusionnel

On comprend mieux, enfin, la place absolument extraordinaire que prennent, pour les jeunes d'aujourd'hui, les nouveaux outils de communication : la télévision, dès lors qu'elle offre des programmes – télé-réalité ou feuilletons – où l'on se regarde en miroir, le téléphone portable, qui permet de rester relié à chaque instant à un réseau qu'on tient informé de tout en temps réel, l'ordinateur, grâce auquel on peut communiquer avec une multitude de gens à distance… En réalité, ces outils ne donnent plus accès au monde, mais le réduisent à un ensemble de relations virtuelles entre individus. Internet devient ainsi un moyen de rester entre soi. Dans une fusion, réelle ou fantasmée, où l'on s'installe douillettement.

C'est ainsi que le plus grand danger que nos enfants courent aujourd'hui, c'est de ne plus habiter le monde. De s'absenter. D'être mentalement kidnappés par les exploitants du virtuel… Avec, à terme, des conduites à risque qui les amènent au bord du précipice, ou bien des addictions qui les emprisonnent dans un imaginaire standardisé. [1]

[1] Voir les travaux de David Le Breton, en particulier *Passions du risque*, PUF, 2004, et *En souffrance – Adolescence et entrée dans la vie*, Métailié, 2007.

C'est toujours, en effet, la même envie qui les tenaille : partir. Quand rien ne permet de penser une métamorphose acceptable en ce monde, on quitte ce monde. On le quitte avec l'alcool ou la drogue. En se mutilant ou en refusant de s'alimenter. On le quitte en poussant toujours le voyage plus loin. Fugue, anorexie, boulimie, scarification, toxicomanie, fuite dans la violence, cyberdépendance, tentative de suicide [1], autant de moyens pour s'absenter du monde. L'adolescent, bien sûr, consent parfois à compenser cette absence par une vague présence physique, dans les repas familiaux ou en classe. Il est physiquement là. Mais psychiquement ailleurs : avec ses copains, au téléphone, devant sa console de jeux ou sur son ordinateur. Ailleurs qu'au monde.

L'envie de partir

La tentation est grande, alors, de remettre nous-mêmes nos enfants dans notre monde au forceps. De colères improvisées en sevrages brutaux : « À partir d'aujourd'hui, c'est fini ! Plus d'argent de poche, plus de sorties, plus de mauvaises fréquentations, plus de jeux vidéo, plus d'Internet ! » Mais nos interdits ont beaucoup perdu de leur crédibilité. D'abord parce que ce sont souvent des « décisions de jour de l'An », et que nous ne les tenons guère dans la durée. Nos enfants l'ont compris, d'ailleurs : ils laissent passer l'orage avec une certaine indifférence, voire un peu de compassion devant tant de bonne volonté

La tentation d'une remise au monde brutale

[1] Les tentatives de suicide des adolescents sont estimées entre 40 000 et 80 000 par an. Le nombre de décès est d'environ 800. Contrairement à d'autres catégories de population (les personnes âgées en particulier), les adolescents ratent très souvent leur suicide. Sans doute parce que, comme cela est souvent évoqué, les tentatives de suicide sont surtout des appels à l'aide. Mais aussi parce que les adolescents n'ont pas encore vraiment conscience de la mort comme disparition totale.

velléitaire... Mais ils savent bien que notre détermination disparaîtra dès que nous serons absorbés par nos soucis, ou que nous découvrirons le caractère intenable de nos oukases ! Ensuite, parce que nous sommes souvent démunis pour mettre en application nos interdits : comment contrôler l'usage d'Internet quand un adolescent dispose d'un ordinateur dans sa chambre et se relève la nuit pour pratiquer des jeux en ligne ? Comment légiférer sur les relations de nos enfants ? Comment éviter qu'on leur propose de la drogue ? Rien n'est jamais assuré dans ces domaines. De plus, si parvenions à ramener nos enfants dans notre monde par la force, ils n'y resteraient guère très longtemps : juste le temps nécessaire pour s'éviter des ennuis majeurs... avant de reprendre leurs habitudes, mais un peu plus clandestinement !

Ne pas les laisser s'abîmer

Bien sûr, il existe des cas où l'urgence commande une intervention rapide : on ne peut laisser des adolescents mettre en danger leur intégrité, s'amputer de leurs potentialités, compromettre leur avenir et, finalement, détruire l'humain en eux. Comme l'explique Philippe Jeammet, « ne pas les laisser s'abîmer » est une responsabilité partagée absolument essentielle. [1] Il faut donc que les parents sachent solliciter une aide spécifique quand il est encore temps. Il faut aussi que les éducateurs qui détectent des signes préoccupants sachent se parler et intervenir à temps. Il faut, enfin, que, face à des adolescents qui se mettent en danger, tous les acteurs sociaux – qu'ils relèvent du secteur de la santé, du travail social, de la police, de la justice ou

[1] Philippe Jeammet, *Pour nos ados, soyons adultes*, Odile Jacob, 2008.

de l'Éducation nationale – travaillent ensemble afin de créer des espaces possibles où les sujets puissent se reconstruire avec les aides nécessaires.

Mais, en amont et dans le cadre d'une prévention assumée comme vrai projet de société, tous les adultes sont évidemment concernés. Si nous voulons que nos enfants habitent notre monde, nous n'avons pas d'autre choix que de le faire exister autour d'eux. Et de les y introduire, avec suffisamment de douceur et de rigueur à la fois pour qu'ils trouvent du plaisir à le comprendre et de la joie à s'y investir pour le transformer.

Faire exister le monde pour leur permettre d'y être présents

Douceur et rigueur, d'abord, pour disposer autour d'eux, dès la toute petite enfance et tout au long de leur éducation, des objets saisissables. Des objets qui constituent un univers accessible mais exigeant, des objets dont la manipulation permet de construire des opérations mentales de plus en plus complexes : jeux de découverte, puzzles, jeux d'observation, de construction et de fabrication, jeux individuels et jeux collectifs, jeux de règles et jeux de rôles.

Car, pour apprendre à habiter le monde, l'enfant doit s'inscrire dans des espaces-temps intermédiaires, où le sujet articule le désir et la règle, où il investit son imaginaire dans un cadre prédéfini, où il apprend à occuper une place – qui n'est pas toute la place –, où il expérimente sans risques une action possible dans et sur un monde encore circonscrit et à sa mesure. Or, le jeu permet tout cela. [1] Il constitue

Les faire entrer dans le monde grâce au jeu

[1] Le psychologue Henri Wallon (1879-1962) a notamment mis en avant les vertus du jeu dans *L'évolution psychologique de l'enfant* (Armand Colin, 1965) :

une médiation entre la toute-puissance de l'infantile qui, sans cesse, menace de restaurer la figure du tyran, et la fossilisation mentale prématurée, qui enjoint de se soumettre passivement à un monde extérieur sur lequel on renonce à avoir prise...

Jouer, c'est explorer le monde dans un cadre précis, où le joueur sait que ce n'est pas pour de vrai, que c'est un univers en miniature, avec des caractéristiques soulignées pour être plus lisibles et des objets symbolisés pour être plus facilement saisissables [1]. Il sait aussi que, dans le jeu, les rôles ne sont pas définis une bonne fois pour toutes, mais qu'ils tournent systématiquement pour que, précisément, chacun s'essaye à blanc à chacun d'eux. [2] Le jeu permet ainsi à chacun de s'essayer à être autre, à différer, à tenter de faire ce qu'il ne sait pas faire... en prenant du plaisir et sans se mettre en danger. Pas de différence, à cet égard, entre la marelle, les échecs, la course d'orientation, les cubes, les mimes, etc. : on offre à un sujet un espace-temps symbolique et bien délimité, qui permet de comprendre

---

« Se permettre le jeu quand son heure paraît venue, n'est-ce pas se reconnaître digne d'une trêve qui suspend, pour un temps, les contraintes, obligations, nécessités et disciplines habituelles de l'existence ? [...] Le jeu résulte précisément du contraste entre une activité libérée et celle où normalement il s'intègre. C'est entre des oppositions qu'il évolue, en les surmontant qu'il se réalise. »

[1] Ainsi, analyse le psychanalyste Philippe Gutton, « la charnière du fantasme et du symbole ludique est un événement majeur. Ce mode de compréhension prend toute sa dimension si l'on sait que le fantasme primordial véhiculé par le jeu est de l'ordre de l'omnipotence archaïque. Dans le jeu, le fantasme s'efface au bénéfice du symbole. Le symbole ludique est une structure ouverte, création dans l'espace et dans le temps, construction progressive modulant le fantasme qu'il véhicule ». *Le jeu chez l'enfant : essai psychanalytique*, Larousse, 1973.

[2] Beaucoup de pédagogues ont insisté sur cette vertu du jeu, de Pauline Kergomard à Édouard Claparède. Mais c'est, sans aucun doute, Anton Makarenko (1888-1939) qui, en organisant dans ses « colonies » la rotation systématique des tâches (y compris entre les fonctions de responsabilité et les fonctions d'exécution), a fait les propositions les plus intéressantes. Voir *Poème pédagogique*, Éditions du Progrès, 1967.

en même temps ce qui n'est pas « du jeu » et ce qui n'est pas « un jeu ».

Car autant le jeu est nécessaire pour découvrir le monde, autant il est essentiel, pour l'enfant, qu'il accède progressivement à la distinction essentielle entre le jeu et le travail. Certes, tout jeu nécessite, à l'évidence, un certain travail intellectuel ; de même, nous savons bien que les traditionnels bons élèves sont ceux qui vivent les exercices scolaires comme des jeux et y trouvent un vrai plaisir ludique. Mais ce qui caractérise le travail – toutes les formes de travail et, donc, aussi le travail scolaire – c'est que, d'une part, la personne s'engage et assume la responsabilité des conséquences de ses actes et que, d'autre part, il y a irréversibilité du temps : on ne peut pas revenir en arrière parce qu'on est dans l'histoire, dans « son histoire » ou dans « la grande Histoire », mais dans une temporalité où il est impossible de reconstruire le château de cubes qu'on a détruit rageusement, de ressusciter les milliers de morts d'un jeu vidéo, de repartir de zéro entre chaque partie.

Leur faire découvrir que tout n'est pas jeu

C'est pourquoi, en famille comme à l'école, il est si important de spécifier le temps de jeu. « Maintenant, on ne joue plus ! » disent les parents quand l'enfant, en chahutant dans le lit, se met à donner de vrais coups, sans s'en apercevoir. On ne joue plus, parce que ce n'est pas du jeu ; on est sorti du "faire semblant" et on prend des risques inutiles... Ainsi le jeu est-il décisif dans le développement de l'enfant tout autant par ce qu'il permet de découvrir en lui-même que parce qu'il impose une frontière avec ce qui n'est pas du jeu : et c'est à l'adulte, évidemment, de marquer clairement cette frontière. Il en est le garant.[1]

Leur permettre de s'engager dans des projets

Pour autant, il n'est pas question de laisser croire à l'enfant qu'une fois la frontière du jeu franchie, il n'y a qu'ennui, douleur et soumission à un implacable principe de réalité. Car le défi éducatif consiste justement à potentialiser les acquis du jeu pour permettre à l'enfant, au fur et à mesure qu'il grandit, d'entrer dans des dynamiques de projet. Car qu'est-ce qu'un projet ? Un jeu à l'épreuve du réel.[2] En prise sur la temporalité : le projet prolonge une histoire et construit un avenir. Au contact de la réalité : le projet travaille avec les richesses et les contraintes des êtres et des choses. En relation avec l'altérité : le projet inscrit le sujet dans un collectif structuré. S'investir dans un projet, pour un enfant et un adolescent, c'est donc bien apprendre à habiter le monde. Tâche essentielle, dont la responsabilité incombe aussi bien à la famille qu'à l'école et au tissu associatif.

« Faire ensemble » en famille

Les parents peuvent et doivent, ici, jouer un rôle majeur. Les occasions sont nombreuses, en effet, qui permettent d'impliquer au quotidien les enfants

---

[1] On voit qu'à cet égard le problème des jeux vidéo réside moins dans leur utilisation délibérée comme jeu que dans la sidération qu'ils exercent, au point que l'enfant s'anéantit dans l'écran qui devient pour lui le seul « monde réel ». Voir Philippe Meirieu, *Le monde n'est pas un jouet*, Desclée de Brouwer, 2004.

[2] Célestin Freinet, pourtant méfiant à l'égard de tous les jeux (« L'enfant joue lorsque le travail n'a pas réussi à épuiser toute son activité »), très sévère avec le « jeu-haschich », montre bien l'importance du « jeu-travail » par lequel l'enfant accède progressivement aux exigences du « travail vrai » (*L'éducation du travail*, Delachaux et Niestlé, 1978). Et Fernand Oury, le fondateur de la « pédagogie institutionnelle », explique que tout l'enjeu d'un dispositif pédagogique consiste à « associer la soumission au réel et la liberté de l'imagination » (Fernand Oury et Aïda Vasquez, *Vers une pédagogie institutionnelle*, Matrice, 2001 – première édition 1967).

dans des projets, du plus élémentaire investissement dans les tâches familiales au bricolage le plus sophistiqué.

C'est pourquoi, chaque fois que c'est possible, il faut s'efforcer de « faire ensemble ». Faire ensemble pour s'investir en commun sur les mêmes objets, pour être présents dans le même espace-temps, pour découvrir la résistance des êtres et des choses en se coltinant les mêmes tâches, pour aiguiser son intentionnalité, pour engager le dialogue avec le monde. Faire ensemble pour lester nos subjectivités, tempérer nos délires individuels, nous confronter à la nécessité de nous organiser dans la « médiocrité » [1] qui nous rassemble plutôt que de nous réfugier, chacun, dans les mirages qui nous séparent...

Et, évidemment, l'école a un rôle absolument essentiel dans la découverte et la mise en œuvre de cette démarche. D'une part, pour compenser la diversité et l'inégalité des expériences de socialisation familiale et, d'autre part, parce qu'elle demeure le lieu par excellence de la construction d'un monde commun. C'est pourquoi la transmission des connaissances et le partage des savoirs y sont inséparables de l'inscription dans une activité commune.

La méthode active à l'école

Qu'on songe que, dès 1888, Henri Marion [2], un philosophe à qui Jules Ferry avait confié la première chaire de « science de l'éducation » à la

[1] Qu'on ne prenne pas ici ce mot dans son sens péjoratif, bien au contraire : ainsi Aristote, après le poète Phocyclide, affirmait-il : « La médiocrité nous comble de tous les biens ; je veux vivre avec elle au milieu de mes concitoyens. » Prise en ce sens, la médiocrité est ce qui « médiatise », réunit et permet de se retrouver ensemble « les pieds dans la boue »... même si on a « la tête dans les étoiles ! » Le refus de cette médiocrité-là est souvent le signe d'un refus du monde, tout simplement.

[2] 1846-1896.

Sorbonne, déclarait : « Il n'y a qu'une méthode et c'est la méthode active. » Et il ajoutait : « Agir et faire, voilà le secret et, en même temps, le signe de l'étude féconde. Faire agir, voilà le grand précepte de l'enseignement. Autant dire le précepte unique, car il contient en germe tous les autres. » [1] Et Alain, penseur pourtant peu enclin à l'indulgence envers les pédagogies de la facilité, dira, quelques années plus tard, sa haine des « petites Sorbonne », où l'enfant n'apprend que la docilité et la passivité. [2]

L'un et l'autre, pourtant, ne cherchent pas à installer les élèves dans une agitation et un activisme permanents : le « faire » dont ils parlent n'a rien à voir avec la systématisation des travaux manuels... quoiqu'il ne faille en rien les négliger, tant parce que, bien conduits, ils permettent la formation de l'intelligence que parce qu'ils ouvrent des horizons personnels et professionnels aux élèves ! Mais dans leur cas, comme d'ailleurs dans toutes les tâches proposées à l'école, ce qui compte, c'est l'activité mentale, ce qui se passe dans la tête des élèves, quand ils interagissent avec leur environnement, qu'ils s'efforcent de comprendre ce qui rend possible une action et la manière dont on doit la conduire.

La pédagogie de projet est infiniment précieuse, car elle est une pédagogie de l'implication de l'élève dans le monde. Pas dans un monde réduit à quelques formules abstraites, ni dans un monde livré en vrac et de manière insaisissable à des êtres incapables de l'appréhender. Mais dans un monde préparé par l'adulte afin que l'enfant s'y mette en

---

[1] Ce texte fut publié, en 1888, dans la *Revue pédagogique*, 12 – 1.

[2] *Propos sur l'éducation*, PUF, 1990.

jeu et apprenne à en faire son allié. Afin qu'il en repère les contraintes et les ressources. Afin qu'il le pense en devenir et puisse peser sur son avenir par son travail et son engagement.

Et le monde, ici, c'est d'abord, bien évidemment, la classe : il faut que cette dernière devienne un véritable collectif de travail. Il faut que son organisation permette à chacun de trouver une place et de se développer au mieux. Il faut, comme l'explique Fernand Oury, que, grâce aux « institutions », on parvienne progressivement à passer du silence au tumulte et du tumulte à la parole. [1] Alors, on peut espérer que l'élève, arrimé à un groupe humain en devenir, découvre à quel point il a besoin du monde et à quel point le monde a besoin de lui.

L'engagement dans des « tiers lieux »

Il pourra peut-être, alors, décider de s'investir, à côté de la famille et de l'école, dans un « tiers lieu » où il trouvera, avec des pairs et de jeunes adultes, la possibilité de s'engager dans des activités à caractère sportif ou culturel, politique ou humanitaire. [2] Là, il franchira une étape décisive. Le monde-objet, dans lequel il vivait encore plus ou moins, deviendra

---

[1] Voir Fernand Oury et Aïda Vasquez, *Vers une pédagogie institutionnelle*, Matrice, 2001, et, des mêmes auteurs, *De la classe coopérative à la pédagogie institutionnelle*, Matrice, 2001. Les « institutions » dont il est question ici sont le « Quoi de neuf ? » le matin, le « Conseil », les rôles, les « ceintures de judo » qui permettent une évaluation sans compétition, les ateliers, etc.

[2] La notion de « tiers lieu » a été particulièrement travaillée par Christian Join-Lambert, Jean-Louis Piednoir et Edmond Vandermeersch au sein du groupe Confrontations : « La société, expliquent-ils, a besoin d'individus aux convictions fortes. Ils sont les vecteurs du progrès. Il faut des lieux où on se préoccupe de l'acquisition des convictions. [...] Ces lieux constituent ce que nous appelons le « tiers lieu » éducatif, qui comprend aussi d'autres lieux spécialisés, par exemple pour les loisirs, le sport, la musique, les arts, etc. L'association est le mode juridique d'existence de ces divers lieux. [...] La régulation du tiers lieu éducatif est un moyen de surmonter la tension parfois vive chez les jeunes entre le « vivre ensemble » et l'affirmation des différences. Là se joue la paix civile. »

pour lui un monde-projet : ce ne sera plus un magasin de marchandises offertes à sa concupiscence, mais un trésor, espace de recherche offert à son inventivité. Il se détournera ainsi progressivement des images qui le sidèrent ou le terrorisent pour découvrir des objets qu'il interroge, questionne et interpelle. Il passera du parasitisme de celui qui se contente de profiter des bonnes occasions à l'action délibérée de celui qui se sent concerné par l'avenir de tous. Il se dégagera de la posture mimétique pour tenter de s'inventer différent. Il sortira d'un univers régi par la loi du plus fort et la fatalité pour tenter l'aventure de la solidarité et de la liberté. Bref, il habitera, enfin, le monde des hommes.

Ainsi se confirme une exigence éducative fondamentale pour notre temps : que ce soit pour apprendre à l'enfant à différer, à entrer dans le symbolique, à parler et à penser juste ou à se rendre présent au monde afin de l'habiter et de le construire avec d'autres, le « faire avec » est véritablement fondateur. Il est fondateur dans l'éducation familiale, qui doit multiplier les activités communes. Il est fondateur dans l'éducation scolaire, qui doit promouvoir la « méthode active ». Il est fondateur dans l'institution sociale, qui doit favoriser toutes les formes d'engagement collectif des jeunes. [1] Car, en faisant avec, on se dégage tout à la fois de la juxtaposition des individualismes et des coagulations

[1] Ces trois axes représentent d'ailleurs assez bien les trois directions que devrait prendre une véritable politique d'éducation : soutien à la parentalité par la mise à disposition de médiations entre les parents et les enfants (livres, spectacles, émissions de télévision, lieux de rencontres...), développement d'une pédagogie exigeante dans les écoles, collèges et lycées (en lieu et place du chapelet de cours qui se succèdent sans parvenir à mobiliser les élèves) et aide systématique au mouvement associatif et, en particulier, aux mouvements d'éducation populaire (avec une validation des acquis effectués par les jeunes dans ce cadre).

fusionnelles. En faisant avec, on crée les conditions pour échapper à toutes les tentations de virtualisation du monde, à la fascination pour toutes les formes de fuite en avant, à l'attirance pour la destruction de soi et des autres.

Nos enfants, créateurs du monde

Quand tant d'adultes s'inquiètent des déviances des jeunes, il faut méditer ces lignes d'un praticien de la pédagogie Freinet, Paul Le Bohec, compagnon et interlocuteur exigeant de son « maître » :

> « On pourrait partir de quelques verbes qui expriment ce que les êtres humains portent, plus ou moins, en eux : *survivre, exister (être reconnu, compter pour quelqu'un), risquer, régresser, montrer, voir, subir, revivre pour réparer, rejouer ou "rejouir"*. Ces verbes sont chargés de potentialités diverses, dangereuses si elles sont poussées à l'extrême : autoritarisme, machisme, sadisme, masochisme, fuite dans l'extrême, comportements agressifs ou suicidaires...
>
> L'éducation devrait prendre en compte ces tendances et en faire des outils de bonheurs en permettant l'utilisation de formes suffisamment acceptables par la société pour que ni elle ni les individus en pâtissent. Si, par exemple, l'impérieux désir de voir peut se sublimer en une activité d'observation scientifique, tout le monde ne pourra que s'en réjouir, et le voyeur le premier. Et le sadique sera sculpteur.
>
> Si on peut vivre à plein les choses, si on découvre à temps les bonnes drogues de la vie telles que l'écriture, les arts, la création, l'expression, la rencontre, le partage, l'association, l'organisation, l'engagement, la responsabilité,

le sport, la musique, le théâtre, la recherche, la symbolisation, la sublimation, si on peut se réaliser, soi, on aura beaucoup moins besoin de recourir aux drogues de fuite ou de mort. » [1]

Qui a dit que la pédagogie n'était plus d'actualité ?

[1] Paul Le Bohec, *L'école, réparatrice de destins ?*, L'Harmattan, 2007.

6

Pour une éducation à la responsabilité

Nos enfants ont réponse à tout

Quel parent n'a pas fait cette expérience ? Notre fils ou notre fille arrive, une nouvelle fois, avec un retard que nous jugeons inexcusable ou des résultats scolaires de plus en plus préoccupants ; plus banalement encore, nous ne parvenons pas à lui faire ranger sa chambre ou à éviter de nouvelles et interminables disputes avec son frère ou sa sœur. Et chaque fois, c'est la même chose ! Nos enfants sont devenus des experts en justifications en tous genres : ils ont toujours d'excellentes raisons pour tout expliquer et s'exonérer de la moindre responsabilité ! S'ils sont en retard, c'est parce qu'ils ont dû rattraper un cours et, s'ils ont de mauvaises notes, c'est parce que le professeur explique mal ! Quant à leur chambre, c'est leur espace privé où, justement, ils ont besoin de s'étaler librement pour compenser la rigidité du foyer familial ! Et puis, la sœur, c'est bien connue, est une chipie insupportable… ou bien c'est nous qui ne comprenons rien à l'affection véritable que cachent de superficielles querelles ! Bref, nous ne sommes pas dans le coup et ils ont définitivement réponse à tout !

À l'école et dans le champ social, les choses sont souvent encore plus caricaturales. Ainsi, ce matin, José, un élève de quatrième, arrive en retard pour la dixième fois consécutive. Refusé en cours par l'enseignant, il se rend au bureau du conseiller principal d'éducation, qui manifeste quelque agacement, pour ne pas dire plus. Le garçon se lance alors dans une longue tirade pour se justifier : il explique qu'il est seul, chez lui, à se lever le matin depuis que son père est au chômage ; il doit, de plus, garder sa cousine tard le soir depuis que sa tante, qui élève seule sa fille, a trouvé des ménages dans des bureaux voisins ; il n'est donc guère motivé pour arriver à l'heure ; quant au cours de ce matin, c'est de la physique, et il ne comprend rien à cette matière.

Nos enfants sont devenus des experts en justifications en tous genres

La scène, avouons-le, paraît un peu caricaturale. Mais elle est, en réalité, terriblement banale et révélatrice. Nos enfants, en effet, sont devenus, à notre insu, des spécialistes de sciences humaines : ils ont grandi et vécu dans un monde où tous les sujets sont systématiquement traités du point de vue sociologique et psychologique. Pas un politique sans son sociologue. Pas un journaliste sans son psychologue. Expliquer est devenu le maître-mot. Et nos enfants l'ont bien compris : ils savent qu'« expliquer, c'est justifier ». Les voilà donc qui manipulent, sans le savoir, la vulgate de Pierre Bourdieu : ils sont des « héritiers », victimes d'un monde qui les condamne à la « reproduction ». [1] Ou bien ils s'emparent de quelques notions de psychanalyse qui traînent ici ou là [2] : en l'absence de père symbolique, ils sont voués à la transgression !

---

[1] Voir Pierre Bourdieu et Jean-Claude Passeron, *Les héritiers*, Éditions de Minuit, 1964, des mêmes auteurs, *La reproduction*, Éditions de Minuit, 1970. Bien sûr, les thèses et l'œuvre de Pierre Bourdieu ne se réduisent pas à l'interprétation mécanique qu'on fait d'elles.

[2] En particulier dans toute une littérature approximative consacrée au « développement personnel ».

Bien sûr, tout cela n'est pas explicité ainsi, ou rarement. Mais c'est dans l'air. Dans le discours médiatique et dans celui des revues spécialisées. Dans les émissions d'« antenne ouverte » des radios jeunes et dans les magazines people. Et cela fournit une panoplie de justifications qui permettent de faire à peu près ce qu'on veut en échappant à la moindre responsabilité.

Loin de moi l'idée de récuser l'apport des sciences humaines : elles nous fournissent des outils d'intelligibilité de notre monde infiniment précieux. Ce qui est en question, ici, ce n'est ni leur existence, ni leur légitimité comme disciplines scientifiques, ni leur maîtrise par des professionnels du champ social, qui en utilisent les apports pour intervenir de manière éclairée et pertinente. Ce qui est en question, c'est la systématisation des sciences humaines comme posture dans le champ éducatif. Ce qui est en question, c'est la transformation en lieux communs, mobilisables en permanence par tout un chacun, de savoirs dont la validité doit toujours être rapportée à leurs présupposés et à la méthodologie qui a permis de les élaborer.

Les sciences humaines expliquent le passé, mais ne prescrivent pas le futur

C'est ainsi qu'il faut sans cesse rappeler que les sciences humaines s'efforcent d'établir des corrélations, voire d'identifier des causes, à partir de faits qui ont déjà eu lieu. Les hommes n'entrent dans les sciences humaines que comme des objets d'étude a posteriori, et non comme des sujets dotés d'une liberté propre.

Ainsi en est-il, par exemple, des relations entre les situations sociales des enfants et leurs orientations scolaires, ou bien entre le comportement des parents pendant la petite enfance et celui de leurs enfants à l'adolescence. Les observations des sciences humaines – et les « lois » qu'elles établissent – doivent donc toujours être interprétées en prenant en compte trois éléments fondamentaux : d'abord, la singularité de chaque cas et le fait qu'il peut toujours exister des exceptions (d'ailleurs, les sciences humaines manient souvent les statistiques et, même quand elles s'approchent des 100 %, il existe toujours des cas qui n'obéissent pas à la règle majoritaire) ; ensuite, le fait que les données ont été recueillies dans un certain contexte et que ce dernier a pu être déterminant (si un seul élément du contexte est modifié, rien ne dit que les faits vont se reproduire) ; enfin, les sciences humaines peuvent dire « ce qui s'est passé », pronostiquer « ce qui se passera si... », mais jamais affirmer « ce qui adviendra quoi qu'il arrive » !

Dans ces conditions, on peut expliquer l'échec scolaire en croisant des données économiques, sociologiques, psychologiques, anthropologiques, linguistiques, etc. Mais on ne peut pas considérer qu'un enfant qui réunit les caractéristiques associées à l'échec scolaire est condamné à celui-ci : un sujet peut toujours mettre en œuvre des ressources insoupçonnées pour lutter contre les influences qu'il subit ; il peut rencontrer dans son environnement des personnes ou des situations qui vont modifier radicalement la donne ; il peut décider de faire mentir toutes les statistiques et toutes les prévisions. Rien n'est donc plus injustifié et démobilisateur que de solliciter la caution des sciences humaines pour expliquer un échec éducatif... qu'on soit l'éduqué ou l'éducateur !

En réalité, cette conception, malgré son aspect très contemporain, n'est que l'habillage d'une position philosophique classique, le déterminisme, qui affirme que l'homme n'est que la somme – ou le produit – des conditions matérielles de son émergence et des influences qu'il subit. Évidemment, tous les chercheurs en sciences humaines ne sont pas délibérément et métaphysiquement déterministes, pas plus que tous les physiciens ne sont systématiquement matérialistes et athées, même s'ils s'interdisent méthodologiquement de faire appel au Saint-Esprit pour expliquer les trous noirs ! Mais dès lors qu'on érige la posture de recherche des sciences humaines en position systématique au regard de toutes les situations sociales, on bascule dans le déterminisme matérialiste et on nie ce que les philosophes classiques nommaient le libre-arbitre.

Face au déterminisme, la philosophie oppose le libre-arbitre

Pour Descartes, en effet, tout homme, quelles que soient les forces extérieures qui s'exercent sur lui, dispose du pouvoir de dire non et de n'agir que selon sa propre volonté.[1] C'est même là, à ses yeux, « la forme suprême de la liberté », celle qui caractérise l'être humain dans ce qu'il a de plus noble. Descartes aurait donc pu répondre à José : « Certes, tu as des difficultés sociales, familiales et personnelles, mais tu disposes néanmoins d'une liberté qui te permet d'agir autrement qu'en te soumettant aux influences qui s'exercent sur toi. Certes, je conçois qu'il te soit plus difficile d'arriver à l'heure le matin au collège que pour ton camarade que ses parents

[1] Voir *Les méditations métaphysiques* (en particulier, la quatrième) et, dans la correspondance de Descartes, la « Lettre à Élisabeth du 3 novembre 1645 », *Œuvres et lettres*, Gallimard, La Pléiade, 1953.

réveillent en lui apportant son petit-déjeuner au lit, mais “parlant absolument, tu le peux”[1]. Certes, je conçois que tu vives cela comme une injustice, mais puisque je présuppose ta liberté, je vais te punir comme le prévoit le règlement. Certes, je sais que cette liberté est une conquête difficile pour toi, car tu es un être encore en formation, mais en la supposant je contribue à la faire émerger... En t'imputant délibérément tes propres actes, je t'aide à te les imputer. En t'interpellant comme sujet libre avant même d'être sûr que tu le sois, je t'aide à le devenir. »

Un débat sans fin entre la posture des sciences humaines et celle de la philosophie de la liberté

On imagine la mine stupéfaite de José et les répliques d'un éducateur ou d'un travailleur social qui voudrait se faire l'avocat de la défense : « Mais comment mettre sur le même plan un adolescent qui pâtit de tant de handicaps avec d'autres qui ont trouvé leur panoplie de bon élève au pied de leur berceau ? Comment ignorer les réalités objectives qui entravent son développement et expliquent son comportement ? Comment lui imputer une responsabilité qu'il ne peut exercer, et exonérer par la même occasion la société de tous ses devoirs à son égard ? Que les adultes commencent par garantir les conditions de ce fameux libre-arbitre au lieu de se contenter de le postuler ! »

Mais Descartes ne se laisserait sans doute pas démonter : « Réduire un enfant à n'être que la résultante, sans identité ni autonomie propre, des forces qui s'exercent sur lui, c'est le mépriser profondément ! C'est lui barrer la route de la liberté ! »

[1] L'expression est de Descartes lui-même.

Il pourrait même appeler Kant à la rescousse : « Il faut que la raison se considère comme l'auteur de ses propres principes, à l'exclusion de toute influence étrangère »[1], au risque de condamner la personne à n'être que l'expression de ses « pathologies ». Aussi doit-on refuser de traiter un être humain en formation comme un produit : la tâche de l'éducateur, c'est justement d'interpeller sa conscience pour la faire advenir.

Et Descartes, pour couronner le tout, pourrait enfin faire appel à Durkheim, pourtant considéré comme un des « pères fondateurs de la sociologie », pour expliquer l'importance du respect des règles qui transcendent les situations singulières et s'appliquent à tous ![2] D'ailleurs, c'est ce que dit à José le conseiller principal d'éducation : « Quelles que soient tes excuses, je ne peux pas faire d'exception pour toi, sinon, c'est toute l'institution qui s'écroule ! »

Mais, pour autant, le débat n'est pas clos, car les pédagogues vont prendre, non sans un peu de roublardise, le relais des sciences humaines : « Comment peut-on espérer faire grandir quelqu'un en se contentant de postuler ce qu'il n'a pas et en niant ce qu'il a ? Ne vaudrait-il pas mieux l'entendre et le considérer pour ce qu'il est, afin de créer avec lui les relations de confiance qui permettront de l'accompagner ? Ne faut-il pas observer son développement et identifier ses goûts, ses talents, tous les points d'appui qui permettront de lui faire des propositions à sa mesure ? À quoi sert une punition

---

[1] Emmanuel Kant, *Fondements de la métaphysique des mœurs*, Delagrave, 2002.

[2] Voir Émile Durkheim, *Éducation et sociologie*, PUF, 2005.

dès lors qu'elle est, de fait, injuste ? Et quel crédit peut avoir une institution qui traite à égalité des personnes aussi manifestement inégales ? »

Ainsi s'opposent depuis longtemps, en des querelles philosophiques interminables comme en des discussions éducatives quotidiennes sans fin, deux conceptions de l'éducation : d'un côté, il y a ceux qui postulent un « sujet principiel » pour le faire advenir et, de l'autre, ceux qui considèrent le « sujet de fait » pour l'accompagner dans son évolution. D'un côté, une pédagogie de la rupture. De l'autre, une pédagogie de la continuité. D'un côté une éducation qui assume les punitions sans états d'âme, y voyant même une forme de reconnaissance anticipée de la liberté de l'autre. De l'autre, une pédagogie qui voit dans la punition un signe de l'échec de la prévention. D'un côté, une autorité du face-à-face. De l'autre côté, une autorité du coude-à-coude. [1]

Vers une éducation qui assume le passé, tient bon sur le présent et permet de construire l'avenir

Peut-on dépasser cette alternative ? Jacques Lévine [2] développe pour cela la conception d'une « écoute tripolaire » : « Si je n'écoute que le moi accidenté, je me fais complice du besoin d'apitoiement. Si je n'écoute que la formation réactionnelle dérangeante [la faute, le délit...], je m'instaure, sans plus, punisseur de celui qui trouble l'ordre public. Si je pense naïvement qu'il me suffit de valoriser le moi pour que la partie accidentée disparaisse, je risque

[1] Ce serait, en effet, un peu simpliste de ne mettre l'autorité qu'au crédit de la première attitude. L'adulte exerce bien aussi une autorité dans la seconde, mais d'une autre manière.

[2] 1923-2008. Psychanalyste et pédagogue, Jacques Lévine a laissé une œuvre importante (voir en particulier son ouvrage *Je est un autre*, ESF éditeur, 2006). Il a créé « le soutien au soutien », groupes de réflexion et d'analyses de pratiques pour les enseignants, sur le modèle des groupes Balint en médecine.

beaucoup de déceptions. »[1] Voilà, de toute évidence, une manière particulièrement féconde de sortir des oppositions dans lesquelles nous nous enfermons trop souvent : Il faut, dit Jacques Lévine, écouter et entendre « le moi accidenté », être capable de comprendre en quoi un propos ou un acte sont liés à une histoire personnelle et à un réseau complexe de faits dont l'enfant ou l'adolescent peut se ressaisir pour en faire des explications, voire des justifications de ses actes : sans cette reconnaissance de l'autre et de sa singularité, aucune chance d'entrer vraiment en relation avec lui. Mais il faut aussi que l'éducateur assume la fonction tutélaire de l'adulte et qu'il incarne sans dérobade les exigences de la *polis*, autrement dit de la cité : sans cette présence assurée, pas de possibilité pour l'enfant ou l'adolescent de poser les pieds sur une terre ferme. Il faut, enfin, repérer ce qui, chez chacun, constitue un point d'appui grâce auquel il peut engager sa volonté et poursuivre un développement autonome : sans cette démarche positive, aucun moyen d'ouvrir de nouvelles perspectives...

Trois exigences donc : l'écoute empathique, le rappel de la loi et la valorisation du moi[2]. Trois dérives si on sépare ces trois exigences : la compassion enfermante, la sanction aveugle et l'idéalisation naïve. Une véritable éducation, en revanche, si on parvient à allier les trois.

Gageons donc que l'éducateur – tout éducateur – doit être capable d'incarner simultanément ces trois

---

[1] Jacques Lévine, Jacques Moll, *Prévenir les souffrances d'école*, ESF éditeur, 2009.

[2] Jacques Lévine parle du « minimum de reconnaissance du moi », sans lequel aucune personne ne peut se développer *(idem)*.

Assumer en même temps les trois exigences

exigences. Simultanément : le plus difficile est là ! Car, séparément, il n'y a rien de plus simple ; c'est même ce que nous instituons un peu partout : des spécialistes de l'écoute compatissent pendant que des spécialistes de la loi sanctionnent et que des spécialistes de la pédagogie valorisent. Ou alors, selon nos humeurs, nous endossons à tour de rôle l'habit de l'aumônier-thérapeute, celui du policier-juge et celui du professeur-animateur…

Or, que nous soyons parents, enseignants, travailleurs sociaux, acteurs du monde de la culture, animateurs, soignants ou magistrats, nous devons être capables de jouer sur les trois registres, chacun dans notre domaine de compétence.

Ainsi, les parents doivent être capables d'appréhender les inquiétudes et les contradictions qui habitent leurs enfants, mais sans renoncer à poser les interdits qui leur permettent de progresser, ni jamais oublier de pointer les réussites sur lesquelles s'appuyer pour aller plus loin.

De même, les enseignants doivent être capables de comprendre pourquoi leurs élèves ne comprennent pas ou sont bloqués dans leur rapport au savoir, mais sans jamais oublier de rappeler l'impératif d'acquisition, ni perdre de vue qu'ils doivent systématiquement s'appuyer sur les connaissances et les capacités déjà existantes.

Les soignants, pour leur part, sont astreints aux mêmes principes : entendre la souffrance, rappeler qu'elle ne donne pas tous les droits et proposer des thérapies dont l'enfant pourra profiter au mieux. Quant aux magistrats, ils ne peuvent ignorer les circonstances atténuantes, ils doivent être fermes sur le respect des lois et identifier les sanctions qui permettront au sujet de se reconstruire.

C'est cette présence structurée de chaque adulte qui est nécessaire à chaque enfant : une présence qui prend en compte le passé, rappelle les exigences du présent et ouvre des perspectives d'avenir. Aucun sujet ne peut se développer, en effet, sans reconnaissance de ce qui l'a fait être. Mais aucun sujet ne peut se développer, non plus, sans considération pour la situation dans laquelle il se trouve. Aucun sujet, enfin, ne peut exister sans s'appuyer sur ses ressources pour se projeter en avant. « Je n'ignore pas ce que tu as vécu ni ce que tu ressens. Tu ne peux pas négliger les règles de la société qui t'accueille. Nous ne devons oublier, ni l'un ni l'autre, que tu dois "faire œuvre de toi-même", comme le disait Pestalozzi. Et que c'est à cela que nous sommes assignés ensemble. »

Les conditions d'émergence d'un sujet

Ensemble, car il est impossible de « se faire œuvre de soi-même » tout seul. Il faut l'engagement exigeant d'un éducateur qui cesse d'osciller entre le compassionnel lénifiant et l'autoritarisme sécuritaire. L'engagement d'un éducateur qui permette à l'enfant de se reconnaître pour ce qu'il est, de s'intégrer dans un cadre structuré et de se dépasser pour inventer son futur et prendre sa part de l'avenir du monde... Car tout enfant doit assumer ses origines et intégrer la contingence de sa propre existence : il est un individu concret et singulier. Il a un corps, un sexe, une culture familiale, des habitudes sociologiques, une histoire personnelle plus ou moins complexe et douloureuse, une inscription institutionnelle très largement aléatoire : tout cela est la matière même de son existence. Il lui faut faire avec.

Mais l'enfant vit aussi en société : la présence des autres autour de lui n'est pas un accident, ni le fruit d'une simple conjoncture : tout petit d'homme est consubstantiellement un être social ; tout petit d'homme doit donc faire l'expérience de la frustration imposée par la nécessité de coexister avec autrui ; et tout petit d'homme doit découvrir que cette frustration lui permet d'accéder à la véritable jouissance, quand il renonce à dévorer, à ignorer ou à brutaliser les autres, pour tenter de s'inscrire avec eux dans des institutions dont les règles garantissent l'existence et le respect de tous. Ainsi, inscrit dans le temps et dans l'espace, assuré d'une filiation et d'une place, l'enfant peut se dépasser, s'inventer, subvertir le donné, devenir un sujet.

Pour une pédagogie du défi

Et il y parviendra d'autant mieux que nous l'aiderons à se mettre en projet : Janusz Korczak expliquait que la clé de l'éducation consiste à permettre à l'enfant de se donner des défis et à l'accompagner, de manière exigeante, pour qu'il parvienne à les relever. Fernand Oury a remplacé en classe la notation traditionnelle par la formule des ceintures de judo : dans chaque domaine de compétences (y compris le comportement au sein du groupe), on doit permettre à l'élève d'identifier son niveau et soutenir ses efforts afin qu'il puisse passer au niveau supérieur, avec les droits et les devoirs que cela comporte, en particulier pour aider ceux qui en ont besoin pour progresser... Célestin Freinet utilisait le système des brevets, emprunté au scoutisme, qui permet de fixer à chacun des objectifs, de valider des acquisitions, de ponctuer des progressions, mais aussi de distinguer, par le jeu des brevets obligatoires et des brevets facultatifs, ce qui doit être maîtrisé par tous de ce qui relève des choix de chacun. Aujourd'hui, on parlerait sans doute plutôt d'« unités capitalisables » [1]. Mais peu importe le vocabulaire ! L'essentiel, c'est la démarche : cette façon de s'exhausser au-dessus de son « idem », comme dit Paul Ricœur, pour se mettre en jeu dans son « ipse ». [2] Cette manière, comme disent les pédagogues, de « faire alliance » avec l'enfant et de lui proposer un ensemble de contraintes et de ressources qui lui permettront d'apprendre et de grandir.

Car c'est précisément cela, une situation éducative : une paroi qui offre assez de prises pour que l'autre puisse grimper par lui-même, des conseils et un accompagnement qui l'aident à franchir les obstacles, une assurance qui lui permet de prendre des risques sans se mettre en danger, une occasion de se dépasser et d'être, au bout du compte, fier de ce qu'il a réussi.

C'est d'ailleurs ce que le conseiller principal d'éducation tente de proposer à José, le retardataire récidiviste : « Je connais tes problèmes et ne sous-estime pas tes difficultés. Je sais qu'il t'est impossible d'en faire abstraction sur commande. Mais moi, je dois faire respecter des règles sans lesquelles l'institution ne peut fonctionner. Des règles qui te protègent toi aussi, car elles garantissent les conditions nécessaires au travail et à la réussite de tous.

[1] Il ne faut pas confondre les unités capitalisables qui permettent de valider un ensemble de savoirs ou de compétences maîtrisés avec le « contrôle continu », forme d'examen permanent auquel l'utilisation de la moyenne enlève toute crédibilité (comment peut-on accepter rationnellement qu'un 14 en mathématiques rattrape un 8 en français ?).

[2] Paul Ricœur, *Soi-même comme un autre*, Seuil, 1990. Pour Paul Ricœur, l'« idem » est ce qui nous constitue de manière stable, à la manière de notre carte d'identité, l'« ipse », en revanche, c'est la façon dont nous différons dans la temporalité, dont nous nous faisons, en quelque sorte, un autre que nous-même. C'est en construisant notre histoire comme un récit que nous articulons la permanence à soi (sans laquelle nous nous dissoudrions) et les changements par lesquels nous existons dans le temps (sans lesquels nous nous figerions).

Tu rattraperas donc systématiquement les cours que tu as perdus. Et tu y consacreras le temps nécessaire pour les assimiler. J'y veillerai et je demanderai à un de tes camarades de te servir de moniteur. En compensation, tu serviras de tuteur à un élève de sixième que je sais en difficulté. »

Tenir parole

Rien de très glorieux dans cette transaction ! Du bricolage. Plus ou moins ingénieux. Mais l'essentiel : une reconnaissance, une sanction et une proposition. Avec un engagement réciproque, certes ténu, peut-être arraché à José du bout des lèvres, mais que l'éducateur devra incarner et sur lequel il devra tenir parole. Parce que son crédit est en jeu. Et parce que c'est la seule manière, surtout, pour que José s'élève à la hauteur de la confiance placée en lui.

« Le plus grand mal que tu puisses leur faire, dit Fernand Deligny, c'est de promettre et de ne pas tenir. D'ailleurs, tu le paieras cher et ce sera justice. » [1] Inquiétante exigence s'il en est, tant nous sommes devenus velléitaires. La plus difficile, peut-être, des exigences pour l'éducateur. Mais comment parvenir à susciter l'émergence d'un sujet libre, capable de s'engager dans un monde d'incertitudes et d'y tenir sa place, si on n'existe pas, face à lui, comme un homme ou une femme debout ? Notre détermination éducative s'éprouve au quotidien. Dans le moindre geste. Chaque fois que nous engageons notre liberté pour créer les conditions qui permettent à l'autre d'engager la sienne. Chaque fois que nous nous comportons en sujet responsable pour que l'autre le devienne à son tour.

---

[1] Fernand Deligny, « Graine de crapule », *Œuvres*, L'Arachnéen, 2007.

Conclusion

« Nous sommes embarqués... »

Chère Madame,
Cher Monsieur,

« Nous sommes embarqués... », comme disait Pascal. [1] Impossible de nous défausser. Impossible aussi de nous réfugier dans la nostalgie d'un passé révolu, dont nous ne voudrions pas pour nous-mêmes et dans lequel, mystérieusement, nous sommes parfois tentés de chercher des recettes miracles pour l'éducation de nos enfants. « On ne se baigne jamais deux fois dans le même fleuve », affirmait Héraclite. [2] Nous ne retrouverons jamais les certitudes éducatives d'antan ; nous ne résoudrons pas durablement nos problèmes en plaquant des comportements obsolètes sur des situations

---

[1] Cette formule fait référence au texte habituellement intitulé « Le pari ». Pascal s'efforce d'y démontrer que, dans l'ignorance, l'homme a intérêt à parier sur l'existence de Dieu : « "Dieu est, ou il n'est pas." Mais de quel côté pencherons-nous ? La raison n'y peut rien déterminer : il y a un chaos infini qui nous sépare. Il se joue un jeu, à l'extrémité de cette distance infinie, où il arrivera croix ou pile. Que gagnerez-vous ? Par raison, vous ne pouvez faire ni l'un ni l'autre ; par raison, vous ne pouvez défendre nul des deux. [...] Oui, mais il faut parier ; cela n'est pas volontaire, vous êtes embarqué. [...] Pesons le gain et la perte, en prenant croix que Dieu est. Estimons ces deux cas : si vous gagnez, vous gagnez tout ; si vous perdez, vous ne perdez rien. Gagez donc qu'il est, sans hésiter. » *Pensées et opuscules*, Hachette, 1971.

[2] Héraclite d'Éphèse est un philosophe grec du VIe siècle avant Jésus-Christ. Sensible au temps et à l'histoire, il s'oppose à ceux qui, comme Parménide, aspirent à un monde qui s'accomplirait dans l'immobilité de « l'Être ».

Impossible de revenir en arrière

radicalement nouvelles. Les appels à la « restauration de l'autorité » et au « retour des bonnes vieilles méthodes » ignorent que l'autorité traditionnelle n'était possible que légitimée dans une hiérarchie théocratique assumée par la société tout entière. Ils passent par pertes et profits les contextes radicalement différents dans lesquels vivent nos enfants.

Résultat : nous basculons dans la pensée magique. Nous croyons qu'il suffit d'avoir la force de dire non à nos enfants pour garantir leur développement harmonieux ! Nous supposons qu'en décrétant les apprentissages, nous éradiquerons l'échec scolaire ! Nous imaginons que la fermeté de la répression nous exonère de toute prévention !

À quoi aboutissons-nous ainsi ? À la multiplication de parties de bras de fer, au conflit permanent entre des volontés qui s'affrontent en cherchant, chacune, à faire céder l'autre. À la montée inéluctable de la violence des individus comme à celle des institutions, dans un dramatique cercle vicieux...

Sans projet éducatif commun, sans vision de l'homme et de la société à venir, sans promesse d'un futur possible qui donne sens au présent, l'éducation est écrasée. Réduite à une entreprise de normalisation [1], elle nous condamne à l'oscillation sans fin entre la répression et la culpabilité, le rejet et l'idéalisation de nos enfants, la contention de leurs pulsions et la satisfaction de leurs caprices.

---

[1] Voir, sur cette notion, l'importante distinction entre la « normalisation » (créer de l'ordre par une mise en conformité) et la « normativité » (quand un sujet s'approprie des normes grâce à des activités sociales ou d'apprentissage) : dans la normativité, la contrainte n'est pas imposée par une relation de pouvoir interpersonnelle (un face-à-face), mais découverte dans des situations dont l'éducateur est le garant. Voir Élisabeth Martin et Stéphane Bonnery, *Les classes relais*, ESF éditeur, 2002.

Mais il est tout aussi impossible, à l'inverse, de camper sur le bord du fleuve en attendant que les hommes se soient enfin mis d'accord sur un projet de société susceptible d'inspirer et de supporter une activité éducative cohérente. Impossible, aussi, d'arguer en permanence des vices des adultes pour refuser de proposer des valeurs à nos enfants ! Certes, notre société ne donne pas vraiment le bon exemple en promouvant systématiquement ce qui brille plutôt que ce qui éclaire. Certes, les modèles de réussite qu'elle exhibe n'incitent pas les jeunes au travail et à la rigueur. Certes, elle ne les accueille pas à bras ouverts dans le monde professionnel et le jeunisme publicitaire ne doit pas faire oublier la résistance des quinquas à donner leur chance aux nouveaux venus. Effectivement, quand on lit les ouvrages de nos plus éminents moralistes, on voudrait bien leur demander, pour plagier Beaumarchais, si, « aux qualités qu'ils exigent de notre jeunesse, ils connaissent beaucoup d'adultes qui fussent dignes d'êtres jeunes » [1].

Impossible d'attendre le grand soir

Mais, pour autant, on ne peut pratiquer l'abstention éducative en attendant un changement radical de la société ! Même si nous sommes nombreux à le souhaiter, la fin de l'égoïsme individuel et collectif, la moralisation de la vie publique, l'abandon de l'instrumentation des pulsions archaïques par les marchands, le partage équitable des richesses sur la planète, la mise en place d'institutions, à tous les niveaux, pour délibérer du bien commun, ne sont peut-être pas pour demain. On peut le regretter.

[1] « Aux vertus qu'on exige dans un domestique, Votre Excellence connaît-elle beaucoup de maîtres qui fussent dignes d'être valets ? », Beaumarchais, *Le barbier de Séville*.

Mais on ne peut refuser d'investir dans l'éducation pour autant. Ici et maintenant.

Vers une espérance modeste et obstinée

« Nous sommes embarqués... » Il nous faut avancer, au risque de sombrer corps et biens, emportés par les premiers remous. Il nous faut un cap : éduquer nos enfants pour qu'ils deviennent capables de faire fonctionner, de renouveler et d'étendre nos institutions démocratiques. Il nous faut des balises : deux principes, deux « points de vérité », comme dit Alain Badiou[1] : « Toute personne peut apprendre, grandir et devenir un sujet » et « Nul ne peut contraindre quiconque à apprendre, grandir et devenir un sujet ». Il nous faut une détermination : celle de créer sans relâche des situations éducatives qui permettent à nos enfants d'avoir prise sur leur histoire et sur notre Histoire.

Je sais comme vous, Madame, Monsieur, à quel point tout cela est difficile. Je me méfie des esprits forts qui ont déjà toutes les réponses. Je suis, comme vous, habité par l'inquiétude, taraudé par le doute.

Je ne cesse pas, pour autant, de me battre et d'espérer. Une espérance désormais assignée à la modestie. Mais obstinée et inventive.

« Nous sommes embarqués... » Avec nos enfants. Et ce n'est pas le moment de quitter le navire.

---

[1] Alain Badiou, *De quoi Sarkozy est-il le nom ? Circonstances 4*, Lignes, 2007.

Je remercie Dominique Brossier
pour son aide documentaire et ses conseils.

P. M.

Table

INTRODUCTION 7

PREMIÈRE PARTIE
Adultes et enfants, une drôle d'histoire ! 19

1. Qu'est-ce qu'un enfant ? 21
2. L'enfance : une invention récente 35
3. Métier d'enfant et métier d'élève 47
4. Le pédagogue et le sauvageon 61
5. L'enfant au milieu, les cahiers au feu ? 69
6. Entre l'enfant-élève et l'élève-enfant, quelle pédagogie ? 81
7. Des enfants gâtés aux enfants-rois 93
8. La grande fabrique des petits consommateurs 109

DEUXIÈME PARTIE
Droits de l'enfant et devoir d'éducation 127

1. L'insurrection fondatrice 129
2. La Convention peut-elle faire la loi ? 145
3. Les droits de l'enfant : imposture ou exigence ? 169
4. Dépister ou éduquer ? 191

TROISIÈME PARTIE
À quoi éduquer nos enfants ? 213

1. Une révolution copernicienne en éducation 215
2. Différer 223
3. Entrer dans le symbolique et dans la culture 237
4. Parler et penser juste 251
5. Habiter le monde 271
6. Pour une éducation à la responsabilité 291

CONCLUSION **309**

Du même auteur

Outils pour apprendre en groupe – Apprendre en groupe ? 2, Lyon, Chronique sociale, 1984

L'école, mode d'emploi – des « méthodes actives » à la pédagogie différenciée, Paris, ESF éditeur, 1985

Apprendre... oui, mais comment, Paris, ESF éditeur, 1987

Enseigner, scénario pour un métier nouveau, Paris, ESF éditeur, 1989

Le choix d'éduquer – Éthique et pédagogie, Paris, ESF éditeur, 1991

Émile, reviens vite, ils sont devenus fous (en collaboration avec Michel Develay), Paris, ESF éditeur, 1992

L'envers du tableau – Quelle pédagogie pour quelle école ?, Paris, ESF éditeur, 1993

La pédagogie entre le dire et le faire – 1. Le courage des commencements, Paris, ESF éditeur, 1995

L'école ou la guerre civile (en collaboration avec Marc Guiraud), Paris, Plon, 1997

Lettres à quelques amis politiques sur la République et l'état de son école, Paris, Plon, 1998

Des enfants et des hommes, Paris, ESF éditeur, 1999

L'école et les parents (sous la direction de), Paris, Plon, 2000

La machine-école, entretiens avec Stéphanie Le Bars, Paris, Gallimard-Folio Actuel, 2001

Repères pour un monde sans repères, Paris, Desclée de Brouwer, 2002

De l'autre côté du monde : figures et légendes de la mythologie grecque (en collaboration avec Victor Caniato), Lyon, Stéphane Bachès Éditeur, 2002

Le pédagogue et les droits de l'enfant : histoire d'un malentendu, Genève, Éditions Tricorne, 2002

Récits d'enfance, Paris, Desclée de Brouwer, 2003

Deux voix pour une école, entretiens avec Xavier Darcos animés par Marielle Court, Paris, Desclée de Brouwer, 2003

Les devoirs à la maison, Paris, La Découverte, 2004

Le monde n'est pas un jouet, Paris, Desclée de Brouwer, 2004

Faire l'école, faire la classe, Paris, ESF éditeur, 2004

L'enfant, l'éducateur et la télécommande, entretiens avec Jacques Liesenborghs, Bruxelles, Labor, 2005

Lettre à un jeune professeur, Paris, ESF éditeur / France Inter, 2005

École : demandez le programme !, Paris, ESF éditeur / France Inter / Le café pédagogique, 2006

Pourquoi est-ce (si) difficile d'écrire ?, Paris, Bayard, 2007

Une autre télévision est possible, Lyon, Chronique sociale, 2007

L'éducation peut-elle être encore au cœur d'un projet de société ? (en collaboration avec Pierre Frackowiak), Lille, Éditions de l'Aube, 2008

Pédagogie : le devoir de résister, Paris, ESF éditeur, nouvelle édition, 2008

Dans la collection « Contre-allée » :

Grammaire de l'imagination,
de Gianni Rodari,
traduction de Roger Salomon

Des enfants et des lucioles,
de Michel Bonnet

IMPRIM'VERT®

Achevé d'imprimer en novembre 2009
sur les presses de l'imprimerie Clerc
à Saint-Amand-Montrond (18) – France
Dépôt légal : août 2009